Big Machiavel

DU MÊME AUTEUR

Romans

Article 36, JC Lattès, 2019.
Publié sous le titre *Coup d'État, les militaires prennent les commandes* au Livre de Poche, 2021.

Essais

Radicalisation au cœur des services publics, écrit avec Eric Diard, JC Lattès, 2020.

Frères ennemis, l'hyperviolence en politique, écrit avec Renaud Dély, Calmann-Lévy, 2015.

Tous les coups sont permis, de Mitterrand à Sarkozy, histoire de la violence en politique, écrit avec Renaud Dély, Calmann-Lévy, 2011.

Bonne année mes chers compatriotes, écrit avec Eric Giacometti, JC Lattès, 2006.

Chirac contre Bush, l'autre guerre, écrit avec Thomas Cantaloube, JC Lattès, 2004.

Henri Vernet

BIG MACHIAVEL

BUCHET • CHASTEL

ISBN : 978-2-283-03890-1

À la mémoire de Jean-Pierre, mon père,
curieux jusqu'au bout.

La soif de dominer est celle qui s'éteint la dernière dans le cœur de l'homme.

Nicolas MACHIAVEL

La violence est le dernier refuge de l'incompétence.

Isaac ASIMOV

Je rêve d'un monde qui serait gouverné selon nos méthodes, d'un pouvoir exercé par les meilleurs d'entre nous. Mais assez rêvé, action !

Discours de Manfred VON RICHTER,
dit Big M, dirigeant de O'Kelney

1

Paris, sous terre.

– Vous la trouvez à votre goût, pas trop froide ?

Le ton sardonique glaça Fred Parish. Plus encore que l'eau à 12 °C dans laquelle il se trouvait immergé jusqu'à la poitrine. Elle s'était infiltrée sur tout son corps, avait pénétré chacun de ses pores, anéanti une à une les barrières de ses vêtements de protection. Bottes, cuissardes, gilet… ce harnachement désormais imbibé collait à sa peau, le faisant frissonner sans discontinuer.

Jamais il n'avait éprouvé une sensation aussi forte, oppressante, cruellement réelle, dans un jeu virtuel. Il chercha à repérer un nom de rue à travers ses Viz Glass, des lunettes à réalité augmentée, adaptées à son casque spéléo. La dernière plaque qu'il avait vue, avant de glisser interminablement dans une chatière et d'atterrir, en un sinistre *splash*, dans ce conduit inondé, annonçait la noirceur des lieux : « Carrefour des morts ».

Il ne distingua rien. Pas la moindre indication projetée sur l'écran de son masque. De toute façon, il n'aurait pu lire nulle inscription, cachée sous l'épaisseur des eaux sombres.

Soudain, une vision d'horreur. Un étron de la taille d'une gargouille de Notre-Dame lui passait entre les jambes. Juste derrière, une escouade de grands serpents aquatiques le bouscula. Visqueux, menaçants, d'un vert saumâtre. « Bon sang, qu'est-ce que je fous en plein Amazone ? » paniqua Fred.

Pas le temps de reprendre ses esprits. Il vit flotter entre deux eaux un… squelette tout entier, du sommet du crâne jusqu'aux phalanges des orteils, blanchâtre strié de sillons gris sale. Le vestige d'un crime commis il y a des siècles qui resurgissait sous ses yeux ? Ou plutôt l'œuvre, tenta-t-il de se rassurer, de plaisantins macabres qui s'étaient appliqués à piocher dans les ossuaires côtes, tibias, fémurs, péronés, etc., afin de les assembler.

Dans sa pérégrination, il avait cheminé au long de galeries aux murs tapissés de crânes et ossements, traversé des mausolées, des cavernes aux allures de sarcophages. Par moments, il avait fallu ramper dans des boyaux si resserrés qu'ils auraient effrayé un mineur de fond de l'époque de Germinal. Il avait arpenté des tunnels humides jonchés de restes humains. Un univers glauque à souhait. La plus grande nécropole du monde.

Depuis quand, au juste, errait-il dans ce dédale souterrain ? Quelques heures ? Un jour, une nuit ? Il ne savait plus, avait perdu toute notion du temps.

Et se sentait au bord de perdre la raison. Un comble, pour lui, l'as absolu de l'intelligence artificielle (IA). Le génial concepteur d'algorithmes dont les plus grands groupes s'arrachaient les services.

Là, il était déboussolé. Il fallait de toute urgence stopper ce délire.

Fred arracha les Viz Glass sous son casque spéléo. Alors ce fut pire. Il ne vivait pas une sensation virtuelle, provoquée par des effets spéciaux virtuoses. Non.

Il était VRAIMENT dans l'eau ! À deux doigts d'être englouti.

FUUUUUUCK, hurla-t-il intérieurement. Dans quelle aventure absurde s'était-il donc fourré !?

Il se reprit. S'obligea à respirer lentement, posément. À la manière des plongées-bouteilles en profondeur, qu'il aimait pratiquer dans les mers chaudes. Il devait garder son calme. Il fallait qu'il bouge. Qu'il avance pour se sortir de là, et vite.

Tournant la tête, il balaya de sa lampe frontale l'environnement. Un bien grand mot pour décrire ce qui l'entourait, songea-t-il dans un sursaut d'ironie.

Au-dessus, son casque frottait presque la voûte de pierres, au long de laquelle courait une bande de peinture noire. Le fil d'Ariane peint il y a deux siècles pour éviter aux ouvriers des catacombes de Paris de se perdre dans ce mortel labyrinthe.

Sur son flanc droit comme sur son flanc gauche, la paroi veinée de fissures était si proche qu'il lui était impossible de tendre le bras. Outre le froid qui l'enveloppait, le pénétrait maintenant jusqu'aux os, il était gagné par les crampes. Faire un pas, puis un autre, devenait de plus en plus douloureux, ardu.

Devant lui, l'espèce de halo blanchâtre créé par la condensation et le reflet de l'eau l'empêchait de distinguer grand-chose. L'aspect d'un canal sans fin.

– La lumière est au fond du tunnel, Fred... Enfin, en principe.

La voix résonna à nouveau dans ses écouteurs. C'était bien celle de « Lucifer », le bien nommé. L'animateur qui avait mené clandestinement le petit groupe pour ce jeu immersif dans les entrailles de la capitale. À trente mètres sous terre. Il était à leur côté pour les guider, les aider. Mais ces mots, ce cynisme, cette façon de le narguer, en une sourde menace. Il avait le sentiment de ne plus avoir affaire, soudain, à la même personne. Sa gouaille théâtrale s'était envolée.

D'ailleurs, où diable était passé le reste de la troupe ?

Ils étaient quatre, au départ de l'expédition. Plus le guide. Un type assez grand et très mince, vêtu d'une combinaison de spéléologie inhabituellement ajustée, noire. Noir également, son casque surmonté d'une GoPro. Dans l'obscurité de la nuit, Fred avait à peine deviné un visage pâle en lame de couteau. L'échalas les avait accueillis avec des airs de conspirateur.

– Camarades cataphiles, je suis votre Charon. Votre passeur des Enfers pour cette nuit. Je vais vous mener au cœur des ténèbres.

Cataphiles, ces fans des catacombes, aux profils variés mais souvent des étudiants avides de plaisirs défendus. Ils déjouaient la surveillance policière, au risque d'amendes salées, pour célébrer dans leurs lieux fétiches de cryptiques agapes arrosées et enfumées en substances en tout genre. Les innombrables graffs et tags plus ou moins artistiques sur les murailles témoignaient de leur passage.

On s'y perdait rarement, mais cela arrivait. Parfois pour deux ou trois jours ; parfois aussi, selon la rumeur, pour toujours.

L'une des participantes, une jeune femme svelte, bonnet jaune fluo enfoncé sur la tête, d'où s'échappaient des cheveux blond cendré, interpella le passeur d'un ton enjoué.

– Comment doit-on vous appeler, Monsieur Charon ?

L'homme prit une voix caverneuse.

– Lucifer… mais ce sera Lulu pour les dames.

Sur le moment, le boniment avait fait sourire Fred. Et même un peu déçu. Lui qui venait de son lointain Toronto, au Canada, et avait profité d'un bref déplacement professionnel à Paris pour s'offrir cette escapade exclusive, jugeait que la mise en scène ne dépassait guère, pour l'heure, celle offerte aux simples touristes pour une visite des célèbres catacombes.

C'était son copain Vincenzo, un collègue basé à Milan, qui lui avait recommandé de l'accompagner dans cette sortie nocturne, le sachant amateur d'expériences insolites.

– Si, si, je t'assure, ça n'a rien à voir avec le circuit officiel ouvert au public. Celui-là fait à peine 1,7 km. Là, mon contact nous ouvre les catacombes interdites, un entrelacs de galeries, puits et tunnels de près de 350 km.

Un labyrinthe, enfoui sous les rues, les immeubles, les monuments parisiens, frôlant les 350 bornes ! « Il n'y a pas intérêt à s'égarer », avait pensé Fred.

Puis l'argument massue de Vincenzo.

– Surtout, c'est leur jeu de rôles, immersif, qui fait la différence. Fais-moi confiance, ça vaut le coup, viens. Tu m'en remercieras encore dans dix ans.

Ça tombait bien, le Canadien était joueur. Et puis, cela lui donnerait l'occasion de parler boulot avec ce collègue qu'il appréciait. Depuis quelque temps, il sentait le climat changer chez O'Kelney, le géant international du conseil en stratégie, dont il avait accepté de développer le nouveau département IA. Certaines choses allaient trop loin, le chiffonnaient. Il souhaitait se confier, avant de prendre une décision.

Sauf que Vincenzo avait eu un contretemps de dernière minute. Une intoxication alimentaire foudroyante l'avait mis sur le flanc. Dans l'incapacité totale de quitter l'Italie. Aussi, lorsque, quelques jours plus tard, Fred arriva au rendez-vous parisien, fixé *via* un message WhatsApp des plus succincts – « RDV minuit, angle Père-Corentin Tombe-Issoire. Surtout n'en parlez à personne » –, il ne connaissait aucun de ses coéquipiers. Tout juste subodorait-il que ces derniers avaient dû, comme lui, débourser quelques centaines d'euros pour cette virée hors du commun. Le mystère planait sur son déroulement précis.

À l'heure dite, les participants se regroupèrent sur ce trottoir du 14e arrondissement. Marchèrent une poignée de minutes le long de la rue, sous la conduite de « Lulu », en quête d'une bouche d'égout déterminée. Le passeur avait modifié ses plans. Celle prévue à l'origine avait été récemment scellée par les services de la voirie : des riverains, excédés par le vacarme déclenché par les cataphiles en laissant lourdement claquer au sol la plaque de fonte, en pleine nuit quand ils entraient ou au petit matin en ressortant, avaient inondé de plaintes le commissariat. Les plus remontés étaient les Frères franciscains d'un couvent proche, dérangés à l'heure de la prière du matin.

Pas grave, les bouches d'égout, ce n'était pas ce qui manquait dans la capitale : pas moins de 35 000, une tous les cinquante mètres ! Lulu manipula la plaque de plusieurs dizaines de kilos, avec une certaine douceur grâce à une sorte de petit cric hydraulique. Pas question de donner l'alerte à tout le quartier. Il invita les participants à descendre, un par un, dans le puits d'ouverture. Excité par le goût d'opération clandestine, le quatuor s'exécuta. Nul ne fut rebuté par la huitaine de mètres à descendre à la verticale, en s'agrippant aux barreaux rouillés scellés dans la pierre calcaire. Parvenus sur une étroite plate-forme qui distribuait trois corridors, ils furent rejoints par leur guide qui sauta en souplesse les deux derniers barreaux. L'homme avait auparavant laissé filer, accrochés à un câble, deux sacs-poubelle remplis à ras bord.

Il dénoua la ficelle, les ouvrit et en extirpa tout un attirail : cinq kits, autant que de participants. Chacun comprenait un casque connecté, avec les écouteurs et les lunettes Viz Glass, et un sac à dos, façon cartable d'écolier high-tech en plus compact. À l'intérieur, un ordinateur portable et une batterie. Le tout pesait presque deux kilos. Davantage, visiblement, pour celui de « Lucifer », qui contenait un système de transmission performant en sous-sol.

– Avec cet équipement, vous êtes reliés à notre QG, nous avons caché des antennes-relais... notre petit secret, expliqua le passeur. Vous pouvez vous déplacer de façon autonome... mais je vous le déconseille, si vous voulez rentrer vivants chez vous. Ha ha ha !

Il remit aussi à chaque équipier une gourde munie d'une sangle et d'un tuyau souple faisant office de paille, pour pouvoir se désaltérer sans s'arrêter, à la manière des coureurs d'ultra-trails.

– On les a remplies d'une boisson énergisante, pas très goûteuse mais donnant la force dont vous aurez besoin, avertit le guide.

Puis il proposa de récupérer les téléphones portables pour les transporter au sec dans sa propre sacoche étanche, puis détailla enfin le programme de la virée. Le groupe allait progresser, dans les entrailles de la Ville lumière entièrement éteinte, de salle en salle.

Il y a des salons sous les pavés et le bitume ? s'étonna la blonde, qui avait remisé son bonnet fluo.

– Oui, et c'est de là que vient le nom de notre troupe, la Compagnie Z. La salle Z, aux splendides voûtes romanes, est l'une des plus vastes. Une des plus mystérieuses aussi. Dans les années 1930, les membres de La Cagoule, un mouvement d'extrême droite qui complotait contre la IIIe République, s'y réunissaient en secret. Rassurez-vous, il y a aussi un PC clandestin de la Résistance, une « salle des apéros » où se retrouvent pour trinquer et chanter les joyeux cataphiles, et même une plage ! Mais patience, vous découvrirez tout cela bien assez tôt.

L'étrange guide avait piqué la curiosité de Fred Parish.

– Je suppose que chaque salle servira de théâtre où nous interpréterons nos rôles ?

– Bien deviné. Je sens le génie monter en vous, mon cher. Il y aura autant de tableaux, sur fond d'histoire des lieux, que de pièces. Et pour vous glisser dans la peau de vos personnages, je vous inviterai, à chaque étape, à choisir un costume dans notre garde-robe. Pas de jaloux, elle est suffisamment garnie pour que chacun de vous soit comblé.

Les cataphiles d'un soir se regardèrent, étonnés. Des costumes ? Il y aurait donc des vestiaires souterrains ? Des loges pour s'habiller ?

– Non, non, je parle de costumes virtuels. Mais grâce à notre technologie hors pair, vous aurez la sensation de les revêtir pour de bon. À travers vos lunettes Viz Glass, vous vous verrez vous-mêmes, ainsi que vos compagnons, dans les habits des rôles choisis.

Cette fois, Fred était franchement impressionné. Il adressa par la pensée un remerciement à Vincenzo. Hâte de démarrer l'expérience.

– Ah, une dernière chose, avertit « Lucifer ». Notre petite promenade ne doit pas durer plus de cinq heures. Il faudra regagner la surface à l'heure du laitier, comme on dit à Paris. On ne va bien sûr pas parcourir toutes les salles, mais rien que pour remplir notre carnet de bal il ne faudra pas traînailler en chemin. Au besoin, entraidez-vous dans les passages difficiles. Et s'il faut ramper, n'hésitez pas à ôter votre sac à dos pour le pousser devant vous. Le chemin sera parfois très exigu... heureusement il n'y a pas d'obèse dans le groupe, on n'aura besoin de pousser personne. Ha ha...

Au début, tout s'était bien passé. Les tunnels et cavernes avaient défilé. À la lumière de leurs frontales, les participants découvraient des paysages baroques. La salle « Byzance bis », avec ses ornements tarabiscotés. « La plage », au sol recouvert de sable et à l'incroyable fresque murale représentant une immense vague aux couleurs psychédéliques, avec le Mont Fuji au fond de la toile. La reproduction d'une estampe du peintre japonais Hokusai. « Le Château », avec ses escaliers, ses alcôves, sa large table avec bancs taillés dans la pierre, apprêtée pour un banquet de chevaliers Templiers. Une autre salle encore, dont le pilier central, rond et massif, était tout entier composé de crânes et ossements d'humains. « Lucifer » prit un malin plaisir à murmurer, lèvres plaquées sur le roc, au creux d'une oreille lisse et évidée depuis des siècles. Fred réprima un frisson.

Le théâtre virtuel rendait l'atmosphère encore plus envoûtante, inquiétante. Au gré des étapes, Fred avait revêtu l'uniforme clinquant d'un officier napoléonien ; la blouse et le bonnet d'un ouvrier insurgé des Trois Glorieuses en 1830 ; l'élégante redingote du vicomte Héricart de Thury, l'inspecteur général des Carrières qui aménagea les catacombes, sous la Restauration ; la guenille d'un cochet qui conduisit à l'entrée des catacombes, à bord de son chariot funèbre, sous Louis XVI, les restes des corps enterrés au cimetière des Innocents.

À la fin du XVIIIe siècle, la pression des cadavres entassés depuis le Moyen Âge était en effet devenue si forte que les murs d'enclos cédèrent, les ossements se déversèrent dans les cours et les immeubles voisins qui craquèrent à leur tour. De là datait la décision de vider les cimetières et de transformer les anciennes carrières en nécropole. Le bruit de roulement des charrettes funèbres chargées d'os en vrac et des calèches transportant des catafalques, les craquements sinistres des squelettes s'entrechoquant sur les cahots, résonnèrent dans les écouteurs de Fred.

Il s'était laissé embarquer à fond dans le scénario foisonnant, progressait vaillamment dans les galeries. À intervalles réguliers, il aspirait une gorgée au tuyau de sa gourde. Pour prendre de la force, avait dit le guide. Fred se sentait plutôt planer.

Juché sur sa banquette branlante, rênes dans une main, il vit à travers ses lunettes de réalité virtuelle les figures apeurées de passants en oripeaux qui s'écartaient ou faisaient à la hâte le signe de croix au passage de son cortège crépusculaire. Il aperçut au loin un porche en pierre de taille. Sur le fronton une phrase était gravée : *Arrête ! C'est ici l'empire de la mort.* À côté, debout, une silhouette en robe de bure noire l'attendait. C'était son guide, « Lucifer ». Qui lui fit un clin d'œil de bienvenue.

La suite des évènements était confuse dans l'esprit de Fred. Les images se mêlaient, dans une chronologie bancale. Lulu l'invitant à suivre la femme blonde. Cette dernière, vêtue d'une robe à crinoline, largement échancrée sur une poitrine à la blancheur éclatante dans la pénombre ambiante, lui décochant un sourire enjôleur. Lui-même, en frac, la prenant par le bras. Le couple qu'ils formaient montant un escalier de marbre, comme s'ils se rendaient à l'opéra ou à une soirée mondaine. Des invités d'allure magnifiques se lançant dans un bal, du champagne ruisselant dans les coupes de cristal, des sons de violons et de rires. La blonde l'entraînant dans une valse puis, la musique tue, le tirant par la manche derrière un haut rideau de velours damassé. Une porte entrebâillée. Puis... plus rien. La glissade. Vertigineuse. À n'en plus finir. Le néant.

– Vous la trouvez à votre goût, Fred ? Pas trop froide ?

La voix lui avait fait reprendre conscience. Il était seul, baignant dans un caniveau glacial. Prisonnier sous terre.

« La lumière au bout du tunnel », l'avait nargué « Lucifer »... mais qui donc était ce type ? Et la fille, complice, manifestement. Que lui voulaient-ils ?

Les formules secrètes de ses algorithmes ? De l'argent ? Il était prêt à sacrifier les millions de dollars en cryptomonnaie qui dormaient sur ses comptes dans le métavers pourvu qu'on le laisse sortir de ce piège.

Il se maudit d'avoir laissé son portable à ce salopard et hurla.

– Arrêtez, je vous donnerai tout ce que j'ai !

Silence. Seul un clapotis se faisait entendre.

L'eau. Elle montait.

Ne pas paniquer. Respirer. Ce devait être normal, le flux des égouts. Pourtant il n'y avait dans l'eau ni saleté, ni odeur nauséabonde. Les bassins des catacombes constituaient leur propre système. Quelqu'un manipulait probablement les vannes. Allons, il fallait avancer. Il se mouvait avec peine, se cognait aux murs, ses membres ankylosés le cinglaient de douleur.

Il avala une longue gorgée à travers son tuyau. Plutôt qu'un regain de vigueur dans ses veines, il sentit son esprit s'embrouiller un peu plus.

L'eau atteignait son menton.

Il parvint à une grille en fer. Il en avait franchi d'autres, plus tôt, avec le groupe. Elles ouvraient sur d'autres couloirs, menaient forcément vers une sortie.

Il tenta de pousser celle qui lui barrait la voie. En vain. Elle était verrouillée. Il chercha à tâtons sous l'eau une poignée, un mécanisme d'ouverture. Il s'interrompait pour redresser son buste et se tordre la tête en arrière pour pouvoir respirer, tant le niveau avait grimpé. Il finit par trouver quelque chose, en suivit les contours de ses doigts.

Son sang se figea. Un cadenas massif verrouillait la grille.

Il comprit qu'il était perdu. Toute l'IA du monde ne pourrait rien pour lui. Il allait crever, condamné tel un pauvre hère des siècles passés, dans ce tombeau millénaire.

Sa dernière pensée, au moment où l'eau atteignit le niveau de ses orbites, ne laissant que quelques millimètres entre la surface liquide et le plafond de pierre, alla chez lui à Toronto, vers sa compagne Liz et son petit garçon, Lukas.

2

Banlieue nord parisienne.

Dans une pétarade étourdissante, la moto rouge vif s'engagea sur la rampe menant au parking du personnel du lycée polyvalent Salvador-Allende, au bout d'une rue bordée de petits immeubles décrépits alternant avec des ateliers ou entrepôts de brique et de tôle aux cours désertes. Cette platitude à l'aspect d'abandon contrastait avec la verticalité bétonnée des quartiers que venait de traverser le motard. Sur sa route, il avait été frappé par la fréquence des rideaux métalliques balafrés de tags tirés sur des boutiques fermées. Quant aux commerces restants l'essentiel consistait en kebabs, bazars orientaux ou magasins d'électronique low cost ou de seconde main… soi-disant. La banlieue nord de Paris dans toute sa splendeur urbanistique. Parvenu dans une sorte de préau aux dalles érodées et décollées par endroits, laissant apparaître dans les rainures du gravier et des pousses d'herbe, il stoppa son engin et posa un pied au sol.

Il s'apprêtait à couper le contact quand il avisa, surgi d'un recoin à demi caché par un muret, un petit groupe d'ados, doudounes sombres ou sweats à capuches enfoncées jusqu'aux yeux. Le motard eut l'impression de les avoir dérangés dans leur activité. Ils approchèrent, mines fermées. D'un mouvement du poignet, l'homme mit les gaz, faisant vrombir les quatre cylindres en V, mais sans enclencher de vitesse. Les jeunes, 15 ou 16 ans au premier coup d'œil, se pressaient en demi-cercle devant la moto. Un modèle flamboyant à 35 000 euros. Son propriétaire eut un léger mouvement de recul. Il s'en voulut de ce réflexe. Il n'allait quand même pas céder au cliché de la banlieue coupe-gorge ! L'un des ados eut un rire moqueur.

– Wesh ! vous êtes sérieux ? Vous croyez on va vous frapper tout ça, on n'est pas des fous, hein !

Sous son casque, le visiteur ne fut qu'à demi rassuré. Un baraqué caressa du bout des doigts le réservoir à l'esthétique agressive, émit un sifflement admiratif.

– Téma la moto ! C'est pas avec un salaire de prof que tu te payes ça hein, tu serais pas un schmitt qui vient rôder ?

Ses acolytes ricanèrent, s'agglutinant autour de l'engin. Le bruit d'une porte qui s'ouvre fit soudainement se retourner les têtes. Une voix masculine, un peu trop aiguë, gronda.

– Souleymane, Walid, Rayane, les autres, là… Qu'est-ce que vous fabriquez ici ? C'est une zone réservée aux enseignants, vous n'avez rien à y faire. Dégagez ! Vous n'avez pas entendu la sonnerie des cours ?

– Ça va M'sieur, y a pas de mal, on discute mécanique, on lui a pas mis la hagra, esquiva le plus grand, probablement le meneur. Il haussa les épaules et fit volte-face sans plus insister, entraînant la bande vers les salles de classe.

Le motard tourna le regard vers son sauveur. Un grand maigrichon quarantenaire au crâne déjà déplumé, lunettes rondes à montures transparentes remontées sur le front, vêtu d'un complet veston en velours beige un peu élimé sur un col roulé marron. L'air empathique et autoritaire en même temps, comme pouvaient l'être des enseignants habitués à se colleter avec des élèves difficiles. Le lycée Salvador-Allende, qui accueillait les enfants de la ZUP voisine – officiellement le terme avait disparu de la nomenclature administrative mais tout le monde continuait à l'utiliser – était en effet classé en « réseau de réussite scolaire ». C'est-à-dire en ZEP, comme on ne disait plus non plus, les fonctionnaires de l'Éducation nationale s'interdisant désormais de stigmatiser les quartiers sensibles.

– Pierre-Alain Lejeune, se présenta-t-il. Je suis le conseiller d'orientation de l'établissement, nous nous sommes parlé au téléphone. Merci de venir nous donner ce coup de main en soutien scolaire. Comme vous voyez, ce ne sera pas forcément de tout repos.

Le motard acquiesça, un brin dépité par le drôle d'accueil qu'il venait de subir. Il descendit de son engin, ôta son casque et défit sa combinaison. L'allure sportive, il portait en dessous un blouson en daim et une chemise bleu marine, un jean noir sur des tennis de ville blanches, couvertes par des guêtres de protection. Une mèche rebelle s'échappait de sa tignasse châtain foncé pour lui zébrer le front. Une image de « BG » (beau gosse) de campus américain, n'était un nez un peu cabossé qui lui donnait un côté voyou, rugueux. « Tu ressembles à l'acteur François Civil... mais en moins civil », lui avait un jour balancé en rigolant une de ses conquêtes.

Il tendit la main à son hôte.

– Quentin Marchal, votre intervenant consultant... J'ai hâte de rencontrer vos autres élèves, se présenta, avec une décontraction un peu forcée, le jeune homme. L'œil malicieux et le sourire franc éclairaient un visage carré.

L'enseignant reprit la parole, sur un ton mi-figue mi-raisin.

– On n'aurait osé rêver arrivée plus discrète, il ne manquait que la cavalerie.

– Elle ne vous plaît pas ma Ducati ? Pourtant c'est le modèle Streetfighter. Plutôt adapté pour le coin, non ? ironisa le motard.

– Combattant des rues, tiens donc ? Nos jeunes semblaient la trouver à leur goût. Si vous ne voulez pas la retrouver taguée ou désossée et courir après les pièces détachées, je vous conseille de la mettre à l'abri dans notre parking sécurisé.

Quentin renfourcha la Ducati, invita l'enseignant à monter derrière lui. Ce dernier lui dit de reprendre la descente sur la rampe, puis le fit stopper, un palier plus bas, devant un portail métallique. Il tapa un code pour l'ouvrir, la moto pénétra dans un box où stationnait, impériale, une BMW R 1250.

– C'est celle du professeur de math des terminales générales, un biker passionné. Il tient tellement à sa bécane, le proviseur l'autorise à la garer dans notre Fort Knox.

Quentin cala sa moto, sortit de son coffret une élégante sacoche en cuir à bandoulière.

– Ça aussi, faites attention... Non, je vous taquine. Bon, on se jette dans la gueule du loup ?

Quentin ne releva pas la pique. Il s'amusa de l'image que son interlocuteur se faisait de lui, celle d'un urbain gâté, soucieux de son apparence. Lui qui avait passé son enfance entre la ferme jurassienne de ses grands-parents et les T3 puis, au fur et à mesure de leur modeste ascension sociale, le pavillon de banlieue de ses parents. Les gamins revanchards, qui lorgnaient leur place au soleil, il était bien placé pour comprendre ce qu'ils avaient dans le crâne.

Il suivit son guide vers le hall d'entrée. L'intérieur entièrement rénové de ce bahut des années 1980 était beaucoup plus flatteur que le dehors. L'espace était vaste et lumineux, avec ses plafonds aux teintes blanches et orange brique où pendaient des luminaires modernes, ses cloisons en molleton de verre opaque, son carrelage clair en bon état. L'ensemble tranchait sur le côté miteux du quartier.

L'éducateur avait pris par le coude son invité pour une visite en règle. Il avait remarqué sa mine surprise devant la netteté des lieux. Visiblement, l'arrivant s'attendait plutôt à pénétrer dans un bâtiment délabré ou saccagé.

– C'est l'héritage des ambitieuses politiques de la ville pour donner les mêmes chances à tous les enfants de la République, comme l'a dit pompeusement un jour un président. À « Salvador », on a des équipements numériques et électroniques de bon niveau pour les bacs pros, deux gymnases pour 1 800 élèves, un studio radio-télé grâce auquel les secondes « classes médias » réalisent des reportages sur la vie du lycée... Ah, et voilà nos labos de langue, les premiers à avoir été installés dans le département il y a quarante ans ! À l'époque on pouvait apprendre aussi bien le latin et le grec que l'italien, le russe, l'arabe... Les langues rares.

– Et maintenant ce n'est plus le cas ?

Pierre-Alain Lejeune soupira.

– Les langues rares ne sont plus demandées. Heureusement il reste l'arabe… mais ce n'est plus une langue rare.

Avançant dans les couloirs, les deux hommes se heurtèrent au flux des élèves qui rejoignaient leurs classes en sens inverse. Quelques-uns saluaient le conseiller d'orientation, d'autres n'hésitaient pas à jouer des coudes pour forcer le passage. Sorti de la bousculade, Quentin sentit une forte odeur de javel et de colle mêlées. Une femme de ménage frottait un mur autour d'un panneau en forme de caisson, à la paroi vitrée.

– On a eu de la casse, expliqua Lejeune. Des gamins ont balancé un cartable dans la vitrine.

– Ce genre d'incidents arrive souvent ?

– Franchement on a connu pire ces dernières années. Une enseignante menacée au pistolet à billes d'acier par des élèves, un lycéen agressé au marteau par des individus extérieurs qui s'étaient introduits dans l'établissement, un feu de poubelles. Mais on gère, la région a mis en place des brigades de sécurité des lycées. Dommage d'en arriver là, quand même…

Quentin mesura le gouffre qui séparait sa vie de brillant consultant chez O'Kelney, le cabinet conseil le plus influent de la planète, et celle de son interlocuteur. Il eut un instant de découragement. Hisser ces lycéens au niveau d'exigence des concours n'était-il pas un défi trop ambitieux ? Ne s'y lançait-il pas juste pour se donner bonne conscience ? Pour payer sa dette ? Comme s'il devait renvoyer l'ascenseur social qui lui avait permis de s'élever au haut de l'échelle ? Il se remotiva vite. La terminale « d'excellence » dans laquelle il s'apprêtait à intervenir réunissait des élèves qui visaient un seul but : entrer dans les grandes écoles qui garantiraient les meilleurs jobs, les plus gros salaires. Ils attendaient ses lumières pour pénétrer ce monde inaccessible à leurs yeux. Une cité interdite. Polytechnique, HEC, Sciences Po… des sigles dont ces lycéens-là n'avaient même jamais entendu parler, jusqu'à ce que des profs croyant en leurs capacités ne les y poussent.

Cela, Quentin pouvait le comprendre. Lui-même était issu de HEC, l'école de commerce la plus prestigieuse du pays, occupait à 31 ans un poste convoité par un nombre incalculable de jeunes gens au cerveau bien fait, qui le propulserait encore vers d'autres sommets dans sa carrière et lui rapportait déjà de quoi vivre mieux que confortablement. De s'offrir des caprices comme sa flamboyante moto ou des montres de prix. Mais il estimait ne pas l'avoir volé.

À la différence de beaucoup de ses collègues de la firme, et avant cela de ses camarades de promo, il venait de la classe moyenne banlieusarde – celle de l'est, pas de l'ouest chic à la Neuilly. Il avait brillamment réussi ses études sans posséder les codes conférés par une éducation feutrée dans les beaux quartiers. Il n'avait pas bénéficié de l'héritage culturel des « bien nés », encore si prégnant. Son père Franck, technicien supérieur à la SNCF, sa mère Corinne, éducatrice spécialisée, lui avaient inculqué, comme à sa sœur qui finissait son internat de médecine à Necker, la valeur du travail. En sacrifiant une petite part de son rare temps libre à ces jeunes des banlieues reléguées, il rendait un peu de ce qu'il avait reçu. Ce n'était pas une corvée, car il aimait transmettre, comme il avait vu sa mère le faire toute sa vie.

Arrivé à la porte de la classe où il était attendu, Quentin sentit quelque chose de changé dans l'atmosphère, mais quoi ? Il réalisa soudain. Le calme. Plus de cris, de brouhaha assourdissant, de cavalcades bruyantes. Il se demanda si le conseiller d'orientation assisterait à sa présentation. Il ne préférait pas. Il s'attendait en effet à des questions sur son salaire, et se sentait par avance gêné de le dévoiler devant lui. À 31 ans, avec ses 200 000 euros annuels, il gagnait, quoi ? Trois fois ? Cinq fois plus que cet enseignant qui se dévouait pour son métier quoi que ça lui coûte ? Un tel écart était difficile à comprendre, encore plus à admettre.

Lejeune parut avoir lu dans ses pensées. Il prit un ton enjoué.

– Je vais introduire la séance puis je vous laisserai à votre public. Ne vous inquiétez pas, ils ne vous attendent pas avec des kalachs ou des mortiers... Ils sont curieux de rencontrer un digne représentant du monde capitaliste.

Les deux hommes entrèrent. Quelques bonjours fusèrent, des chaises raclèrent le parterre, une vingtaine de paires d'yeux scrutèrent le nouvel arrivant. L'air plus méfiant que curieux, pensa Quentin. Il dénombra plus de filles que de garçons. Le conseiller pédagogique l'avait prévenu :

– Ce sont elles qui sont les plus studieuses et les plus motivées pour passer les concours des grandes écoles.

Les grandes écoles avaient beau mener des « programmes de démocratisation », un concours restait un concours.

– On a vraiment nos chances alors que les bourges payent des prépas privées à leurs rejetons ? C'est la sélection par l'argent, c'est dégueulasse, attaqua Chaïma, à la longue mèche noire lui barrant le front.

Sa voisine, enhardie, renchérit.

– Pour vos concours, on n'est pas dupe : on sait bien qu'un 15/20 dans notre cité pourrave ne vaut pas un 15/20 à Paris.

Chaïma, qui visait Sciences Po, joua la provoc.

– Au grand oral, il faut étaler sa culture. Mais moi Mozart, je ne connais pas, mes darons m'ont jamais amenée à l'opéra, ni au musée.

Les autres s'esclaffèrent. Quentin comprit que ces élèves avaient beau être les plus méritants ils n'avaient aucune confiance dans le système qu'il incarnait. Il s'efforça néanmoins de jouer les bons soldats.

– On n'a pas besoin de singes savants, mais de têtes bien faites, répliqua-t-il. Entraînez-vous plutôt à raisonner, à argumenter, et soyez vous-mêmes. Allez, on commence. Chacun se présente, explique ce qu'il a envie d'étudier et pour quels motifs. Faites comme si vous étiez devant un examinateur.

Omar, un des rares garçons, se dressa en le pointant du doigt.

– Vous d'abord, M'sieur. Déjà, est-ce qu'il y a des renois et des rebeus dans votre cabinet O'machin-chose ? Ou c'est un club réservé aux blancos ?

Touché. Mais Quentin ne se démonta pas. Depuis peu, la firme s'ouvrait à la diversité, à la fois pour des raisons morales et pratiques. La chasse aux talents devenait rude, les jeunes étant de plus en plus attirés par les start-up ou par les entreprises réputées pro-environnement. Il tenta de l'expliquer.

– On embauche chaque année des étudiants de la diversité. Mais pour commencer il en faudrait plus dans les grandes écoles, pour qu'on ait le choix d'en recruter. Ça prend forcément du temps. Dans mes équipes, j'ai une jeune analyste originaire du Sénégal. Mais je ne vous cache pas que plus on grimpe dans la hiérarchie et plus c'est blanco, comme tu dis. Ça n'empêche pas des exceptions. Mon mentor par exemple est d'origine indienne.

Plusieurs mains se levèrent.

– On a regardé le site de votre boîte, O'Kelney, ça graille ! Combien ça gagne, un consultant comme vous ?

Décidément, bien que faisant partie des meilleurs, ils en rajoutaient dans leur langage leste, comme pour revendiquer leurs origines.

– Tu sais en France on n'aime pas trop parler d'argent. Disons que je suis très bien payé... mais ça reste très, très loin d'un joueur de foot.

Omar s'impatienta.

– Combien ?

Quand il finit par leur avouer gagner « un peu plus de 100 000 par an » (au prix d'un léger mensonge-omission), les jeunes écarquillèrent les yeux mais se laissèrent convaincre au terme de la séance qu'eux aussi pourraient y arriver un jour. Mission accomplie.

Au bout de deux heures d'intense entraînement aux épreuves de « grand oral », Quentin quitta la zone. Après avoir salué Lejeune qui l'avait raccompagné au « parking premium », dit-il dans un clin d'œil, il avait enfourché sa Ducati. Et s'apprêtait à mettre les gaz pour filer vers son bureau à Paris, quand il repéra Chaïma devant le portail du lycée. Il hésita à la reconnaître, car elle avait coiffé un voile, comme nombre d'autres jeunes filles. Ce fut elle qui le héla.

– Merci pour la séance. Maintenant, j'y crois. Avec mon 18 de moyenne générale je suis sûre d'y arriver.

Elle avait lu l'étonnement dans ses yeux sous la visière du casque.

– Vous savez, porter le voile, aller à la mosquée, ça ne m'empêche pas de kiffer Beyoncé ou les émissions de télé réalité... enfin, certaines. Ça n'a rien à voir.

– Et tes parents, ils sont d'accord ?

– Ma mère m'élève seule. Bon, elle n'est pas pratiquante, alors je vois bien qu'elle s'inquiète un peu. L'autre jour je l'ai surprise en train de chercher sur Google des renseignements sur l'imam de ma mosquée, ce qu'il raconte dans ses prêches.

– Qu'est-ce que tu lui as dit, tu l'as rassurée ?

– Ah oui ! Je lui ai dit : l'important pour moi c'est de réussir mes études. Je ne veux pas rester dans la dèche comme toi, maman !

3

Paris.

Quentin remontait le périphérique en direction de la porte de Sèvres, main crispée sur la poignée d'accélérateur et le frein. Il manœuvrait avec précaution entre les voitures, ne comptant plus le nombre de fois où un conducteur était sorti de sa file sans clignotant. Il réfléchissait à son intervention dans le lycée de banlieue. Combien de ces gamins grimperaient-ils l'échelle républicaine du mérite ? La moitié ? Non. Un quart et encore… Il mit son clignotant et prit la sortie partiellement encombrée. Il était largement dans les temps pour faire un crochet par son appartement, un loft de 90 m^2 dans le 15ᵉ arrondissement avec terrasse donnant sur la Seine.

Au moment où il empruntait la voie qui menait aux boulevards des Maréchaux il faillit emboutir la voiture devant lui. Il freina en jurant. À vingt mètres devant lui, des policiers filtraient la circulation, gyrophares tournoyants. La présence d'un camion du SAMU garé sur le côté ne laissait place à aucune ambiguïté sur le ralentissement. Quentin attendit tranquillement son tour pour avancer et passa devant la scène d'accident. Une Yamaha rouge, gisait sur la chaussée juste à côté d'un SUV à la portière arrière défoncée. Son conducteur était allongé sur une civière. Quentin eut le temps de remarquer des traces de sang sur le bitume. Son cœur fit un bond alors que l'un des policiers lui fit signe d'avancer. Il accéléra légèrement, l'esprit assombri. À chaque fois qu'il passait devant un accident de moto, la machine à remonter le temps redémarrait de plus belle. Pour s'arrêter à un jour précis.

Un 20 novembre. C'était l'année de son bac, il avait cumulé les jobs d'été, du plus sympa – plagiste à Saint-Tropez – au plus glauque – guichetier dans une agence du Crédit Agricole de Bourg-en-Bresse –, pour se payer la moto de ses rêves : une MV Agusta 250 collector, taillée façon Giacomo Agostini, le mythique champion italien. Trop chère, mais une rallonge du grand-père Gaston fit l'appoint. Las, l'hiver suivant, rentrant peu avant l'aube d'une soirée sur une péniche de la rive droite, grisé par l'absorption de mélanges à base de gin et énervé par la veste qu'il s'était prise de la part d'une étudiante à Sciences Po chic et sexy, il dérapa sur la chaussée trempée, emplafonna la MV contre une glissière du périph. Un vol plané en accéléré, le choc d'un atterrissage brutal sur la voie opposée, et puis le noir.

Miracle, à cette heure-là il n'y avait pas de véhicule pour le percuter. La vague silhouette bleue du pompier qui lui parlait en continu, à côté du brancard où il gisait, la sensation de son corps coupé en deux à partir des hanches et, surtout, la sirène assourdissante, angoissante, de la camionnette rouge fonçant dans Paris, furent ses seuls souvenirs de l'accident. Les circonstances, il les apprit plus tard du récit d'un conducteur qui le suivait, et avait alerté les secours.

Autre miracle, il n'eut « que » les deux jambes brisées et le bassin fêlé. Mais il passa plus de trois mois en immobilité complète, entre l'hôpital et sa chambre, ce qui lui coûta sa première année de prépa HEC. Il garda, aussi, une aversion obsessionnelle des sirènes. Un vrai TOC. Dès qu'il en entendait vrombir une, police, ambulance, pompiers, il se mettait les mains sur les oreilles. Ce geste de gamin apeuré faisait rire ses amis. Mais pas lui.

Il chassa ces mauvais souvenirs et accéléra pour prendre l'avenue la voie Georges-Pompidou. Il lui fallut à peine dix minutes pour arriver dans son immeuble et débouler dans son appartement.

Depuis qu'Eva, sa dernière compagne en date, était partie, lassée des dîners et projets de week-end annulés pour cause de boulot urgent à la Firme, il trouvait que son antre commençait à prendre des airs de caverne de vieux garçon. Le frigo aux étagères à moitié vides, à part le bac à légumes bourré de packs de bières et le compartiment congélateur plein de plats préparés ; le salon aux meubles design choisis avec goût, mais sans chaleur, impersonnel, même les livres et revues qui traînaient avaient l'air d'être placés là pour le décor. Sur un mur, une grande photo d'un artiste contemporain, à la cote ascendante. Belle mais esseulée, semblant attendre la suite d'une collection entamée puis négligée.

Un corridor lumineux menait à la chambre, pourvu d'un dressing boisé où s'alignaient impeccablement ses costumes, les piles de chemises sur les étagères, soigneusement repassées par la femme de ménage philippine qui venait deux fois par semaine. Le tout était élégant, sans clinquant, confortable, mais manquait de vie, à l'exception de sa chambre où s'accumulaient, dans un coin à même la moquette, ses vieux numéros du journal *L'Équipe*, des posters d'ado au mur, ses doudous, objets fétiches, quoi.

Il consulta sa montre, il fallait accélérer. Il enfila un de ses quatre costumes d'hiver (il en possédait autant pour le printemps), tous parfaitement identiques, et sortit en trombe de son appartement. Cette fois pas de moto vrombissante, mais un pass Navigo en guise de sésame. Une demi-heure plus tard, il arrivait vers le siège de O'Kelney, sur une avenue du Triangle d'Or autour de la place de l'Étoile. Il sortit à la station Georges-V, marcha d'un pas leste jusqu'au bureau, excité à la perspective de sa nouvelle mission. Un large building de dix étages, mélange de béton, de bois, de verre et d'acier savamment végétalisé par l'un des architectes français les plus cotés.

La firme occupait les quatre derniers étages. Spacieux, confortables et fonctionnels, comme l'entendait répéter maintes fois Quentin. Rien d'ostentatoire. Le but n'était pas d'en mettre plein la vue aux visiteurs. C'est dans sa capacité d'influence, par nature invisible, que résidait la puissance de O'Kelney. Les locaux ne permettaient pas d'accueillir tous en même temps les quelque cinq cents collaborateurs du bureau parisien. Pour répondre à l'addiction toujours croissante des grandes entreprises et des gouvernements pour le conseil en stratégie, le cabinet ne cessait de recruter, racheter des sociétés, grossir. On y travaillait pourtant en toute fluidité, grâce à la magie du flex office et au roulement huilé des présences. De toute façon, il était mal vu de traîner au siège. C'est auprès des clients qu'un consultant se doit de passer le plus clair de son temps, pas les fesses sur sa chaise.

– Bonjour Monsieur Marchal !

Quentin rendit leur salut aux deux hôtesses d'accueil bilingues en uniforme gris perle. Bluffé une fois de plus par leur capacité à mémoriser autant de noms d'employés, et à toujours donner l'impression d'être prêtes à faire leur possible pour vous rendre service. Plus discrète et beaucoup moins joviale était la présence, à l'autre bout du desk, de l'inamovible agent de sécurité. Oreillette vissée au tympan gauche et matraque télescopique sous l'épaule cachée par le veston, il scannait chaque visiteur à l'aide de son bâton détecteur. Cette formalité passée, Quentin badgea pour franchir le portique et gagna les ascenseurs sous l'œil des caméras de surveillance. Il appuya sur le bouton du 7e étage. L'entrée dans le domaine O'Kelney.

Il passa sans plus y prêter d'attention devant un immense cadre dans le hall, qui sautait aux yeux des arrivants dès leur sortie de l'ascenseur. La vue de cette affiche l'avait pourtant gonflé d'orgueil cinq ans plus tôt, à ses premiers pas dans la Firme.

« OUR VALUES. »

NOS VALEURS, proclamait-elle en gros titre.

Au-dessous, une dizaine d'alinéas.

Les Dix commandements de la Bible O'Kelney.

D'emblée, le panneau rappelait à chaque salarié, chaque patron d'entreprise cliente venant en rendez-vous dans ces murs, que la Firme – ainsi que tout le monde l'appelait à l'extérieur – n'était pas une société de conseil comme les autres. Depuis sa création aux États-Unis en 1928 – près d'un siècle d'existence – par Joseph Andrew O'Kelney, un expert-comptable bostonien féru de méthodes modernes de management, elle se targuait de posséder une éthique à toute épreuve. Chacun devait s'y plier, ou plutôt y adhérer. C'est ce qu'avait expliqué sur un ton emphatique un « ancien » à Quentin, à son entrée dans la boîte.

– Il y a trois institutions dans le monde où les valeurs sont centrales et doivent absolument être respectées : les Jésuites, le corps des marines américains et O'Kelney.

Le véritable pape de l'église O'Kelney était un autre personnage que le fondateur : un dénommé Melvin Blue. Ce juriste diplômé de la Law School de Harvard avait rejeté les offres alléchantes de prestigieux cabinets d'avocats de Boston et préféré reprendre ses études, cette fois à la Harvard Business School, dans le but d'intégrer la Firme. Il avait vite grimpé les échelons, remarqué par le boss pour son aptitude à captiver les industriels et pour son sens de l'organisation. À la mort du fondateur à la veille de la Seconde Guerre mondiale, il prit sa succession et donna à la Firme – dont il garda le nom déjà bien établi – l'essor qui la transformerait en pieuvre aux tentacules enserrant la planète entière.

Longtemps après, l'homme faisait toujours l'objet d'un culte certain. Les jeunes recrues se voyaient fermement recommander la lecture de son bréviaire, « Ma vision pour O'Kelney ».

Quentin avait trouvé le manuel un peu lourd à digérer et s'étonnait que certains exemplaires de l'édition originale s'arrachent à plusieurs centaines de dollars !

La charte des valeurs qui trônait dans le hall d'entrée était aussi accrochée aux murs de chaque salle ou presque. Où que l'on pose le regard, elle vous suivait. « Comme un monastère où on rappellerait les prières du jour aux moines », s'était dit Quentin. Lassant à la longue. On ne trouverait pourtant personne dans la Firme pour remettre en cause ce mantra envahissant. Entièrement rédigée en anglais à l'instar de la quasi-totalité des documents, l'affiche alignait toute une série de préceptes. Chaque consultant se devait d'en graver le numéro 1 en lettres de feu dans son cerveau :

Put client interests ahead of our firm's.

Place les intérêts du client au-dessus de ceux de notre firme.

« À condition que le client suive ses conseils », avait observé Quentin qui avait bien retenu l'anecdote fondatrice de la légende Melvin Blue. Au début des années 1950, en plein boom de la consommation aux États-Unis après la guerre, la Firme avait stoppé net sa collaboration avec le puissant constructeur automobile Ford. Au motif que l'entreprise ne suivait pas à la lettre ses recommandations. Et nuisait par là même à son propre intérêt, puisque O'Kelney fournissait comme chacun savait les meilleures solutions. Lors de son premier séminaire d'intégration, Quentin avait discuté de cet épisode avec un autre novice.

– Tu te rends compte, Melvin Blue tenait si fort à défendre la réputation d'excellence et d'indépendance de la boîte qu'il a décidé de virer un client qui lui rapportait le tiers de son chiffre d'affaires. Droit dans ses bottes, le gars !

– Eh oui, ce n'est pas parce que le client te paye que tu dois te coucher et avaler des couleuvres. Respect.

Plusieurs des autres commandements reflétaient la culture-maison.

Respecte des standards éthiques élevés

Apprends de tes réussites, les échecs sont une perte de temps

Recherche l'équilibre lorsque tu construis une relation de confiance

Sache dépasser la hiérarchie et sois inclusif

Entretiens l'esprit d'équipe, la clé de voûte de la performance

Engage-toi dans ta mission et pour ton client, sache être en dissidence s'il le faut

4

Paris.

Quentin contemplait, pensif, les tables de la loi de la Firme.

Elle avait son petit côté pompeux voire creux. Qui donc promettrait autre chose que les « meilleures conditions » et les « meilleurs services » à ses clients ? Mais, hormis ces formules bateau, la majorité des engagements affichés par la Firme correspondaient à la réalité, jugeait Quentin. Lors de ses entretiens d'embauche, cinq ans plus tôt, il avait été impressionné par la culture d'excellence et d'exigence portée par ses interlocuteurs.

– Nous nous engageons sur un projet seulement si nous sommes capables de garantir que notre intervention rapportera au minimum quatre fois plus à notre client que ce qu'elle lui aura coûté, lui avait expliqué un directeur-associé senior. Si on n'est pas sûr d'y arriver, on refuse la mission.

Multiplier la valeur par quatre. O'Kelney savait soigner les actionnaires de ses entreprises clientes…

Un autre trait avait marqué Quentin chez les consultants du cabinet : leur haute image d'eux-mêmes. Il se souvenait mot pour mot de ce que lui avait balancé un partner à son avant-dernier entretien de recrutement.

– Votre job consistera à aider les plus hauts dirigeants des entreprises les plus importantes à résoudre des problèmes qu'ils ne pourraient pas solutionner tout seuls. Le monde tourne mieux grâce à nos interventions.

Cinq ans plus tard, après avoir vu disparaître, éjectés d'un système darwiniste, les neuf dixièmes des juniors qui avaient intégré en même temps que lui, avoir gravi les premiers échelons jusqu'à celui d'« Engagement manager » (chef de projet), il était convaincu de la véracité de cette affirmation. O'Kelney rendait bel et bien le monde meilleur.

La preuve, sa mission actuelle. À la tête de son équipe, il était chargé de conseiller un laboratoire pharmaceutique désireux de relocaliser une partie de sa production. Des molécules basiques, mais dont l'incapacité de l'industrie de la santé à les fabriquer en France avait rendu le pays ultra-dépendant, donc ultra-vulnérable, durant la pandémie de Covid-19. Des milliers de malades avaient peut-être vu leur cas s'aggraver faute de disposer à temps de tels médicaments. Mortelle pénurie. Les pays riches s'étant précipités sur les pays émergents d'Asie qui les produisaient. Dans l'anarchie complète. On assista à des batailles rangées sur les tarmacs d'aéroports entre fonctionnaires de la santé de pays soi-disant amis pour piquer les palettes prêtes à embarquer ! Si la Big Pharma se décidait à réinvestir dans des secteurs méprisés depuis des lustres, peu sophistiqués et peu rentables, ce n'était pas par un soudain accès de philanthropisme. Mais parce que les autorités publiques, qui ne voulaient plus jamais revivre ce chaos, avaient tordu le bras de ses dirigeants.

Relocaliser représentait un défi pour l'industrie pharmaceutique, mais aussi pour O'Kelney. Car au long des dernières décennies, la Firme s'était fait le chantre des délocalisations. Cela lui valait régulièrement l'hostilité des partis politiques de gauche et des syndicats. Quentin mesurait tout l'enjeu de sa mission.

Il avait réservé une salle pour une réunion PSS. « *Problem solving session* » : session de règlement des problèmes. L'anglais régnait en maître quasi absolu dans la firme. En interne comme à l'extérieur, chez les clients. Quelle que soit la mission – dans le jargon de la firme on disait « projet » –, la composition des équipes était internationale. Il n'y avait guère qu'avec les administrations ou les ministères, où les responsables ne voulaient pas ou ne savaient pas parler anglais, que la langue française gardait l'avantage.

Hasard de la programmation, la salle où il s'installa en avance le ramena cinq ans en arrière. Dans cette pièce s'était en effet déroulée une scène mémorable. Quelques semaines après son embauche, les nouvelles recrues avaient été convoquées au siège. L'ordre du jour de la séance, ainsi formulé sur le mail envoyé par le service des RH, avait piqué la curiosité de Quentin : « conseils de présentation générale ». Pas d'anglicisme, fait inhabituel. Le jour dit, il retrouva dans la salle de réunion, sagement assis autour de tables dessinant un rectangle, une quinzaine de collègues, filles et garçons en nombre à peu près égal. Convertie depuis peu à la parité, la firme l'appliquait assidûment. Dans ce domaine comme en tout autre, elle se voulait exemplaire.

Les participants arboraient un air de jeunesse et de fraîcheur, le plus âgé devait tout juste frôler la trentaine. Ce qui frappa le plus Quentin, c'était le rayonnement qui émanait de chacun d'entre eux, comme s'ils avaient du mal à cacher l'intense satisfaction qu'ils éprouvaient d'avoir rejoint le club le plus exclusif de la place, réservé aux meilleurs des meilleurs. Ils étaient sur le toit du monde, et entendaient bien y rester.

Un homme en costume sombre fit son entrée. Grand, silhouette svelte, profil aquilin, chevelure poivre et sel trahissant une cinquantaine élégante, il avait tout du patricien affable et redoutable à la fois, incisif et intemporel, tel que l'on imaginait les patrons aux commandes de la firme. Ceux-là évoluaient un cran encore au-dessus du toit du monde. Dans la stratosphère. Ils ne mettaient plus les mains dans le cambouis des missions, ou rarement, pour apporter la touche de prestige qui flatterait le client, lui montrerait à quel point il comptait pour la firme. Cela avait un prix : la journée de travail d'un directeur-associé (ou senior partner) était facturée 10 000 euros.

Chacun des mille directeurs-associés à travers le monde gagnait au bas mot un million d'euros par an, entre salaire et bonus. Selon une alchimie propre à la maison, qu'un ancien avait expliquée de façon imagée à Quentin. « Imagine une gigantesque chasse d'eau, lui avait-il soufflé. On la remplit des profits remontés des bureaux du monde entier, avant de la vider une fois par an en versant leur quote-part aux associés, en fonction d'une clé de répartition basée sur leurs salaires. » Lequel salaire était fixé par un comité des rémunérations, composé d'associés renouvelés périodiquement, qui ne cultivait aucunement la transparence. Chez O'Kelney, impossible de connaître le salaire de votre alter ego s'il ne vous le dévoilait pas lui-même. Le système reposait sur la confiance : vous deviez faire confiance au comité pour qu'il vous rémunère à votre juste valeur. Pour les plus performants, le gain annuel dépassait très largement le million, en dollars comme en euros.

Celui qui venait d'entrer dans la pièce était Charles Martin-Duluard, l'un des directeurs-associés du bureau de Paris. Pas besoin de se présenter, l'assemblée savait qui il était même si la plupart ne l'avaient encore jamais rencontré. Urbain, il le fit quand même, d'une voix au timbre posé et chaleureux, avant de féliciter les impétrants d'avoir intégré le cabinet.

– Un honneur, qui vous confère plus de devoirs que de droits, précisa-t-il.

Puis il lâcha, sourire ironique au coin des lèvres, par avance sûr de son effet :

– Je suis là pour vous apprendre à vous habiller.

Un silence étonné accueillit sa sortie. Les uns se mirent à sourire, affichant une mine attentive. Un ou deux ricanements fusèrent.

– Je ne savais pas que O'Kelney était un institut de mode, osa l'une des jeunes femmes, au vague air de Kate Middleton.

– Pas besoin qu'on me dise comment me fringuer, je n'ai plus l'âge du pensionnat, fit mine de se rebiffer un Viking à la légère barbe soignée.

C'était un diplômé de l'École des mines, un vrai geek qui avait épaté Quentin lors de leur toute première session d'initiation à la sécurité et la confidentialité. « Lui, on voit qu'il a passé deux ans dans une start-up du digital », songea-t-il. Le partner les rappela gentiment à l'ordre.

– Non, vous n'êtes pas dans une école de mode, ni au pensionnat. Puis sur un mode plus docte :

– Vous êtes au service du client. Ne l'oubliez jamais !

Quel rapport avec l'habillement ?

– Par votre apparence, vous devez lui montrer que vous le respectez et qu'il peut vous confier ce qu'il a de plus cher au monde : l'avenir de son entreprise et de son patrimoine.

En pratique, la règle « OKayy », observée par tous les consultants, dans tous les bureaux et sur tous les continents, consistait à s'habiller « comme le client ». Ou, mieux, un poil au-dessus. Histoire de prouver qu'on le prenait vraiment très, très au sérieux. Dans la banque, l'assurance, la Big Pharma, portez une cravate Messieurs, et vous Mesdames un tailleur strict. Dans les bureaux d'études de l'industrie et la tech, un costume chemise ouverte suffira. Dans les groupes de médias, la publicité, vous pouvez vous décontracter, ils aiment jouer au concours du plus cool. Bref, adaptez-vous, mais toujours smart, telle était la consigne. Et pas question d'y déroger, sous peine d'être saqué à la première évaluation, qui allait arriver très vite. Le moindre détail comptait.

Quentin avait retenu la leçon. Se montrait attentif à ne pas se fermer, par de futiles provocs vestimentaires ou d'apparence, des secteurs stratégiques pour la Firme. Pas comme sa copine Flo, dont la petite audace capillaire – un carré aux mèches décolorées et aux longueurs asymétriques – lui valait d'être systématiquement écartée des missions dans la finance ou l'assurance. Blackboulée par des partners sourcilleux.

– Ne vous plaignez pas, il n'y a pas si longtemps c'était beaucoup plus rigide, reprit Martin-Duluard. À mes débuts, il y a déjà… un certain temps, la consigne était simple : vous vous habillez comme le président des États-Unis. Et on vous recommandait de visionner les discours annuels des présidents au Congrès de Washington. Costume bleu nuit, noir ou gris anthracite. Point final. Chemise blanche et boutons de manchette. Cravate bleue ou rouge, les présidents variant selon leur parti d'appartenance : bleue pour les Démocrates, rouge pour les Républicains.

Les chaussures ? Noires, exclusivement.

– Comment peut-on faire confiance à un type qui ne porte pas des chaussures noires ? disait un vieil adage de la Firme.

Un participant tenta l'humour :

– Pas de piercing, pas de tatouages, pas de sneakers ?

Un ange habillé en Prada passa.

La vraie-fausse Kate Middleton rompit la glace :

– Et les femmes alors, elles devaient se vêtir comment ?

Le patricien darda un regard sarcastique sur l'insolente.

– Les femmes ? Il n'y en avait pas.

Quentin chassa ses souvenirs, revint à ce qui l'occupait. Son équipe arrivait. Cinq consultants juniors qu'il allait encadrer durant les deux mois du projet. Un Allemand, Achim, un Irlandais, Danny, une Américano-Coréenne, Kim, et deux Français, Aurelie et Théo. Des origines différentes, mais un même moule, la matrice O'Kelney. La mission commençait tout juste, on n'en était qu'à la troisième réunion PSS, et les analystes « matchaient » entre eux à la perfection. Le jeune manager attribua les tâches.

– Aurelie, à toi l'identification des postes d'expatriés menacés dans les usines qu'on va fermer en Inde et au Vietnam. Le client peut-il les redéployer en France ? Danny, tu vas chiffrer les conséquences financières du redéploiement, éplucher les contrats locaux et recenser toutes les conditions qui pourraient provoquer des contentieux au moment de la rupture.

– Tu veux dire qu'il peut y avoir des procès ?

– À toi de le déterminer justement. Si tu as un doute, tu me le signales et on consultera un partner qui a l'expérience de ces dossiers. Dites-vous bien que quel que soit le problème, il y aura toujours un expert dans la Firme pour vous fournir une solution.

– Et moi, quelle est ma feuille de route ? demanda Kim.

– Benchmarker les procédés de production des molécules cibles en Asie et les nôtres. Je veux comprendre pourquoi ils fabriquent dix fois moins cher, et quelles pratiques on pourrait transposer. Et toi, Théo, tu vas étudier comment les chaînes de production peuvent s'adapter ici. Faut-il lancer des lignes supplémentaires, faire bosser trois équipes au lieu de deux ? Quelles marges de manœuvre nous laisse le droit du travail pour produire d'urgence ces médocs en France à un coût potable…

Quentin goûtait l'ironie de la situation. Demander à O'Kelney de pondre une stratégie de relocalisation, c'était un peu comme demander à un général de dresser un plan pour la paix dans le monde.

– Achim, il nous faut un bilan complet des économies carbone générées à terme par la relocalisation. Présenter un impact positif sur l'environnement sera très bon pour l'image de notre client.

…Et ça reléguera dans l'ombre les éventuels dégâts sociaux, ajouta-t-il *in petto*…

Au bout d'une heure et demie, la réunion touchait à sa fin. Quentin sentit une vibration sous son veston. Il extirpa de sa poche intérieure son portable personnel et jeta un coup d'œil sur l'écran. Un numéro inconnu et un court texto signé à sa plus grande surprise Vikas – Vikas Banerjee son « buddy », ou « DGL » (*development group leader*). Un mentor qui avait guidé ses premiers pas dans la boîte, le conseillait dans toutes ses décisions, l'épaulait dans les coups durs. Chaque consultant avait le sien. Vikas était l'étoile montante du bureau parisien, ce dont Quentin était fier… et flatté. « Hello Quentin, il faut qu'on se voie rapidement. Peux-tu me retrouver demain à 8 h pour un breakfast à l'Interallié ? » Bien sûr qu'il pouvait, répondit-il aussitôt.

Mais pourquoi ce message elliptique sur son téléphone privé plutôt que sur son professionnel habituel ? Et ce rendez-vous à l'extérieur au lieu de son bureau de directeur-associé ?

5

Paris, catacombes.

Bientôt 6 heures, Paris allait s'éveiller. Mais le halo des réverbères avait du mal à percer la brume dense qui enrobait la capitale depuis trois jours. Elle donnait un aspect fantomatique aux silhouettes, nuages de buée flottant devant leurs bouches, qui se mouvaient dans ce square aux abords de la place Denfert-Rochereau. De rares passants qui avaient bravé le froid – sortant sans doute d'un *after* d'une boîte des parages – s'approchèrent des grilles, intrigués par cette agitation.

Ils écarquillèrent les yeux : les formes noires disparaissaient les unes après les autres, comme happées sous le sol par une créature invisible.

Incrédules, les fêtards se frottèrent les paupières.

Le temps de distinguer le mot « Police », inscrit en grosses lettres sur une bande fluo au dos des blousons bleu marine.

– Merde, les keufs ! Qu'est-ce qu'ils foutent là ?

À l'intérieur du square, le cri fit réagir la major Stéphanie Desplats. Elle tourna le regard en direction des buissons, découvrit les noctambules. Elle les interpella.

– Vous ne pouvez pas rester là. Reculez, s'il vous plaît, c'est une zone d'opération de police.

Soudainement dégrisée par le ton ferme de la femme officier, la petite bande décampa fissa.

Stéphanie commandait une unité de la Brigade des carrières, relevant du Groupe d'intervention et de protection de la préfecture de Police de Paris. Les « cataflics », des policiers recrutés sur leurs qualités sportives et leur résistance éprouvée à la claustrophobie. C'était préférable, quand on avait pour domaine d'intervention privilégié les catacombes de Paris.

Se retournant vers ses troupes, elle appela du geste un des policiers encore à la surface. Lui ordonna de ceinturer de bandes velcro adhésives un périmètre entourant une bouche d'égout, à la gueule béante.

Quand ce fut fait, la major Stéphanie Desplats ajusta la sangle de son casque spéléo rouge, vérifia le bon fonctionnement de sa lampe frontale, tira la fermeture éclair de son blouson d'uniforme imperméable. Elle enfila ses gants. Prête à descendre vingt mètres sous terre, peut-être davantage si les investigations ne donnaient rien à cette profondeur.

Elle désescalada un par un les barreaux, scellés dans le sous-sol argileux, du puits d'accès au labyrinthe des anciennes carrières. Sitôt arrivée en bas, les pieds dans la gadoue sur une étroite plate-forme qui distribuait, à la manière d'un poste d'aiguillage, trois galeries distinctes, elle huma l'odeur humide emplissant le lieu. L'odeur des catacombes.

Un subordonné l'attendait. Sous terre, on ne marchait jamais seul, toujours par groupes de deux, ou plus. Et jamais sans avoir sur soi un plan de ce labyrinthe. C'était la règle d'or de la Brigade.

Après une progression d'une cinquantaine de mètres dans un tunnel d'un mètre de large et un mètre quatre-vingt-cinq de haut, longeant des parois suintantes au sommet desquels courait un câble électrique alimentant des lampes murales, le binôme arriva dans une salle assez vaste. Elle était remplie de « cataflics ».

La major Desplats adressa un dernier message, avant que les communications souterraines ne deviennent plus aléatoires, aux quarante « cataflics » sous ses ordres.

– Attention, la personne que nous recherchons a disparu depuis presque une semaine, et n'était vraisemblablement pas approvisionnée en conséquence. Autant dire qu'elle risque d'être dans un état sanitaire précaire et souffrir de dénutrition sévère.

Assurez-vous que chaque section est bien pourvue de sa trousse de premier secours.

La tactique opérationnelle était bien rodée. Les policiers étaient répartis en six groupes, afin de quadriller une zone couvrant environ 200 km de galeries. En général, le temps nécessaire pour retrouver des « cataphiles » égarés n'excédait pas quatre heures. En général...

Stéphanie Desplats était circonspecte. Les enquêteurs n'avaient pas de certitude sur le lieu où l'individu s'était enfoncé dans les ténèbres. Elle ciblait cette zone du 14e arrondissement parce que le quartier était, de loin, la zone de départ la plus utilisée par les amateurs de visites interdites. Aucune indication non plus sur les conditions dans lesquelles il effectuait son exploration souterraine. Seul ? Dangereux pour un étranger ne connaissant rien des lieux. Avec un ou plusieurs compagnons ? Dans ce cas, pourquoi nul d'entre eux n'avait signalé d'incident ?

L'avis de recherche pour disparition inquiétante avait été émis par la Préf de police après un appel du consulat canadien à Paris. Ce dernier avait été alerté par une habitante de Toronto. Elle était sans nouvelle de son conjoint, un certain Fred Parish. La dernière fois qu'ils avaient échangé des messages, il séjournait à Paris et lui faisait vaguement part d'un projet *exciting* pour sa journée du lendemain. Une expédition « dans les entrailles de Paris », lui avait-il lâché, mystérieux. Il promettait de donner des détails par la suite. Mais Liz Parish n'avait rien reçu depuis.

Elle ne s'était pas inquiétée tout de suite. Comme elle l'avait expliqué à l'employé du consulat puis au policier français qui l'avait jointe, Fred voyageait beaucoup pour son travail. Il était en tournée d'une dizaine de jours en Europe, elle ne se rappelait même plus dans quelles villes ou pays précisément. Et elle-même était très *busy* avec l'agence de graphisme qu'elle dirigeait. Tout de même, où qu'il fût, il ne manquait jamais de prendre des nouvelles de leur petit garçon, Lukas. Ce silence la minait.

Plus de quatre heures et demie que les policiers avançaient au long des conduits. Ils s'étaient écartés depuis longtemps du circuit

« officiel » des carrières, pourvues d'un éclairage faiblard mais permanent. Dans les catacombes clandestines, ils ne pouvaient compter que sur leurs torches frontales halogènes. Les chefs de file avertissaient en cas d'obstacles.

– Gaffe, au milieu, une trappe avec son cabochon. À gauche, caca. Et un gros…

Le bruissement continu de l'eau qui ruisselle accompagnait leurs pas. De temps à autre, un agent braquait sa torche sur une plaque de béton gris, gravée : « Avenue de Montsouris » ; « Aqueduc d'Arcueil »… Le Paris de la surface avait ici-bas son exact reflet.

Les « cataflics » demeuraient bredouilles. Rien. Pas la moindre trace, ni le moindre indice. Un des policiers se tourna vers son collègue.

– Tu te rappelles, ce type qu'on avait déniché, recroquevillé dans une cavité minuscule ? En position de yogi, à moitié à poil sous sa couverture de survie, une barbe de sapeur, l'air complètement illuminé. Il n'avait pas une miette de nourriture, juste une gourde d'eau potable, et ça faisait huit jours et sept nuits qu'il était là.

– Ah ça oui, je ne l'ai pas oublié, celui-là. Quel numéro ! Un prof d'histoire mélenchoniste. Quand on l'a sorti de son trou, il a raconté qu'il faisait une grève de la faim en solidarité avec les Gilets jaunes blessés dans les manifs par les forces de l'ordre ! Il voulait démontrer que le président Cardignac traitait les Français aussi cruellement que le faisait Louis XI avec ses ennemis… d'où sa grève dans les cachots des catacombes. Pour le symbole, qu'il disait.

Le groupe mené par Stéphanie s'était aventuré bien au-delà des circuits habituels des « cataphiles ». Il farfouillait les recoins d'une salle au plafond bas. Sur une paroi, la tapisserie d'ossements humains parut soudain enfoncée. Des bouts de crânes étaient éparpillés sur le sol, comme si on avait forcé le mur à cet endroit. À l'évidence, un ou plusieurs individus étaient passés par là.

Une policière, dont l'uniforme imbibé de poussière avait viré au gris, s'efforça de déblayer le lieu, sa frontale braquée sur l'ossuaire. Au bout de quelques instants, elle s'exclama :

– Là, major, venez voir !

Stéphanie sentit l'adrénaline pulser. Elle rejoignit sa collègue. Dans la lumière hésitante, derrière le nuage de poussière retombant, apparut une sorte de cheminée, inclinée à plus de 45°. Semblant plonger vers les abysses. Une odeur putride monta. La major pinça ses narines.

Pas le choix, il fallait descendre. La policière se félicita d'avoir emporté un équipement conséquent. Dont des cordes de rappel. Elle fit signe à Jim, le plus leste de ses équipiers.

L'interpellé, un jeune gars dans les 25, 27 ans, se tenait déjà prêt.

– Ah, ça sent l'aventure.

Il sortit le matériel, réparti dans les sacs à dos du petit groupe : corde, harnais, mousquetons... Une fois harnaché, et la corde de rappel passée au coude et à l'épaule d'un solide collègue, il engagea la tête, puis les épaules, dans l'entrée de l'orifice. Ôta un gant, passa la paume sur la paroi.

– Ça suinte de flotte. On est dans la zone des piscines, l'eau peut arriver sans crier gare. Terrain glissant, va falloir m'assurer ferme, les potos.

– T'inquiète, on veut pas te perdre, compte sur toi pour la troisième mi-temps, au match contre le commissariat du 13e, samedi !

Stéphanie les rappela à l'ordre.

– Allez, un peu de sérieux, ne perdons pas de temps. Il y a peut-être quelqu'un qui a besoin de nous, là-dessous.

Jim s'engouffra. En quelques secondes, son collègue, fermement campé au sol, corde de rappel tendue entre ses mains, ne vit plus que le maigre éclat blanc de sa loupiote.

Puis plus rien. Le conduit devait faire un coude.

Stéphanie le héla.

– Jim ! Ça va ?

Pour toute réponse, elle entendit un bruit sourd. Comme un choc amorti. Puis, au bout d'une interminable seconde, Jim cria :

– Oui, moi, ça va. Mais pour le type à côté de moi, par terre, ça a l'air d'aller beaucoup moins bien. Il n'a plus l'air de respirer. Vous devriez venir jeter un coup d'œil, major !

Stéphanie frissonna imperceptiblement. Mais pas question de se dérober.

Sa collègue plongea le bras dans un des sacs, sortit un baudrier et une deuxième corde, qu'elle déroula.

La major tira sur les deux pans de son blouson, comprimant sa poitrine. Elle saisit le baudrier, s'apprêta à l'enfiler, non sans hésiter un instant sur le sens d'habillage.

– Pff, j'ai plus l'âge pour ces petits jeux, moi...

Les autres se marrèrent, pour l'encourager.

– Mais si, vous allez voir, c'est comme le vélo, ça ne s'oublie pas.

Assurée par l'agent qui avait noué, entre-temps, la corde de rappel de Jim, elle entama la descente. Précautionneusement. Maîtrisant sa vitesse, sans oser jouer du système de rappel débrayable : elle craignait de lâcher trop de fil d'un coup et de se retrouver les quatre fers en l'air.

Le conduit était de plus en plus humide. Elle reçut une grosse goutte d'eau dans un œil, pesta intérieurement. Dans sa position hiérarchique, elle ne voulait pas jouer les délicates.

Après moins de trois minutes qui lui parurent des heures, Stéphanie toucha terre. Enfin, terre... l'endroit baignait dans la flotte, froide, flétrie.

Jim désigna la forme sur le sol.

– Regardez, il est complètement trempé. D'ailleurs tout est trempé, ici. Comme s'il y avait eu une inondation. L'eau pourrait revenir, on ne devrait pas trop traîner, c'est flippant.

Stéphanie approcha, se pencha sur le corps. Avança le bras vers lui, mais se retint.

– Attention, mieux vaut ne pas trop le manipuler, avant qu'on prenne la scène en photo. Vous avez raison : on croirait voir un noyé. Bon, on appelle les copains du GRIMP. C'est leur boulot, là.

Le GRIMP, Groupe de recherche et d'intervention en milieu périlleux. Cette unité d'élite des sapeurs-pompiers de Paris était chargée de secourir et évacuer les blessés des catacombes.

La policière était toujours penchée sur l'inconnu.

– Je crois qu'on peut aussi prévenir la Brigade criminelle. Il a l'air spécial, notre client. Qu'est-ce que c'est que cet attirail techno sur son dos ? Et ces lunettes de réalité virtuelle. Qu'est-ce qu'il foutait avec tout ça ?

La major se retourna vers l'entrée du boyau, parla fort pour se faire entendre des collègues, en haut.

– Les gars, je crois bien qu'on a retrouvé Fred Parish... Son cadavre, du moins.

* * *

Les hommes du GRIMP avaient à peine achevé de remonter le corps, sanglé sur un brancard métallique et enveloppé d'une dérisoire couverture de survie à la face dorée, qu'un Peugeot 2008, gyrophares bleus tournoyants, stoppa dans un crissement de pneus au bord du périmètre de sécurité. Une femme sortit prestement du SUV gris métal, souleva la rubalise estampillée « Police nationale » et se dirigea droit vers la major Desplats. Elle lui tendit la main.

– Capitaine Alice Menuet, de la Brigade criminelle. C'est vous qui avez découvert le client ? Beau travail, bravo.

– Merci, mais j'aurais préféré le retrouver vivant, répondit Stéphanie dans un sourire contrit. La Crim', c'est du lourd, alors ?

La flic, dont le holster contenant un pistolet Sig-Sauer apparaissait sous le blouson à la doublure fourrée, regarda en direction du cadavre, gisant sur le pavé proche de la bouche d'égout grande ouverte.

– On ne va pas conclure trop vite, ça pourrait être un accident. Avec tous ces tarés qui ne savent plus quoi inventer pour s'amuser, on n'a jamais fini d'avoir des surprises. Mais disons que cette noyade – s'il s'avère que c'est bien la cause du décès – est pour le moins suspecte. En plus, la victime n'est pas n'importe qui.

Les sapeurs-pompiers étaient en train de charger le brancard, la dépouille de Parish emmitouflée dans les couvertures or et rouge, à bord de leur camionnette. Le disparu travaillait pour le cabinet de conseil O'Kelney, qui comptait le gouvernement parmi ses clients. Dossier sensible : le procureur de Paris ne tarderait pas à diligenter une enquête préliminaire.

La major Desplats savait bien que de telles affaires n'étaient pas du ressort des « cataflics ». Néanmoins, elle éprouvait toujours une pointe d'amertume à voir les belles enquêtes lui échapper.

6

Paris.

Le Cercle de l'Union Interalliée, dont Vikas était membre, passait pour furieusement moderne parmi ces repaires feutrés parisiens conçus sur le modèle des clubs pour gentlemen anglais à Londres. Pour une raison simple : les femmes y étaient admises. Peu avant 8 h, Quentin rajusta son nœud de cravate – le port en restait obligatoire en ces murs, il y avait des limites à la disruption… –, franchit le porche de l'hôtel particulier de la rue du Faubourg-Saint-Honoré. En entrant dans le bar tout en boiseries et mobilier raffiné grande époque, dont les fenêtres en forme d'arches donnaient sur les pelouses blanchies par le givre, il aperçut une célèbre éditrice attablée avec un non moins célèbre ex-président. Un énième livre souvenir en préparation ?, se demanda-t-il furtivement.

Il passa devant eux, nullement impressionné par l'ancien chef de l'État. Il n'éprouvait aucune admiration particulière pour la classe politique, la jugeait trop souvent inopérante, à côté de la plaque. Un seul président l'avait impressionné, mais il était mort depuis des lustres. Nelson Mandela. Dans sa piaule de lycéen, à l'étage du pavillon familial de Champigny-sur-Marne, il avait un poster du premier président noir de la nation arc-en-ciel et qui posait en maillot de l'équipe sud-africaine championne du monde de rugby, en 1997.

Un serveur faillit le bousculer avec son plateau rempli de coupes de champagne, Quentin s'écarta et laissa le visage de son idole s'évaporer dans les brumes de sa mémoire. Il chercha son mentor. En un peu plus de cinq ans, ce n'était que la troisième ou quatrième fois que celui-ci le conviait dans son club. Dans un coin plus intime du majestueux salon, installé à une table basse écrasée sous l'imposant lustre en cristal tombant du haut plafond à caissons néo-Renaissance, Vikas Banerjee l'attendait, calé dans un fauteuil de velours pourpre. Devant lui, une tasse de thé fumante et des sablés shortbread, son péché mignon.

La quarantaine bien entamée, cheveux grisonnants coupés ras peut-être pour atténuer les golfes qui se dessinaient au haut des tempes, les traits du visage mobiles bien que légèrement empâtés, son apparence n'avait rien de remarquable si ce n'était le magnétisme de son regard charbon : il semblait transpercer celui de son interlocuteur pour lire en lui. Il se redressa pour accueillir son invité.

– Bonjour Quentin, je suis heureux que tu aies pu te rendre disponible. Qu'est-ce qui te ferait plaisir ? Je te recommande leurs biscuits anglais.

Il adressa un petit signe à un serveur, qui vint prendre la commande en parlant aussi doucement que s'ils échangeaient les codes de la valise nucléaire. C'est cette ambiance de discret cocon que recherchaient les habitués des lieux.

L'hôte de Quentin rompit le charme de ce moment suspendu.

– Alors, comment te débrouilles-tu avec le labo ?

La question était de pure forme. Quentin savait bien que « Vik », comme l'appelaient entre eux les collaborateurs du cabinet, devait naturellement être informé du déroulement d'une mission aussi importante. Surtout dans sa phase de démarrage, la plus critique.

– Les choses se présentent bien, je crois. Le projet est complexe, mais j'ai une super-équipe et je compte bien sur l'expertise des partners… et sur tes conseils.

Vikas se renfonça dans son fauteuil, visiblement satisfait de la réponse.

– Tu as bien compris que ce projet, sur ce thème précis et à ce moment précis, est primordial à nos yeux. Mais ce n'est pas de ça que je voulais te parler en te faisant venir ici.

« Nous y voilà », songea Quentin. Il s'efforçait de paraître calme mais bouillait intérieurement de connaître la véritable raison de ce rendez-vous. Venant de Vikas, l'affaire dépassait forcément la routine du cabinet.

Directeur-associé senior, ce dernier figurait dans le top 3 des managers du bureau parisien. La rumeur le donnait numéro Un au prochain renouvellement, imminent. Et pourquoi pas, dans son élan, big boss de toute la Firme, à Boston, avec ses 30 000 salariés dans le monde. Son expertise étant réclamée par les partners de la soixantaine de pays où O'Kelney était présent, il voyageait sans cesse, un jour à Shangai, le lendemain à Sydney, Stockholm, Berlin... Il dirigeait la « practice » (le pôle) Secteur public : les contrats avec le gouvernement, les institutions, collectivités, hôpitaux, etc. Et à ses rares heures perdues il pratiquait la boxe et le kickboxing pour entretenir sa forme.

En chiffre d'affaires, cela ne représentait qu'une part minime de l'activité du cabinet, guère plus de 5 %. Mais rapportait infiniment plus en influence. En outre, son pôle ne cessait de croître. De plus en plus de ministres, dépassés par la complexité des problèmes ou par la gravité des crises, faisaient appel aux grands cabinets privés de conseil en stratégie. Sur la quinzaine de sociétés régulièrement en lice, O'Kelney se taillait la part du lion. Son titre de gloire était d'avoir piloté la campagne nationale de vaccination anti-Covid 19.

– Sans notre leadership sur le dispositif, les Français attendraient encore leurs doses, s'était vanté Vikas auprès de Quentin. 125 millions d'injections contre 10 millions en moyenne par an pour le vaccin contre la grippe, les sérums livrés en temps et en heure dans 20 000 points de vaccination, une chaîne logistique mobilisant 250 000 personnes montée en moins de six semaines ! Le tout organisé nickel chrome alors que l'administration était en mode panique...

L'opération avait un coût. Qui mit l'opposition en mode... énervé lorsque son montant fuita dans la presse : un contrat de

13 millions d'euros, réglés rubis sur l'ongle à la Firme par le Trésor public.

Vikas Banerjee avait d'autres trophées à son tableau de chasse. Il avait soufflé à l'oreille du jeune président Marc Cardignac l'idée de créer, dès son élection, une direction interministérielle de la transformation publique (DITP). Chargée de dépoussiérer la machine étatique, elle avait entre autres taches... l'attribution de marchés aux cabs de consultants.

Vikas connaissait le président de longue date. Même génération, mêmes grandes écoles de l'élite (l'X pour le premier, l'ENA pour le second), même idéal mondialiste progressiste, même appétit de séduction intellectuelle. Ils avaient fondé jadis ensemble un think thank consacré à la réforme de l'État, « Agir maintenant ». Ils différaient cependant sur un point : l'un exerçait le pouvoir, l'autre était le conseiller des princes. De P.-D.G. du CAC 40, de ministres, du président. Dans l'ombre. En principe...

Le consultant ne pouvait s'empêcher de mettre en lumière sa proximité avec le sommet du pouvoir. Rien n'agaçait tant certains partners que de le voir soudain saisir son portable et s'éclipser en pleine réunion. Marmonnant, l'air mystérieux : « Je dois répondre, c'est le président. »

À l'origine l'homme était un matheux, formé à Polytechnique et l'École des mines. Né à Paris d'un père indien et d'une mère française, ce « baby O'Kelney », comme l'on désignait les consultants entrés sitôt après leurs études, s'était vite passionné pour les politiques publiques. Il partit un an aux États-Unis pour étudier à la Kennedy School of Government de Harvard – « l'ENA américaine, plus glamour que Strasbourg », avait-il un jour plaisanté avec Quentin. Un séjour aux frais du cabinet, qui fidélisait ses meilleurs éléments en leur finançant des masters en cours de carrière.

Dans le salon cossu de l'Interalliée, Banerjee reposa sa tasse sur le plateau en argent, balaya négligemment de la main quelques miettes égarées sur la manche de son costume. Quentin admira à la dérobée ses boutons de manchette en argent massif.

Vikas fixa son invité.

– Ce matin, c'est le citoyen qui te parle, Quentin. Pas le « DGL ».

– Je t'écoute, répondit le jeune homme.

Il afficha une mine concentrée, désireux de montrer qu'il était à la fois intéressé et flatté d'être ainsi pris pour confident.

– Ce que je vais te dire restera entre nous. Tu sais garder un secret ?

7

Paris.

Banerjee avait pris un air grave. Quentin restait concentré.

– Tu connais mon tropisme pour la politique, dit son mentor, ce n'est d'ailleurs un secret pour personne. Mais il y a mon activité au cabinet, dans le respect absolu de la neutralité, qui est un fondement de notre crédibilité auprès des clients. Et il y a mon engagement personnel. Deux choses bien distinctes. C'est ainsi que j'ai donné un coup de main à la première campagne de Cardignac il y a dix ans… mais ça non plus ce n'est pas un mystère depuis que nos amis journalistes en ont fait tout un fromage.

Quentin saisit l'allusion. Quelques mois avant la fin du premier mandat de Marc Cardignac à l'Élysée et alors qu'il était candidat à sa réélection, les médias avaient en effet révélé que plusieurs consultants de O'Kelney avaient joué un rôle dans sa campagne. La presse dénonça un lien entre ce soutien et le libéralisme – et même, horreur suprême, l'« ultra-libéralisme » ! – du président. L'affaire entraîna des remous en interne. Banerjee reçut des éclaboussures. Mais l'ambitieux partner n'eut pas de mal à démontrer au directoire que le bilan de l'opération restait largement positif pour la Firme… et sa carrière ne s'en porta que mieux.

– La prochaine présidentielle est vraiment celle de tous les dangers. Les candidats populistes ont un boulevard devant eux. Alors pas question que je me défile.

Dire que le paysage politique était chaotique était un euphémisme. Le président, qui achevait son second mandat, était empêché par la Constitution d'en briguer un troisième. Le pays sortait divisé et enragé d'un double quinquennat erratique, rythmé par les crises : pandémie, mouvements sociaux, impact de la guerre en Ukraine sur une économie en berne, émeutes urbaines, violence généralisée dans la société. Avec en apothéose une dissolution de l'Assemblée nationale qui avait pris tout le monde de court, les citoyens comme les élus. La manœuvre présidentielle, ratée, avait abouti à un résultat sans vrai vainqueur, rendant le pays ingouvernable.

Le ras-le-bol à l'encontre des politiques s'exprimait plus fort que jamais.

« La France d'en haut contre la France d'en bas ; et chaque Français ou presque contre tous les autres », pensa tout bas Quentin en jetant un regard circulaire sur le salon cossu de l'« Inter ». Il interrogea :

– Pour qui vas-tu rouler ? Encore heureux pour ton ami Cardignac qu'il n'ait pas la possibilité de se représenter, ça lui évite une humiliation dans les urnes. Je parie qu'au fond de lui-même il se sent soulagé. Mais il n'a pas adoubé de dauphin pour lui succéder. Du coup, les grands fauves de son parti s'entre-déchirent à belles dents dans leur primaire. Tu as un favori ?

Vikas afficha une moue gentiment moqueuse.

– Quel talent de chroniqueur ! Tu es mûr pour les plateaux des chaînes infos. Crois-moi, mon « ami » le président, comme tu dis, est plus frustré que soulagé. Pour lui, l'interdiction d'un troisième mandat est une « funeste connerie ». Ses revers électoraux n'arriveront jamais à le convaincre qu'entre lui et les Français, c'est vraiment fini. Il croira toujours en son pouvoir de séduction. Même moi, l'un de ses plus fidèles soutiens, j'en viens à penser que cet aveuglement confine à de l'autisme... Mais pour répondre à ta question, non, je n'ai pas de favori dans ce marigot. Je suis convaincu qu'aucun d'entre eux ne serait capable de battre l'extrême droite. Cette fois, ça pourrait bien être son heure.

Quentin était interloqué.

– Alors qu'est-ce qu'on fait là si tu ne crois plus aux chances du camp présidentiel ?

« Vik » prit un air encore plus énigmatique.

– Qu'est-ce qui te dit que c'est pour eux que je compte travailler ?

– … ? Non ? Qui alors ?

– Amélie Pasteur. C'est elle, ma candidate.

Quentin écarquilla les yeux. Si Vikas avait voulu désarçonner son poulain, il avait réussi son coup. Amélie Pasteur. L'ancienne leader syndicale de l'Union démocratique du travail (UDT). Pas franchement le genre de beauté de O'Kelney. Elle avait quitté la tête du syndicat en pleine gloire. Après avoir passé une décennie à la barre et joué, lors de sa dernière année de mandat, les figures de proue de la contestation contre la réforme des retraites de Cardignac. À l'époque, alors que la presse lui prédisait un brillant avenir en politique, elle avait juré que l'aventure ne l'intéressait pas. Elle avait créé une société de conseil en responsabilité sociétale et environnementale. S'était fait un peu oublier ces dernières années, intervenant comme experte sur des plateaux mais sans plus.

– Tu te mets dans la roue de quelqu'un qui a renié sa parole en entrant en politique ? Et qui a tout fait pour démolir Cardignac ?

– Paroles de médias ! Elle n'a pas juré craché sur la tête de ses enfants, non plus… Quant à Cardignac, c'est plus compliqué que ça : elle ne le ciblait pas lui, personnellement. Mais sa réforme. Et c'est justement ce qui la rend si bankable aujourd'hui. Franchement, dans une gauche éparpillée façon puzzle et un centre-droit raplapla, tu vois qui d'autre de crédible face aux populistes et aux extrêmes ?

Amélie Pasteur gardait une part de son aura gagnée dans la bataille des retraites. Elle s'y était révélée d'autant plus redoutable qu'elle était moins attendue dans ce rôle que ses collègues d'autres centrales. Son syndicat était en effet réformiste, avait maintes fois trouvé des compromis, sur des réformes d'ampleur, avec des gouvernements de droite comme de gauche. Cela ne la rendait que plus légitime dans l'opinion. Grèves à n'en plus finir, manifs monstres dans toutes les villes, déchaînements de violence, celle des casseurs en tout genre d'un côté, des policiers aux nerfs à vif de l'autre… le mouvement avait durablement pourri le deuxième quinquennat de Cardignac.

N'avait-on pas vu dans les cortèges des poupées de chiffon à l'effigie du chef de l'État promenées au bout d'une pique, ou pendues à un gibet ?

La réforme avait cependant fini par passer, grâce aux armes juridiques imparables dont la Constitution de la Ve a doté le président de notre monarchie républicaine. Cela s'appelle le « parlementarisme rationalisé ». Mais pour Cardignac ce fut une victoire amère.

Amélie Pasteur, elle, apparut en gagnante morale. Tout du long, elle s'était battue en prenant le temps d'exposer ses arguments sur un ton posé, pédago, calme. Loin des vociférations des mâles qui tenaient le haut du pavé dans les deux camps, pouvoir et oppositions, Jupiter contre Robespierre.

Quentin se remémora un débat télévisé où son habileté l'avait marqué. Elle avait ratatiné le ministre du Travail en démontrant que la réforme léserait indûment, sur des aspects précis, les femmes salariées : « Cette inégalité de traitement entraînera automatiquement l'invalidation de votre loi par le Conseil constitutionnel. » Bing, un uppercut à droite. Puis séché le bruyant chef de file de l'opposition, dont la stratégie consistait à transformer l'Assemblée nationale en volcan en éruption permanente, empêchant tout vote du texte dans les délais impartis. « Votre technique de la terre brûlée, c'est une façon de masquer votre crainte d'un résultat qui vous serait défavorable, lui avait-elle asséné. Le problème c'est qu'en agissant ainsi vous privez les citoyens d'un débat et d'un vote auxquels ils ont droit ». Paf, un bourre-pif à gauche. Oui, conclut Quentin, elle avait en elle la niaque d'une candidate.

– Mais qu'aurait-elle à faire avec les ultra-libéraux de chez O'Kelney ?

Vikas rit de bon cœur.

– Figure-toi que c'est la première question qu'elle m'a posée quand je lui ai proposé de l'aider ! D'abord, elle n'a rien d'une dogmatique, d'une pseudo-révolutionnaire qui rêve la nuit de déboulonner le système capitaliste, comme ses frères-ennemis de la CGT ou autres agitateurs de Sud. L'UDT a toujours servi de laboratoire d'idées à la gauche pragmatique, de gouvernement, celle d'un Rocard ou d'un Delors. Ensuite, elle se lance tout juste, la politique n'est pas son terrain. Elle a besoin d'expertise dans la société civile que des gens comme nous peuvent lui apporter... à condition de ne le dire à personne.

– Visiblement vous avez déjà pas mal discuté. Tu la connais bien ?

– Assez bien. Nous faisions partie tous les deux de la commission Milesi sur la modernisation de l'économie française, il y a une quinzaine d'années. Je n'étais que rapporteur-adjoint, mais elle se donnait la peine de m'écouter. Nous sommes restés en contact. En vérité, je me doutais bien qu'elle s'intéresserait un jour à la politique. Aujourd'hui, je me mets à son service.

Un silence. Puis :

– Et j'aimerais beaucoup t'avoir avec nous.

Le jeune consultant ne sut que répondre. Son cerveau tournait à toute allure. Bien sûr, il était tenté par l'aventure. Son environnement familial, son engagement ado dans le mouvement scout – chez les Éclaireurs, la branche laïque – et plus tard dans le soutien scolaire, ses débuts professionnels au sein d'un fameux cabinet d'avocats où il s'était frotté au droit du travail avant de bifurquer vers O'Kelney, l'y poussaient. Mais où trouverait-il le temps ? Est-ce qu'il lui faudrait lâcher sa mission tout juste entamée, alors qu'elle promettait d'être un *booster* pour sa carrière ?

Il interrogea son mentor.

– Si je disais oui, comment ça se passerait concrètement ? Ce serait une mission du cabinet pro bono ?

« Pro bono ». « Pour le bien public ». En clair, un service rendu à titre gracieux par le cabinet. Cela pouvait être du conseil apporté à une ONG pour mieux organiser ses troupes et ses interventions sur le terrain, une analyse pointue fournie à un centre de recherches, une fondation. Marché gagnant-gagnant : un coup de pouce inestimable pour des institutions qui ne roulaient pas sur l'or, un gain d'image pour O'Kelney. Du « *Reputation building* », disait-on en interne.

– Non, c'est hors de question. Tu sais bien que le code de déontologie du cabinet interdit formellement d'agir au profit de partis ou de personnalités politiques. *A fortiori* d'une candidate à l'élection présidentielle. Ce n'est pas notre métier. Nous pouvons travailler pour le gouvernement, pour l'État. C'est neutre. Mais la politique politicienne, on ne s'en mêle pas. Si des consultants le font, c'est à titre personnel. Là, en tant qu'employeur, je ne dispose pas des moyens de contrôler si mes consultants ont des activités politiques ou associatives sur leur temps de loisir. Ce ne serait d'ailleurs pas souhaitable, ça relève de leur vie privée.

Quentin connaissait ces règles. Mais ne put s'empêcher de penser que leur interprétation était parfois floue. Ainsi, des collaborateurs du bureau de O'Kelney à Moscou avaient participé à un mouvement de soutien à Alexeï Navalny, l'opposant de Poutine emprisonné après une parodie de procès, avant de perdre mystérieusement la vie dans son goulag sibérien. Aucun d'entre eux n'avait fait valoir son appartenance à la Firme. Tous furent pourtant sanctionnés. Un grondement indigné se répandit parmi les 30 000 salariés de la Firme à travers le monde. La direction finit par faire amende honorable : oui, ses consultants avaient bien le droit de faire preuve d'humanité... à titre privé.

Vikas Banerjee rapprocha son visage de celui de son interlocuteur, le fixa droit dans les yeux, captant toute son attention.

– Je vais être clair. Ce que je te propose, c'est de la sueur, du sang et des larmes. Ton implication dans l'équipe de campagne te fera bosser en dehors de tes heures de travail pour OKayy. Tu devras participer à des réunions jusqu'à minuit et plus, faire une croix sur tes week-ends, plancher sur des simulations pour vérifier la faisabilité des mesures proposées, aider à créer un site Internet bien pêchu, concevoir et alimenter une stratégie d'influence subtile sur les réseaux sociaux, fignoler des argumentaires pour crédibiliser le programme de la candidate, et d'autres pour démolir celui des adversaires. Et tu devras apporter un minimum de rigueur à des gentils militants hirsutes qui n'ont jamais vu un tableur Excel de leur vie.

Quentin déglutit.

– Eh beh, ça fait rêver… c'est Cuba sans le soleil, comme dirait ton cher président. Qu'est-ce que j'aurais à y gagner, en dehors de la satisfaction d'avoir aidé à sauver la démocratie… à condition que ta championne arrive au second tour, puis réussisse à battre la candidate d'extrême droite ?

– Beaucoup plus que tu ne l'imagines. D'accord, sur le papier, Amélie Pasteur est loin d'être favorite. Mais la mayonnaise est en train de prendre, regarde où elle en est dans les sondages, au bout d'un mois. Elle peut gagner.

Il se renfonça dans son fauteuil, inspira profondément.

– Elle VA gagner. On va tout faire pour ça. Et crois-moi, une fois qu'elle sera installée là-bas – il pointa le doigt en direction du palais de l'Élysée, à quelques numéros de distance dans la même rue que l'Interallié – on sera encore là. Elle saura ce qu'elle nous devra. On ne la laissera pas marcher seule. Il est grand temps de mettre un peu d'efficacité et de méthode dans la gestion du pays. Si les politiques en étaient capables, ça se saurait.

Quentin tiqua, surpris par la remarque, un brin démago. Son mentor ne lui laissa pas le temps de rebondir.

– Ah, et puis autre chose que toi, tu pourrais y gagner. Tu te rappelles notre conversation de l'autre jour sur ton avenir chez OKayy ? Le temps de lancer le process pour ton élection comme partner est venu. J'ai commencé à tâter le terrain, ça se présente plutôt bien. Alors, fais-moi confiance, même si on parle de deux choses distinctes, ta participation à la campagne ne pourra pas faire de mal à ta carrière.

Vikas marquait un point décisif. Devenir partner, associé. Le Graal des consultants. Quitter la plèbe des consultants pour entrer dans le cercle des élus. Ce n'était pas gagné d'avance, mais si un ténor du poids de Banerjee y croyait, la partie s'engageait bien.

Quentin, troublé, demanda du temps pour réfléchir à sa réponse, bien que sa décision fût quasi prise.

– Tu as 24 heures, pas une minute à perdre. La campagne a démarré, ça cogne déjà fort, il faut se mettre en ordre de bataille. Et comme quelque chose me dit que tu seras des nôtres, autant te donner sans attendre le mode opératoire.

Les consignes étaient strictes. Aucun lien, aucune connexion ne devait apparaître entre le staff de la candidate et la Firme. La participation à sa campagne relevait purement du choix des consultants « *embedded* ». Ces derniers ne devaient en aucun cas mélanger leurs horaires de bureau et leur temps militant.

– Tu imagines la tête du client s'il apprenait qu'on lui a facturé du temps consacré en réalité à préparer un meeting ou un débat télévisé de Pasteur ?

Vikas adoptait un ton désinvolte, mais Quentin ne s'y trompait pas. C'était pour bien montrer à quel point c'était rédhibitoire à ses yeux. Ç'aurait été une trahison à l'endroit de la Firme. Impensable.

Prohibé également, l'usage des téléphones et ordinateurs professionnels. Ce n'était pas un vain mot d'ordre. Lors de la précédente présidentielle, un haut cadre d'un grand cabinet concurrent de O'Kelney, qui donnait un coup de pouce à l'équipe du président sortant, s'était fait piéger bêtement. Des lanceurs d'alerte avaient déniché, et publié sur le Net, un mail à en-tête de sa société envoyé au QG de campagne. Piteux, le responsable dut admettre une « faute ».

– Le mal était fait, commenta Vikas. Comment combattre après ça les accusations de financement illégal de campagnes, ou de renvoi d'ascenseur après l'élection ? On n'a pas le droit à l'erreur. D'autant qu'on n'a pas que *Mediapart* et *Le Canard enchaîné* sur le dos, mais aussi les hackers russes, chinois et même turcs. Pour ceux-là, tout ce qui peut entacher une élection et donc déstabiliser un régime démocratique est bon à prendre. Et en matière de manipulation numérique, les sbires de Poutine ont une longueur d'avance sur nous.

Dans le même registre, rien ne devait évidemment être facturé. Les services rendus par les collaborateurs – qui devaient laisser cette qualité au vestiaire – l'étaient à titre bénévole. Que la Commission nationale des comptes de campagne et des financements politiques (CNCCFP), le gendarme financier des élections qui épluchait les comptabilités de tous les candidats après le scrutin, découvrît la trace d'une facture de O'Kelney, et c'en aurait été fini de la façade de neutralité politique de la Firme.

– Tous les détails comptent. D'où le message que je t'ai envoyé sur ton portable perso plutôt que sur celui de la boîte. Désormais, par sécurité, je te conseille de l'utiliser de toute façon quand tu échangeras avec moi, quel que soit le motif de ton appel.

Quentin opina. Il est vrai que les portables pros fournis par la Firme étaient pour le moins « bavards ». Ils comportaient une panoplie d'applis de sûreté « maison » contrôlant entièrement les appareils. Grâce à ce dispositif, le « monsieur Sécurité » de O'Kelney pouvait suivre les déplacements des consultants, lire leurs échanges *via* SMS, WhatsApp… Bref, espionner tout ce que fabriquaient les collaborateurs avec leur appareil.

Un mouvement du bras de son mentor pour regarder sa montre le tira de ses souvenirs. Vikas héla le garçon, signa la note et se leva.

– Bien, fais-moi vite connaître ta décision.

Au moment de le saluer sur le trottoir devant le Cercle, Vikas pressa l'avant-bras de son poulain.

– Ah, quand tu seras nommé ministre, tu penseras à couper cette mèche.

Il lui adressa un clin d'œil et fila.

8

Paris.

« C'est à ça que ça ressemble, un directeur de campagne ? Quel drôle de type ! »

Sa première rencontre avec Antoine Madec – « appelle-moi Tonio, comme tout le monde » – avait surpris Quentin. C'était au QG d'Amélie Pasteur, dans un coin-salon du plateau aménagé au 5e étage de la tour Montparnasse. En fait de salon, l'endroit était spartiate. Un canapé en cuir marron qui avait vécu, visiblement récupéré dans une brocante, fourni par des militants. Trois fauteuils aux tissus et coloris disparates, de provenance similaire. En guise de table basse, un simple panneau de bois posé sur quatre briques, sur lequel s'empilaient des journaux ouverts sur des articles consacrés à la candidate. Enfin, la présence d'une chaise longue, inattendue en pareil endroit, ajoutait au caractère spontané de la campagne Pasteur, loin des professionnels de la politique qu'elle défiait.

Quentin avait beau débarquer en politique, il se faisait tout de même une certaine idée du milieu. Et la dégaine de ce « Tonio » ne correspondait pas au personnage, et moins encore au rôle, que lui avait décrit Vikas.

– Tu verras, le directeur de campagne, c'est à la fois le cœur battant et le cerveau de la machine. Un mélange de chef d'orchestre et de général d'armée. Mais il reste dans la fosse. À la fin, si notre candidate gagne, ce sera sa victoire, à elle et à elle seule. Mais si on perd, c'est lui qui endossera la responsabilité de la défaite.

Quentin s'était imaginé un de ces hommes en gris, prototype de l'énarque de cabinet ministériel, tronche bien faite et bien pleine, cartable à soufflets débordant de documents à la main, et portable greffé à l'oreille. Dirigeant les équipes à la baguette et donnant toujours l'impression de calculer le coup d'après.

Tonio ne portait pas de costard et n'avait pas de cartable. Ni sacoche d'aucune sorte. À la place, il avait un blouson de cuir noir élimé par endroits, virant au grisâtre, qu'il ne quittait jamais, à l'extérieur comme à l'intérieur. La pelure était pourvue d'un nombre invraisemblable de poches que son propriétaire remplissait de toutes sortes d'objets : carnets de notes basiques à spirale ou classieux en moleskine, téléphones portables au nombre d'au moins deux ou trois – avec chacun sa sonnerie, dont « London calling » des Clash n'était pas la plus surprenante –, lunettes avec ou sans leur étui, stylos en pagaille, exclusivement de la marque Cross, bien sûr un portefeuille et un ou deux porte-cartes… Et même, s'aperçut un jour Quentin avec étonnement, une paire de mini-jumelles et un couteau suisse gravé à ses initiales.

– Un cadeau, clin d'œil à ce qu'on dit de moi : « Tonio, c'est un couteau suisse. »

Le couteau les avait réunis. C'était la passion cachée de Quentin. Son jardin secret était planté de couteaux. Il s'en était épanché auprès de Tonio.

Ce jardin secret se trouvait dans la maison de ses parents. Depuis peu il avait installé dans la remise du pavillon de Champigny, jouxtant le garage, un atelier de coutellerie. Quand il arrivait à s'échapper du travail, il se réfugiait dans cet établi où il pouvait passer des heures entières, penché sur sa meule ou sa disqueuse, entre tranches d'acier et morceaux de bois à travailler, le cerveau absorbé dans la découpe, le ciselage, le perçage, l'affilage et l'affûtage de ses lames, le polissage de ses manches. Avec l'aide de son père, il s'était même confectionné une petite forge rustique, en recyclant un barbecue et un vieil aspirateur, qu'il sortait du garage pour chauffer et modeler l'acier.

C'était une passion remontant à l'enfance, découverte pendant ses vacances en regardant, fasciné par le scintillement du métal et des flammes, le grand-père Gaston fabriquer dans sa ferme du Jura de beaux et solides couteaux qu'il vendait sur les marchés, pour arrondir les fins de mois. Elle sommeillait chez Quentin, alors que son père, Franck, l'avait, lui, écartée car elle lui rappelait la rudesse d'une existence à laquelle il s'était efforcé d'échapper.

Pour Quentin, c'était devenu un moyen de se vider la tête, de décompresser, tout en créant des objets de plus en plus aboutis. Ses œuvres, concrètes, réelles, rien qu'à lui. L'important ce n'était pas vraiment les couteaux. C'était de pouvoir se concentrer sur une tâche sans devoir en même temps en calculer toutes les conséquences possibles et imaginables, échafauder toutes les hypothèses de succès ou d'échec, parer les coups venant de l'extérieur ou de l'intérieur. Dans l'atelier, c'était simple et clair. Il fabriquait un couteau qu'il pouvait toucher, tenir dans sa main à la fin. Dans son métier, il ne voyait pratiquement jamais l'aboutissement. C'était usant.

Tonio lui posa la main sur l'épaule et le sortit de ses couteaux. L'homme ne se séparait pas de son bonnet, bleu marine de préférence, parfois gris ou marron, qu'il enfonçait sur son crâne jusqu'aux sourcils. Ainsi attifé, derrière ses lunettes de vue aux verres foncés, à la Alain Bashung, ce vif quinqua donnait l'impression de vouloir se protéger du monde extérieur. Il n'en avait pas besoin. Tonio était un petit gabarit, mais du genre sec et noueux. Son débit était à l'avenant : rapide, précis, incisif. Il pouvait vous balancer la pire vacherie, puis vous regarder droit dans les yeux avec un sourire innocent.

Quentin en avait fait l'expérience dès leur premier contact.

– Tonio, ça ne sonne pas vraiment breton.

Il avait dit ça comme ça, histoire de briser la glace. L'intéressé le cueillit à froid.

– Quentin, c'est frais. Ça fait pas tellement petit enculé de consultant chez O'Kelney non plus.

Devant la mine déconfite du jeune homme, il ajouta :

– Allez, je te charrie, t'en fais pas, bizuth…

Sous ses dehors rustiques, l'homme était une pointure. Militant trotskiste dans sa jeunesse à la fac de droit de Nanterre, jamais le dernier pour faire le coup de poing contre les fachos du GUD, il avait exercé des responsabilités à l'UNEF, le syndicat étudiant dans l'orbite du PS.

– Eh oui, moi aussi, j'ai fait l'école des cadres… mais les cadres du Parti.

Tonio, radouci, était en veine de confidence. Il résuma son histoire au nouveau venu au QG. Lui, le « trotskard », avait mis, depuis, pas mal d'eau dans son vin révolutionnaire. Après son entrée au PS, il s'était placé dans la roue d'un élu prometteur de l'aile social-démocrate, un Tony Blair à la française. L'avait suivi dans son ascension, devenant tour à tour son assistant parlementaire, son chef de cabinet ministériel, enfin son directeur de campagne lors de la primaire de la gauche, à la précédente présidentielle. Son candidat était bien parti pour l'emporter, avant d'exploser en vol à la suite d'un méga-scandale de mœurs. Comme quelques autres jeunes militants talentueux qui étaient de l'aventure, Tonio s'était retrouvé orphelin de cause. Et frustré de victoire. Mais il avait appris, et retenu, qu'en politique tous les coups sont permis.

Un point étonnait Quentin.

– Pourquoi ne travaillez-vous pas avec le candidat socialiste ?

– Et toi, avec celui du grand capital ? Et d'abord, on se tutoie. Sinon, tu l'as vu, toi, le PS ? Il est où ? Il va faire combien, après ses 2,5 % de la dernière présidentielle ? C'est Amélie, personne d'autre, qui va rendre le pouvoir aux gens qui travaillent et qui se lèvent tôt.

– La France qui se lève tôt ? Ce n'était pas le slogan d'un ancien président de droite ?

– Si. Ça s'appelle la triangulation. Le jeu consiste à aller pêcher dans l'électorat du camp adverse. Celui de gauche, dans son cas. Mais pour Amélie, la France du travail, c'est son électorat naturel… À nous d'aller le chercher, on a moins de quatre mois pour y arriver.

Il se leva du canapé.

– Alors, pas de temps à perdre. Suis-moi, je vais te présenter les responsables du programme. C'est ce qu'on attend de toi et de ton équipe, non ? Que vous nous fignoliez des mesures aux petits oignons.

Quentin avait prévu de débarquer avec une dizaine d'analystes juniors de O'Kelney. Tous volontaires, c'était la condition non négociable. Tous, aussi, faisaient partie de la garde rapprochée de Vikas Banerjee. Des cerveaux aux rouages bien huilés sur lesquels misait le senior partner.

– N'aie crainte, Tonio, on sait faire. On va s'assurer que chaque mesure a bien son financement, pour rendre le programme inattaquable. Au besoin, on saura trouver des ressources. Notre base de data est inépuisable, alimentée par nos bureaux partout dans le monde. On montera aussi des propositions, en s'appuyant sur ce qui a marché à l'étranger. Je compte mettre le paquet sur le groupe de travail sur les retraites. On a prévu de benchmarker avec les réformes passées dans les pays scandinaves, de chiffrer à l'euro près les avantages pour les futurs retraités. Au final, on présentera les mesures sur nos tableaux, avec des beaux graphiques, des courbes de couleur et des chiffres incontestables. Euh... tout ça, si tu es d'accord, bien sûr.

Le vieux briscard le regarda avec un sourire en coin.

– Yes, j'achète. D'autant que c'est gratuit. Je me suis laissé dire qu'un consultant O'Kelney facture au client sa journée de travail entre 2 500 et 12 000 euros, selon son grade. Heureusement que vous êtes bénévoles !

Quentin ne put réprimer un rictus. Le sujet le gênait. En plus, Vikas avait reçu de la candidate des consignes de discrétion. L'ancienne syndicaliste ne tenait pas franchement à ce qu'on dévoile la présence de consultants dans sa campagne.

Tonio perçut la crispation de son vis-à-vis.

– Te vexe pas ! Vos diagnostics seront très utiles, ça complétera parfaitement le boulot de nos experts. On n'en manque pas dans les groupes thématiques, on a de l'énarque, du juriste, du syndicaliste blanchi sous le harnais... On va mixer tout ce jus de crâne, vos *slide shows* vont bluffer les journalistes. Eux qui adorent faire chier avec leurs « gnan-gnan-gnan, il est pas financé, votre programme » ! Ils mettent des mois avant de le lire, mais alors ils fouinent, bichent quand ils débusquent la petite connerie cachée dans un coin...

La verve de Tonio amusait Quentin. Lui redonnait confiance.

– Cela dit, ce n'est pas le tout, un bon programme n'a jamais fait gagner personne. Bien sûr, il faut en avoir un solide, même si les gens ne retiennent qu'une ou deux idées phare, avec la formule qui imprime. Genre « travailler plus pour gagner plus ». Mais, ce qui amène la victoire, c'est une gueule, une émotion, une incarnation. Une rencontre avec les Français, à un moment précis. Et ça, c'est pas dans les tableaux Excel.

« Ouh là, ça ne va pas être simple », songea le consultant.

Les deux hommes s'avancèrent sur le plateau, Quentin dans les pas de son hôte. Cela lui faisait tout drôle de le voir marcher sur la moquette avec son bonnet de pêcheur ou de docker enfoncé sur la tête, alors que les risques de recevoir des embruns glacés à l'intérieur du bâtiment étaient limités et que la température y était douce.

Tonio se tourna vers lui, pointa du doigt le plafond où des luminaires LED diffusaient un éclairage blafard.

– La technologie écolo, c'est sympa mais pas très efficace.

Ils poursuivirent sur le plateau. Par endroits, des cubes de plastique à hauteur de genoux, blancs, bleus ou verts, évoquant des murets de parpaings en Lego, délimitaient des ateliers dédiés à une activité. Posé contre un muret, un tas d'affiches enroulées attira l'œil de Quentin. L'atelier propagande. Il se demanda si le nouveau slogan y était inscrit, l'espéra plus original que le premier : « Le changement c'est maintenant, avec Amélie Pasteur. »

Ils avaient parcouru la moitié de la surface du loft. La partie où ils étaient arrivés n'était plus en open space, des cloisons mobiles dessinaient des box et des salles de réunion. Malgré l'heure tardive, la plupart étaient occupées par de petits groupes.

Ils ralentirent le pas devant l'unique bureau vitré, à la porte fermée. À l'intérieur, quatre personnes étaient en pleine discussion.

– Le comité politique. Le saint du saint du QG, ils ont un accès direct permanent à la patronne. Toutes les décisions stratégiques doivent être validées par le comité. Ah, pour ta gouverne, j'en fais partie.

Quentin tendit le cou vers la table de réunion. Il identifia des visages connus : celui d'une élue centriste parisienne dynamique qui avait fait défection du camp du président sortant pour rallier la candidature Pasteur ; et celui d'un transfuge du PS, plusieurs fois candidat, qui avait renoncé à se représenter. Officiellement, il avait justifié son ralliement par sa conviction que l'ancienne syndicaliste aurait le courage de réformer le pays. Au besoin dans la douleur.

Tonio parut lire dans les pensées de Quentin.

– C'est un sacré opportuniste, le vieux. Mais il n'a pas tort. Laisse-moi te raconter une histoire. Emmanuelle Joly, la directrice de la première campagne de Cardignac, est une vieille copine. Quelque temps avant la réélection de son champion, je lui avais demandé si elle rempilait à ce poste. « Tu as raison, je rempile, et j'ai même déjà écrit son programme. » Je m'étonnais : « Déjà tout rédigé ? Impossible. » Elle me regarda en souriant : « Si, si. J'ai juste barré 2017 et inscrit 2022 à la place. Logique, puisqu'il n'a rien fait de ce qu'il avait annoncé. »

L'anecdote ne fit pas vraiment rire Quentin. Mais il l'enregistra dans sa mémoire. L'inconséquence des politiques le consternait. C'est bien pour changer tout cela que Vikas lui avait demandé de s'engager.

Ils poursuivirent leur chemin. Des éclats de voix leur parvinrent, par une porte entrouverte. La réunion était animée. Des têtes se tournèrent à l'entrée de Tonio et Quentin, mais les échanges ne diminuèrent pas d'intensité.

– Bienvenue au groupe thématique sur les questions sociales, expliqua Tonio. Depuis deux jours, ces messieurs-dames planchent, ou plus exactement s'étripent, sur les moyens d'aider les enfants des familles en situation de grande pauvreté. Les uns préconisent un revenu minimum universel. Mais alors les gosses de riches en bénéficieraient aussi. Les autres veulent supprimer les allocs des familles les plus aisées pour les redistribuer aux plus pauvres. Les troisièmes plaident pour des mesures obligeant les parents à un retour à l'emploi... bref, ça blablate, ça blablate, et on ne trouve toujours pas la mesure qui aurait un effet blast.

Quentin s'avança dans la salle. Une idée avait jailli dans son cerveau.

– Et si on créait un pass colo pour ces enfants ? Les sortir de leur grisaille, le temps des vacances scolaires.

Un mutisme général suivit sa sortie. Il les avait scotchés.

Une dame au chignon gris rompit le silence. Elle avait l'air froissée, interrogea à la cantonade, sur un ton sévère.

– C'est qui, ce petit jeune homme ? Qu'est-ce qu'il vient faire ici ?

Douché par une telle rudesse, Quentin darda un regard noir sur l'interpellatrice. « Ça sent l'inspectrice d'académie qui n'a pas eu une initiative originale dans toute sa carrière mais qui n'aime pas qu'on marche sur ses plates-bandes », songea-t-il.

Les autres participants le fixaient, dans l'attente de sa réaction. Tonio, à ses côtés, semblait goûter l'ironie du moment.

Le jeune homme tint à marquer son entrée en scène. Il représentait O'Kelney, tout de même, il n'allait pas rester impavide devant le dédain affiché par ces fonctionnaires aigris.

Il les regarda droit dans les yeux, l'un après l'autre. Toisa la dame grise. Releva la mèche rebelle tombée sur son front, arbora son sourire le plus désarmant, et répondit à sa question sur un ton de défi.

– Quentin Marchal. Avec ma team de consultants, nous sommes venus apporter de l'intelligence à la campagne.

9

Rome, Italie.

Immuable dans ses colonnes de marbre, ses plafonds ornés de fresques exubérantes, ses salons aux jeux infinis de miroirs, aux lustres opulents et aux parquets marquetés, ses galeries resplendissantes, le Palazzo Chigi contemplait, avec une sagesse éternelle, la vie politique italienne qui défilait frénétiquement en ses murs. Depuis le début des années 1960, le noble édifice romain du XVIe siècle abritait le siège du président du Conseil – l'équivalent de notre Matignon. Autant dire que le bâtiment en avait vu valser, des locataires. Si les angelots qui voletaient dans les tableaux de maîtres pouvaient parler, une vie entière d'humain ne leur aurait pas suffi à narrer la comédie grinçante, la farce grotesque et parfois aussi les drames – l'enlèvement puis l'assassinat du Premier ministre Aldo Moro par les Brigades rouges en 1978 – qui s'étaient joués au cœur du pouvoir transalpin.

Assise à son bureau du deuxième étage, dont la fenêtre donnait sur la Piazza Colonna, Alessandra Altieri-Luccelli laissait vagabonder ses pensées. À son arrivée, il y avait presqu'un an de cela, elle était tombée amoureuse de ces lieux. Avait cédé, un temps, à l'hubris du pouvoir, de l'exercice de l'État. La politique n'était pas son milieu naturel. Elle venait du privé, travaillait chez O'Kelney. À 33 ans, cette surdiplômée – de la fameuse business school Bocconi de Milan, puis de Harvard – y avait rang de senior partner. Les méchantes langues prétendaient que l'ovale parfait de son visage et l'effet ravageur de son regard vert émeraude, joints à l'aplomb naturel des jeunes gens bien nés, avaient beaucoup joué dans cette promotion. Ceux qui la côtoyaient professionnellement, et qui, surtout, connaissaient la rigueur du système O'Kelney, où l'on ne pouvait accéder à ce statut envié sans être plébiscité non seulement par ses chefs, mais aussi par l'ensemble de ses collaborateurs et de ses clients, mettaient plutôt en avant sa pugnacité, la rigueur et la rapidité de ses analyses.

Quoi qu'il en fût, c'était elle qui avait été choisie par le siège de O'Kelney, à Milan, pour conduire la mission de conseil auprès du gouvernement italien. Le nouveau Premier ministre, Paolo Streghi, emballé, avait entériné ce choix avant même de la laisser finir sa présentation, à leur premier entretien. À ce souvenir, Alessandra éprouva une bouffée de nostalgie. Sa mission s'annonçait, alors, exaltante.

La perspective d'une telle collaboration l'avait, de prime abord, intriguée. Elle s'en était ouverte à Giancarlo, le big boss de l'antenne italienne de la Firme.

– En quoi le gouvernement a-t-il besoin de nos services ? D'habitude, nos politiques préfèrent régler entre eux leurs petites affaires.

– Justement, pas cette fois. Il s'agit de grandes affaires. Et l'Europe est de la partie. Comme tu le sais, il a été décidé d'allouer des centaines de milliards d'euros aux États membres pour effacer les dégâts de la pandémie de Covid. Une grosse, grosse part du gâteau doit revenir à l'Italie.

– Ce ne serait que justice. On a été rudement touchés.

– Exact. Mais nos partenaires connaissent nos mauvaises manies. Ils se méfient, surtout les pays radins du Nord. Ils craignent que les deniers publics européens – leur pognon, en somme – ne soient escamotés dans les poches de nos politicards ou de la mafia.

Alessandra, qui passait une bonne part de son temps en mission à l'étranger, ne découvrait pas cette mentalité un brin méprisante. Mais ses effets la mirent hors d'elle.

– Eh bien, qu'ils se le gardent leur argent ! On se relèvera tout seuls, sans eux.

Giancarlo marqua sa surprise devant cette véhémence. Affecta de le prendre sur le ton de la plaisanterie.

– Tu nous as habitués à plus de froideur dans ton approche des dossiers. Et, non, on ne va certainement pas les éconduire. Il y a tant à faire, à investir, à reconstruire. Mais à la manière de l'UE. En l'occurrence, à l'allemande, ou à l'anglo-saxonne... ce qui revient au même : rigueur, rigueur et encore rigueur. C'est pour cela que Streghi fait appel à notre cabinet. Pour mettre tout ça au carré. Suivre les flux d'argent, et aider à flécher les investissements. En gros, il faut que les milliards aillent dans l'économie verte, le numérique, l'innovation.

Son interlocutrice traduisit :

– Dans du rentable, en clair. Pas dans le puits sans fond de l'aide aux déshérités du Mezzogiorno. Bon, c'est vrai que le pays doit s'adapter, passer à la vitesse supérieure, si on ne veut pas devenir juste un musée à ciel ouvert.

Le bip de son téléphone arracha Alessandra à ses pensées : son rendez-vous avec le Premier ministre démarrait dans dix minutes. Elle se leva, se dirigea vers la machine à café, dont le design moderne jurait avec le décor Renaissance de la pièce. Tasse de caffè latte à la main, son breuvage matinal favori, elle alla à la fenêtre. Sur le parvis, elle vit débouler la Maserati Quattroporte bleu nuit du Premier ministre, escortée de motards, précédée et suivie de deux Alfa Romeo des *carabinieri*. Paolo Streghi s'extirpa du siège arrière du bolide, entra d'un pas vif dans le palais gouvernemental et gravit l'escalier d'honneur, orné de statues antiques, menant à ses bureaux.

Élégant, affable, d'une courtoisie jamais prise en défaut, appliqué à convaincre mais toujours sur un mode pondéré, méfiant envers ceux qui parlaient avec des grands gestes, il ressemblait plus à un banquier d'affaires américain – c'était d'ailleurs un ancien dirigeant d'un grand établissement de Wall Street – qu'à un politicien italien. Ce technocrate était arrivé au pouvoir à la faveur d'une énième crise gouvernementale. Le système transalpin marchait ainsi par cycles : après avoir essayé la gauche, la droite, le centre, avant de les rejeter, essorés, il se mettait en pause. Confiait les rênes, pour un temps, à une personnalité « technique » avant tout reconnue pour ses compétences.

Paolo Streghi était auréolé de son passage réussi à la tête de la principale institution bancaire européenne, la BCE. Sa gouvernance avait, notamment, épargné l'Union des ravages de la crise des subprimes, autour des années 2010. Cela lui valait, chose rare, l'estime des pays du Nord. Auprès de ses compatriotes, en revanche, il passait pour un ovni, ou un mal nécessaire. Le temps de récupérer les milliards de Bruxelles, en somme.

Sauf que l'effort exigé, passant par des réformes douloureuses et un strict assainissement financier, devenait lourd, très lourd, pour le pays. Il arrivait à Alessandra elle-même, pourtant convertie de longue date au dogme libéral qui imprégnait la culture O'Kelney, de se demander si la méthode employée était la bonne. Si la purge n'était pas trop forte, les remèdes suggérés par la Firme trop brutaux. Par exemple, la suppression du Reddito di Cittadinanza, ce revenu minimal de vie décente garanti aux familles pauvres. « Il faut encourager l'emploi, pas l'assistanat », avait martelé le gouvernement Streghi.

Mais cette privation subite avait entraîné des émeutes dans le Sud. Des maires avaient été séquestrés dans leurs bureaux, sommés par la population en fureur de faire ouvrir de force les caisses des agences locales du Trésor public. La mesure avait aussi fâché les diverses organisations mafieuses, de la Calabre à la Sicile : depuis la nuit des temps, elles prélevaient leur dîme sur les sommes ainsi distribuées par l'État. Les *boss* mettaient la pression sur certains députés de la majorité, sous la coupe des « familles », leur passaient des messages afin qu'ils n'oublient pas ceux qui les avaient aidés à se faire élire. Du style : « Qui te les a amenées les voix des dockers de Catane ? Rappelle-toi ce que tu nous dois. Alors, tâche de faire comprendre au bureaucrate du Palazzo Chigi qu'il va trop loin. »

À Rome, la coalition commençait à se craqueler, la nervosité gagnait les rangs. Mais Streghi se refusait à tout changement de cap. Pourtant, lui d'un tempérament d'habitude si calme, imperturbable, donnait parfois l'impression d'être submergé. Entre les cris des opposants, les reproches de ses alliés qui trouvaient que les milliards de l'UE n'arrivaient pas assez vite, et les manifs de plus en plus violentes à travers le pays, il surnageait en se cramponnant à la ligne fixée sur les recommandations de la Firme. Alessandra, dans son rôle de coordinatrice entre le gouvernement et O'Kelney, lui aurait bien suggéré de donner un peu de mou, le temps pour les gens de digérer le choc. Mais son bureau avait beau n'être séparé de celui du Premier ministre que par un étage, elle avait de plus en plus de mal, depuis quelque temps, à le voir, et surtout lui parler, en tête à tête.

Ce rendez-vous devait en être enfin l'occasion.

Elle rajusta sa veste de tailleur Armani sur son chemisier blanc, jeta un coup d'œil dans le miroir du mur de gauche, s'amusa de voir s'y refléter aussi, jouxtant son propre minois, les figures hideuses des harpies sculptées sur le socle en bois doré du miroir apposé sur le mur droit, en vis-à-vis. Elle gardait sans conteste l'avantage.

Elle descendit pour gagner, à l'étage noble – le premier –, la Galerie Deti, qui faisait office de bureau du chef du gouvernement. Elle patienta dans l'antichambre, levant les yeux vers le plafond afin d'admirer la fresque représentant trois scènes de la Genèse, du péché originel à l'expulsion d'Adam et Ève du paradis terrestre. Au bout d'une quinzaine de minutes, un huissier en frac l'invita à entrer.

Elle parcourut la longue salle toute en dorures, stucs, fresques et tableaux de l'école romaine du XVIIe siècle. Un énorme lustre de Murano en cristal de Bohême était suspendu au plafond. Malgré la splendeur du décor, concentré du génie artistique passé de ses compatriotes, elle fut frappée par l'aspect assez sombre des lieux. La seule ouverture sur l'extérieur donnait, tout au bout, sur un balcon d'angle surplombant la piazza Colonna et la Via del Corso. Alessandra se remémora ses cours d'histoire : bien des protestations populaires, avant même que la République n'y installe son siège, s'étaient déroulées sous cette loggia. Décidément, se dit-elle, la politique n'était pas un long fleuve tranquille.

Assis dans son fauteuil, tournant le dos au drapeau tricolore italien et à la bannière étoilée de l'Union européenne, Paolo Streghi, qui l'avait observée cheminant jusqu'à lui, se leva pour la saluer. Il avait les traits tirés, n'affichait plus sa jovialité des débuts de leur collaboration. Mais il tenait à faire bonne figure, retrouva son sourire carnassier.

– Chère Alessandra, quel plaisir de vous voir. Resplendissante, comme toujours.

Il la saisit par le coude et la conduisit, doucement, vers deux fauteuils baroques qui se faisaient face, de part et d'autre d'un guéridon. Ils s'assirent, Alessandra croisa ses jambes fuselées dans son tailleur-pantalon. Le Premier ministre posa ses deux bras sur les accoudoirs. Un majordome entra, portant un plateau d'argent chargé d'une théière odorante, accompagnée de deux tasses et de biscuits craquants aux amandes.

– Je ne rate jamais l'heure de mon thé de Mandchourie, c'est mon rituel secret. Vous le partagez, désormais. C'est à base de ginseng, rien de tel pour retrouver son tonus.

Il attendit que le thé fût servi, puis reprit, l'air sincèrement contrit.

– J'aurais dû vous recevoir beaucoup plus tôt… mais si vous saviez comme on n'est plus maître de son temps ici. J'ai cinq chefs et cheftaines de partis à contenter, chacun me fait comprendre tous les quatre matins qu'il pourrait bien me laisser tomber – et donc faire chuter avec moi le gouvernement – si je ne cède pas à ses caprices… pour ne pas dire à son chantage.

Il s'interrompit, passa une main sur ses paupières closes, soupira.

– Ah, si seulement les choses pouvaient marcher comme dans une entreprise bien gérée. Comme vous savez si bien le faire, chez O'Kelney.

Alessandra se demanda si c'était un compliment ou une petite flèche ironique.

– Je comprends votre agacement. Mais il faut de la patience, on ne change pas deux mille ans d'histoire en un claquement de doigts. On a affaire à un peuple, pas à un conseil d'administration. C'est justement ce dont je souhaitais vous parler, le rythme des mesures à prendre. N'allons-nous pas trop vite ?

Paolo Streghi eut un léger raidissement, presque imperceptible. Sa conseillère n'allait pas lui faire la leçon, tout de même ? Il lui fallait reprendre la main.

Avec un grand sourire, retrouvant son regard pétillant de condottiere prêt à mener de nouveaux combats, il se lança dans une tirade.

– Je n'ai jamais cherché à vous leurrer. Souvenez-vous, je vous avais avertie, d'emblée, qu'en travaillant à mon côté, vous avanceriez en terrain miné. J'ai en mémoire mes paroles précises. Derrière les compliments et les sourires mielleux adressés à la conseillère spéciale, se cacheront autant de dagues prêtes à frapper. Il y a tellement d'argent, tant d'enjeux de pouvoir induits par la manne européenne. Oui, c'est vrai, les conditions pour la recevoir sont drastiques. Mais il faut en finir avec les gaspillages et les détournements d'argent public... d'autant que ce n'est pas le nôtre. Notre rôle, au cabinet O'Kelney à travers vous, et à moi-même à la tête du gouvernement, c'est de faire en sorte que ces milliards soient employés, et répartis, à bon escient. C'est-à-dire, il faut bien le reconnaître, selon une méthode à l'exact opposé de ce qui se pratique chez nous depuis des décennies. Que dis-je, depuis des siècles. Il est temps que nos compatriotes apprennent ce que c'est qu'un État moderne. Un État tout court, d'ailleurs... Faites-moi confiance, on n'a pas fini de secouer le cocotier.

Alessandra s'apprêtait à répondre. Elle n'en eut pas le temps. Un huissier fit son entrée. Il était porteur d'un message urgent, une quinzaine de lignes griffonnées sur une feuille pliée sur un plateau, tel un talisman.

Streghi saisit le bout de papier, le parcourut aussitôt. L'espace d'un instant, une intense stupéfaction se lut sur son visage. Il se reprit, se recomposa un masque de patricien. Se redressa posément, tirant sur le pli de son pantalon. Puis, se tournant vers sa conseillère :

– Désolé, ma chère, une urgence. Je dois prendre congé. Nous poursuivrons cette conversation une prochaine fois.

Au moment de s'esquiver, il se ravisa, tendit à Alessandra la missive qu'il avait à la main, puis quitta la pièce. Elle la lut avidement. L'écriture était claire, concise. Le contenu, effarant.

Chacun des deux cent dix-huit députés de la majorité avait reçu le matin même, au courrier de son bureau à Montecitorio, le siège de la Chambre basse, un colis livré par coursier. Tous identiques, du format d'une boîte carrée de 30 cm sur 30. Aucune mention de l'expéditeur, juste ces mots inscrits en grosses lettres : PERSONNEL ET IMPORTANTISSIME.

Silvio, l'assistant parlementaire de Maria Rosa Grandi, une élue centre-droite d'Emilie-Romagne, fut le premier à défaire l'emballage – lequel avait été au préalable passé au détecteur d'explosifs, comme tout paquet arrivant au Parlement.

Il contenait un ballon de foot blanc sale. Sur la surface, Silvio reconnut, dessiné à traits grossiers, le visage déformé de sa patronne, Maria Rosa. Les yeux révulsés, un rictus aux lèvres, comme morte. Sur chaque flanc du ballon, figurant les deux joues, était cloué un formulaire du revenu minimal. Au sommet, un petit cercle noirci, entouré de taches rouge brunâtre. La signification du dessin était claire : l'impact d'une balle de pistolet Beretta calibre 9 mm. Les deux cent dix-sept autres députés avaient reçu le même cadeau, chacun à son effigie.

10

Rome.

Alessandra Altieri-Luccelli avait ressenti un profond malaise, mélange de peur, de dégoût et de révolte. Elle avait hésité à courir pour tenter de rattraper le Premier ministre. Lui demander comment il comptait réagir à ces menaces, qui visaient sa majorité déjà si fragile. Non, qui visaient l'ensemble du système, l'idée même de démocratie. Ces salopards s'en prenaient aux élus du peuple.

Combien d'entre eux risquaient de flancher ? Combien ne se sentiraient pas la force de vivre, et, plus grave encore, d'imposer à leur famille de vivre, avec une telle épée de Damoclès au-dessus de leur tête ? Une épée en forme de lupara, l'antique fusil à canon scié, prisé jadis des mafieux pour accomplir leurs vendettas. Car, Alessandra n'en doutait pas, c'étaient bien eux, ceux de Cosa Nostra, de la 'Ndrangheta, Camorra ou autre, qui se cachaient derrière cette intimidation. Se cachaient-ils vraiment, d'ailleurs ? Le mode opératoire, comme disent les policiers dans leur jargon, était leur signature.

La jeune femme s'en voulut de son hésitation. L'abattement de Paolo Streghi ne lui avait pas échappé. Elle aurait pu conforter sa détermination, et, pourquoi pas, lui donner des conseils. Mais en était-elle si sûre ? À quoi bon ? L'aurait-il seulement écoutée. Ce n'était pas son rôle, elle n'était pas une politique. Sa fonction était celle d'une conseillère technique, apportant des solutions techniques, rien de plus, au gouvernement. D'accord, ces solutions, estampillées O'Kelney, n'étaient pas pour rien dans la brutale dégradation du climat politique dans le pays.

Cette idée la déprima. Elle remonta vers son bureau, absorbée dans ses pensées. Cette fois, les splendeurs artistiques jaillissant de tous côtés la laissèrent indifférente. Elle avait besoin de calme, de réfléchir, de rassembler ses forces, son énergie. Ces derniers temps, il lui arrivait d'éprouver une sensation désagréable de perte de sens de sa mission. Il fallait qu'elle se ressaisisse.

Soudain, elle entendit résonner son nom dans le large escalier.

– Ciao Alessandra ! Ça va, toi ?

C'était Claudia, la conseillère com' de Streghi. Des dossiers sous chaque bras, elle dévalait les marches quatre à quatre en direction de la salle de presse.

Elle reprit son souffle.

– Tu as vu cette histoire des colis ? Mamma mia ! Je ne sais pas ce qu'on va raconter aux journalistes. La police n'a pas encore de preuve sur l'identité de l'expéditeur… même si on connaît bien ces méthodes, hélas. Mais le patron m'a demandé de convoquer une conférence de presse pour midi. Sinon, on va encore nous accuser de cacher les choses.

Alessandra s'étonna.

– Comment, l'info est déjà sortie ? Je sors d'une réunion avec lui, et il l'a appris pendant que nous étions ensemble.

– Tu penses bien que les députés de Nuova Democrazia[1] ont réagi immédiatement, ils n'allaient pas rater une telle occasion de nous foutre la pression. Le buzz est déjà énorme.

– Si seulement ça pouvait pousser les gens à un sursaut, à faire front ensemble pour défendre la démocratie.

Claudia haussa les épaules.

– Ne te fais pas trop d'illusions. Tu crois vraiment que les Italiens auront envie de descendre dans la rue pour nous soutenir ? Non, il y aura bien sûr des réactions indignées, peut-être quelques rassemblements in piazza (sur les places). Mais le soufflé

1. Démocratie nouvelle.

retombera. Après tout, on en a vu d'autres, avec les juges et les préfets de police assassinés. Là, on n'a pas tué de députés... Pour l'instant, en tout cas. Allez, je te laisse, je suis à la bourre.

Elle tourna les talons, leva deux doigts entrecroisés pour conjurer le sort.

« Bonne chance », lui lança Alessandra. Arrivée dans son bureau, elle se servit une tasse de caffè latte à la machine installée dans la pièce. Elle se concentra sur les sites d'actualité. Comment évoluait l'affaire ?

Énormément de réactions, une condamnation unanime de la mafia qui, décidément, restait la plaie de l'Italie, mais rien que de très prévisible. Y compris les flèches décochées contre le gouvernement. On ne rejetait pas la responsabilité sur Paolo Streghi, mais on critiquait âprement sa potion de rigueur, qui avait déclenché la colère de tous, et pas seulement des malfrats. Pire, certaines voix de l'opposition mais aussi de sa propre coalition, le mettaient en garde. Si les menaces adressées aux élus étaient, par malheur, suivies d'effet, alors, oui, le Premier ministre porterait sa part. « Quels hypocrites », s'indigna la consultante.

Poursuivant sa lecture, le nom de sa compagnie lui sauta aux yeux. Les articles, posts, mentions affluèrent. « O'Kelney » était associé aux critiques contre le pouvoir. Parfois même visé directement.

« Finissons-en avec ces cabinets anglo-saxons qui dictent leur action aux ministres, qui imposent leur doxa libérale au gouvernement », tonnait l'éditorial du journal de gauche *Il Manifesto.* Il fallait s'y attendre. Le travail de consultants de la Firme au service de l'équipe Streghi n'était pas un secret.

Alessandra continuait machinalement sa navigation quand un titre du quotidien *La Repubblica* la figea net.

« *E morto a Parigi il mago dell'Intelligenza Artificiale* »

« Mort à Paris du magicien de l'Intelligence artificielle. »

Les battements de son cœur s'accélérèrent. « Ils ne parlent quand même pas de... » se dit-elle, n'osant formuler sa pensée. Elle sentait la panique monter. La paralyser. Elle était incapable de se décider à lire l'article, au prix d'une funeste confirmation de son intuition, ou à s'en détourner, le laisser enfoui dans le Net. Afin que cela n'existe pas. Ce n'était pas possible, cette journée était maudite.

Elle s'encouragea. « Allez, Alessandra, toi, la super-woman, tu ne vas pas défaillir. Ne fais pas l'enfant, vas-y ! »

Elle se lança dans la lecture.

L'article était assez court, donnait peu de détails. On y apprenait que le concepteur d'un logiciel d'IA révolutionnaire pour la firme mondiale de conseil O'Kelney, Fred Parish, avait été retrouvé mort, dans des circonstances mystérieuses, dans les catacombes parisiennes.

Un accident lié à une fête funèbre qui aurait mal tourné ? Ou un scénario plus complexe à l'issue morbide ? Fallait-il chercher dans son entourage privé, ou professionnel ? La police française, indiquait l'article, examinait toutes les hypothèses. Mais les enquêteurs ne disposaient pas de pistes sérieuses, pour l'heure. Ou alors, s'ils en avaient, ils ne divulguaient rien. Trois lignes, pas plus, étaient consacrées au brillant parcours du disparu.

Alessandra ne pouvait réprimer un tremblement de tout son corps. Elle pivota sur son siège de bureau pour saisir sa tasse de caffè latte. D'un geste maladroit, elle l'envoya valser, le liquide beigeasse éclaboussa son joli bureau Renaissance en noyer sculpté.

– Merde ! Mais calme-toi, ma fille…

Encore fébrile, la jeune femme se leva, fut tentée d'allumer sa première cigarette de la journée. Fouilla à la hâte dans son sac, à la recherche du paquet de Muratti. S'interrompit, se rappelant soudain qu'au Palazzo Chigi aussi, il était interdit de fumer à l'intérieur des locaux. Ce n'est pas parce que l'on travaille au siège de la présidence du Conseil que l'on a plus de droits que les autres citoyens.

Alessandra se rabattit sur sa vapoteuse. « *Che schifo.* » « C'est dégueu », grimaça-t-elle en humant le doucereux parfum mentholé.

Elle avait fini par se reprendre, maîtrisait sa tremblote. Mais la sensation d'oppression était toujours là, dans sa poitrine.

Fred. Fred Parish. Il lui avait laissé un message sur la boîte vocale de son deuxième téléphone, le perso, celui dont seul un petit nombre de proches avait le numéro, à peine quelques jours plus tôt. Il ne s'étendait pas, la priait de le rappeler.

– Ne tarde pas, s'il te plaît, c'est important.

En anglais, la langue que les consultants utilisaient entre eux.

Alessandra eut une bouffée de rage. Elle n'avait pas eu, pas pris, le temps de l'appeler.

Elle ne l'avait rencontré qu'une seule fois. Mais l'épisode l'avait marquée. Elle s'en souvenait pratiquement dans les moindres détails.

Cela se passait quelques semaines plus tôt. Ils participaient à la même réunion, dans les bureaux lumineux, cultivant une ambiance zen, du siège italien de O'Kelney à Milan. Giancarlo Forti, le directeur général, avait fait les présentations.

– Alessandra est partner associée, l'une des plus jeunes de la Firme. C'est elle qui est responsable de notre mission auprès du gouvernement, à Rome. Fred arrive du Canada, son pays, mais il est partout à la fois. Il dirige, au niveau mondial, le nouveau département IA, l'Intelligence artificielle. Avec ses équipes, il a développé un logiciel interne fantastique. Et vous connaissez déjà, tous les deux, Vincenzo Vitella, responsable de notre pôle Technologie, Digital et Analytics. Fred, dis-nous deux mots de ton bébé.

Le Canadien, un gaillard à l'allure sympathique, aux étroites lunettes rectangulaires qui donnaient des aspérités inattendues à sa figure plutôt ronde, ne s'était pas fait prier.

– Pour commencer, il, ou plutôt elle, s'appelle Marylin. Pas pour la star de ciné, mais du nom de la première femme recrutée chez O'Kelney.

Alessandra l'avait interrompu en souriant.

– Enchantée, Marylin. Moi, c'est Alessandra... si un jour vous avez une autre invention à baptiser.

Fred lui avait rendu son sourire.

– Deal ! Je tiendrai ma promesse, quand le jour viendra. Bon, sérieusement, Marylin est un chatbot IA développé par nos soins, en fonction de nos besoins. Un ChatGPT spécial O'Kelney. Il répondra à vos demandes concernant vos missions. Renseignements sur le secteur de votre client, privé ou public, sur ses concurrents, sur le développement potentiel du marché... la liste des possibilités est infinie. Sa base de données est constituée de la masse d'informations récoltées en continu auprès de nos clients éparpillés à travers la planète. Si j'osais la comparaison, je dirais que c'est encore plus riche que les archives des Mormons, ha ha !

Giancarlo, les traits sévères, avait moyennement apprécié la comparaison.

– C'est surtout plus utile pour nous, et à but exclusivement professionnel. Nous ne sommes pas une secte.

– Bien sûr, et tu as raison de souligner ce point. Nous ne communiquerons pas les données concernant un client à un concurrent, ni d'ailleurs à quiconque. C'est un outil à usage interne. La confidentialité reste entièrement compatible avec le recours à l'IA.

Vincenzo, crâne rasé et barbe taillée court, était intervenu à son tour.

– Le gain de temps, par exemple pour préparer une mission, est énorme. En quelques secondes, vous obtenez toutes ces infos, des conseils pour planifier les actions que vous serez amenés à recommander. Et si vous avez un blocage sur un sujet, Marylin vous fournit illico la liste de nos experts maison sur le domaine concerné. Ça s'utilise tout bêtement comme une messagerie de conversation sur LinkedIn, Telegram ou WhatsApp.

Alessandra avait mis au défi Fred Parish.

– Comment Marylin pourrait m'aider, concrètement, à faire du Mezzogiorno une terre pionnière de la transition énergétique ?

Son interlocuteur ne s'était pas laissé démonter.

– Le logiciel va te présenter ce qui s'est fait dans ce domaine dans plusieurs pays, de l'Inde aux États-Unis en passant par l'Espagne. Avec, bien détaillées et expliquées, les stratégies des pouvoirs publics, les montants investis, des comparatifs sur les temps de réalisation, ainsi que sur les résultats obtenus, etc. Il pourra même te donner les plans pour construire une centrale à hydrogène en moins de six mois. D'autres questions ?

La consultante avait été bluffée.

– Impressionnant. Mais dis-moi, l'IA va bientôt décider à la place des gouvernements, non ?

Un silence avait suivi. Elle n'avait pas oublié la manière dont le Canadien l'avait scrutée, longuement.

Pas oublié non plus ces mots qu'il lui avait lâchés, au moment où ils avaient quitté la réunion, chacun se hâtant vers ses rendez-vous suivants.

– Pour ta question, tout à l'heure. Tu as raison, c'est un point très important et... délicat. D'ailleurs, j'ai déjà évoqué le sujet avec Vincenzo. Il faudra qu'on en parle sérieusement, toi et moi. Je t'appellerai.

Ce qu'il avait fait. Mais l'Italienne n'avait pas décroché, pas rappelé, emportée dans son tourbillon du palais Chigi. Elle se maudissait elle-même.

Pourtant, elle se souvenait qu'au ton de sa voix, aux mots qu'il avait employés, elle s'était dit que ça avait l'air important.

Elle saisit son téléphone, mania son pouce avec dextérité pour remonter au plus vite dans la longue liste des appels. Fred P, voilà.

Elle réécouta le message. Conformément à son souvenir, il était court, ne donnait pas de détails, se concluait sur sa demande pressante de rappel.

Tout de même, il y avait ces mots, cette formulation :

– Je souhaiterais te confier quelque chose.

Dans quel sens disait-il cela ? Il voulait se confier, lui parler ? Ou lui remettre un objet ? Existait-il un lien avec le logiciel Marylin ?

Elle n'aurait sans doute jamais la réponse. Et si ça avait un rapport avec les menaces de la mafia ? Ou de quelqu'un d'autre, comme les activistes néofascistes qui voulaient chasser le gouvernement civil. Cette pensée n'avait rien de délirant, ces tarés étaient particulièrement remontés ces temps-ci, ils s'y croyaient. Consultante d'un cabinet libéral au service d'un technocrate aux ordres de Bruxelles, ne formait-elle pas une cible idéale pour les conspirateurs de tout poil ?

Alessandra frissonna. Elle se sentait en danger, se désespérait de son impuissance. Que pouvait-elle faire ? Mais si, bien sûr ! Appeler Quentin Marchal, à Paris. Les deux jeunes gens étaient proches depuis une mission ensemble en Russie, il y avait quatre ou cinq ans de cela. Il devait forcément avoir des infos sur ce qui avait pu se passer avec Fred. C'était décidé, elle joindrait Quentin au plus tôt.

Cette pensée calma sa nervosité. Elle décida de partir en avance à son rendez-vous, dans un restaurant chic du quartier Parioli. Un déjeuner professionnel, mais avec une juriste dont elle appréciait le sens de l'humour et la gaieté. Ça lui changerait les idées.

Elle appela son assistante.

– Manuela, vous pouvez demander si un chauffeur serait disponible ? Je dois aller au restaurant Molto, Viale dei Parioli.

– Bien sûr, à quelle heure voulez-vous ?

– Dès que possible, je voudrais avoir le temps de faire une course à côté, avant mon déjeuner.

Moins de deux minutes plus tard, la secrétaire la prévint que Damiano, le chauffeur, l'attendait dans la cour du palais.

Alessandra s'apprêtait à ouvrir la portière avant de l'Alfa Stelvio, côté passager, mais elle se ravisa. Elle savait que les chauffeurs de la présidence du Conseil, attachés à l'étiquette, préféraient voir les excellences s'installer à l'arrière. Ce sens des apparences n'empêchait pas Damiano, un brun baraqué aux cheveux très courts, de porter un discret tatouage stylé au cou. Ce détail détendit la conseillère.

Damiano se tourna vers elle, lui lança un sourire vorace.

– *Signora, buongiorno.* Nous devrions arriver à votre rendez-vous dans une quinzaine de minutes… ou dans moins de sept si j'actionne la sirène et le gyrophare. La Via del Tritone, c'est souvent embouteillé.

Alessandra n'était pas fan de ce côté barnum du pouvoir. Elle refusa avec gentillesse, consciente de décevoir Damiano.

– Bon, bon, très bien. Enfin, si vous changez d'avis pendant le trajet…

Alessandra n'écoutait plus, elle composait fébrilement un numéro. Celui d'Evi, la nounou de Chiara, sa petite fille de 3 ans. Dans son tourment, elle avait à peine eu le temps de penser à elle, à son trésor. Elle voulait s'assurer que tout allait bien, se passait comme d'habitude. Evi était sur répondeur. Cela lui arrivait quelquefois, notamment quand elle donnait son bain à la petite. Mais, à cette heure-ci ?

Le stress revenait au galop. Alessandra tourna la tête vers l'arrière, regarda à travers la vitre. Mais pourquoi cette Fiat noire collait ainsi l'Alfa Roméo ? Mon Dieu, et si on la suivait ? Et cette moto, avec ces deux types sous leurs casques, elle avait besoin de frôler sa portière, à cette allure ?

Dans le rétroviseur, le chauffeur avait remarqué le trouble de sa passagère.

– Signora, tout va bien ? Vous êtes toute pâle.

– Ça va, ça va… Dites, Damiano, vous voulez bien mettre le gyrophare, s'il vous plaît ? Qu'on se sorte de là en vitesse.

11

Paris, 17e arrondissement, 21h.

À cette heure tardive, Citéco, le musée de l'Économie, était fermé depuis longtemps. Quentin Marchal avait beau être devenu un habitué des lieux, il était frappé à chacune de ses visites par le contraste entre la façade mi-gothique mi-Renaissance de ce château bâti au XIXe siècle, et le temple de la modernité hi-tech qu'il abritait. Il se dirigea vers une porte discrète réservée au personnel, pénétra grâce à son pass dans l'ancien bâtiment de la Banque de France, désert. Il monta au premier étage, parcourut les salles majestueuses où l'on se serait attendu à un décor ancien de portraits austères et de meubles d'époque. Au lieu de cela, il se trouva face à un portique du type scanner d'aéroport. Il suffisait aux visiteurs, le jour, d'y présenter un objet de leur choix – stylo, parapluie, baskets... – pour qu'une vidéo se déclenche, détaillant tous les pays impliqués dans sa production.

Dans une autre salle, un écran géant proposait des graphiques pour tout savoir sur les salaires des Français, dans lesquels on naviguait non pas en manipulant sa souris mais en bougeant son postérieur sur un fauteuil connecté. Les ateliers et jeux interactifs abondaient dans cette Cité de l'économie. Mais Quentin n'était pas là pour s'amuser.

Trois soirs par semaine, il réunissait dans ces murs l'équipe de consultants O'Kelney qui planchait en secret sur le programme d'Amélie Pasteur. L'endroit idéal pour se retrouver discrètement, loin de la ruche du siège de campagne. La mission devait impérativement rester confidentielle. C'était Vikas Banerjee qui avait suggéré Citéco pour les réunions. Il avait fait connaissance de la flamboyante dircom des lieux, Amandine, dans son club de fight, le Cube. D'un coup de pied chassé aussi foudroyant que vicieux, la blonde canon l'avait expédié au tapis lors d'un entraînement de kickboxing. Sans rancune, l'œil gauche boursouflé, il avait ensuite visité son musée et eut l'idée de louer les lieux à titre privé, après la fermeture au public. Ça n'avait pas empêché la fighteuse de lui remettre une tannée la semaine suivante. Quant aux consultants *embedded* – embarqués – dans la campagne, ils avaient reçu pour consigne de la Firme d'en dire le moins possible à leurs proches. Vu leurs horaires habituels de travail, monstrueux, la chose n'était pas compliquée.

En retard, Quentin pressa le pas vers le Petit salon du musée, en retrait des plus grandes salles réservées aux expositions, où il tenait ces séances de travail nocturnes. Ses collaborateurs étaient sûrement tous arrivés. Il poussa la porte.

Personne. Agacé, il sortit son portable et consulta la boucle Signal du groupe. Sur la recommandation de Vikas, ils utilisaient ce réseau, jugé plus hermétique aux intrusions malveillantes. Il avait d'ailleurs servi pour la première campagne du candidat Cardignac, et était toujours utilisé par son staff à l'Élysée.

Aucun message pour avertir Quentin d'un problème. Il pianota : « Où êtes-vous ? »

Pas de réponse. Il ressortit, descendit au rez-de-chaussée, arpenta d'un pas vif le musée, plongé dans une semi-pénombre. Son ombre, fugace, défilant sur le mur du corridor, lui fit l'effet d'un conspirateur rejoignant ses complices. Il perçut un brouhaha en provenance d'un des salons, accéléra encore.

– Ah, c'est là que vous vous planquez !

Il se tenait sur le seuil d'un grand hall au plafond vertigineux, uniquement éclairé par le halo d'un nuage bleuté, un hologramme aux lignes graphiques flottant au-dessus d'une interminable table. Son plateau de chêne était hérissé de plots en forme de pyramides sur lesquels s'adossaient des écrans d'ordinateur, sur lesquels défilaient courbes, chiffres et diagrammes.

Personne ne semblait avoir remarqué son intrusion. Son équipe était en pleine activité. Déchaînée.

– Un supertanker au départ de Dubaï avec 300 000 tonnes de pétrole dans ses cuves, je vends ! Qui en veut ?

Benjamin, en cravate et bras de chemise s'époumonait devant son écran. Sa voisine, Kenza, une brune aux lunettes effilées, élégante dans sa veste en daim noir, cria aussi fort que lui.

– Je prends ! J'ai deux cargos en mer Noire sous pavillon philippin chargés de blé à destination de l'Égypte. Attention, en vrai ce sont des bateaux russes qui cherchent à contourner l'embargo : ça vaut cher, très cher. Pour qui ?

De part et d'autre de la longue table, formatée pour un conseil d'administration, les maîtres de la finance s'invectivaient, faisaient de grands moulinets des bras, se dressaient d'un bond avant de se recaler dans les confortables fauteuils en cuir marine. Ils jouaient, mais leur regard trahissait chez chacun l'envie de gagner, de terrasser l'autre. Même dans cette parenthèse ludique, ils gardaient la niaque. Thème du jeu : devenez le maître du monde.

Aurélie, qui avait dénoué sa queue-de-cheval, laissant flotter sur ses épaules sa chevelure châtain, prit un air préoccupé.

– Ouh là, le Stock Exchange de New York chute plus vite que les Tours jumelles, les marchés dévissent... Vite, débarrassez-vous de vos junk bonds, achetez des obligations d'État suisse.

S'enfonçant dans son fauteuil, croisant les doigts sous son menton à la barbe de trois jours soigneusement taillée, Karim afficha une moue apitoyée.

– Laisse tomber Zurich, le Vieux Monde, c'est mort ! Je suis en visio avec la Bourse de Hong Kong, en Asie la croissance part en flèche. C'est de la balle ! Je vais y investir 10 milliards de dollars dans l'immobilier de bureau, *via* ma filiale à Singapour.

Pierre-Alexandre fronça ses sourcils broussailleux.

– Attends, je viens de raccrocher avec la présidente de la BCE. Je lui ai fortement recommandé de baisser ses taux, pas question de laisser l'Europe vriller en récession. Je crois qu'elle a bien reçu le message.

Quentin n'en croyait pas ses yeux. Des vrais gamins ! Dire que ces cinq-là tenaient entre leurs mains l'avenir du pays. Et ils étaient immergés dans un jeu de rôles improvisé. Il hésita un instant. Allait-il se joindre à eux pour délirer un bon coup ? Ou les rappeler à l'ordre et se mettre au travail sans tarder ? Il choisit la seconde option. Se composa une mine sévère, avant de s'adresser à eux.

– Eh ben, moi qui pensais avoir constitué un commando d'élite, je me retrouve avec des ados attardés qui s'affrontent dans un monde virtuel.

Il claqua dans ses mains.

– Finie la récré ! On a du taf.

Absorbés par leurs écrans de Bourse fictifs, emportés par leurs échanges, les joueurs ne l'avaient pas entendu arriver. Ils sursautèrent. Aurélie fut la première à réagir.

– Oh, allez Quentin. On a bien le droit de décompresser un peu. Entre nos missions pour O'Kelney et le coup de main à la campagne d'Amélie Pasteur, on n'arrête pas. Ça nous fait des doubles journées de travail. Je passe plus de temps avec mes collègues qu'avec mon copain.

– Détrompe-toi, on ne joue pas, on bosse, avança Karim, avec un argument décisif. On a déjà testé ce simulateur lors des séances précédentes. Et on a repéré des failles dans les algorithmes. Là, on est en train d'éreinter le système, pour identifier ses bugs et trouver les moyens d'y remédier. À la fin, on pourra toujours donner des tips au musée pour améliorer le simulateur.

Interloqué et amusé, leur manager se rassura. Des cracks jusqu'au bout des doigts. Et puis il n'oubliait pas que tous, lui le premier, se trouvaient ici à titre bénévole, prenaient sur leur maigre temps libre pour participer à cette campagne.

Il se remémora une séance de *team building*, à ses débuts dans la firme, amorçant une formation flash sur les bonnes pratiques de direction et d'animation des équipes. Les formateurs avaient eu l'idée, originale et ludique, d'associer aux différents modes managériaux des films et des acteurs. Quentin adoptait mentalement le style Don Corleone : un management de décision : écouter, réfléchir, puis décider. Et quand le manager a pris sa décision, il l'assume. Pour ses collaborateurs, c'est clair, précis et la communication est franche.

Au fond de lui, ce n'était pas qu'une simple mise en illustration managériale : il avait toujours été fan du parrain. Du père, Don Vito/Marlon Brando, comme du fils, Michael, interprété par Al Pacino. Celui qui ne voulait pas entendre parler de la mafia, ambitionnait de s'intégrer comme un Américain exemplaire, soldat héroïque, citoyen honnête... mais qui se transforme en boss impitoyable pour venger son père et régler les comptes de la famille. Lui qui était plutôt dans l'empathie, il enviait au personnage de Coppola cette absence totale d'affect. Les émotions glissant sur lui comme sur un galet.

Il lui arrivait parfois de se demander ce que ferait Michael Corleone à sa place.

Le cri moqueur d'Aurélie l'arracha à ses pensées :

– Oui chef, bien chef, adoptant la réplique des jeunes recrues dans les films américains.

Quentin se marra. Il appréciait particulièrement cette diplômée de l'ESSEC, passée par un gros cabinet d'avocats fiscalistes avant de rejoindre O'Kelney. Quentin la trouvait plus mature, réfléchie et posée que la moyenne des juniors. En plus, il avait bien noté son intérêt pour les questions sociales, elle qui collaborait au programme *Womanity* de la Firme. Un atout décisif pour la staffer sur cette mission très spéciale.

– À vos ordres ! J'arbitre juste un dernier contrat carbone entre Tesla et Mittal pour éprouver le modèle de valorisation et je suis à vous.

La plaisanterie, venue de Karim, acheva de détendre l'atmosphère. Quentin avait bien fait d'embarquer dans l'aventure ce jeune ingénieur de l'École des mines de Paris. Lui aussi, il l'avait staffé sur des missions importantes. Karim s'y était montré rapide et doté d'esprit d'initiative. Quand il fallait présenter au client les courbes et graphiques correspondant aux différents scénarios possibles pour aboutir au résultat recherché, il calculait plus vite que les autres. Il partageait avec Quentin un goût pour l'engagement : Karim avait raconté à son manager comment il avait profité de son année de césure en école d'ingé pour servir dans une ONG au Sahel.

Karim et ses camarades rassemblèrent leurs affaires, repoussèrent leurs fauteuils et se levèrent pour suivre leur chef de projet vers le salon prévu initialement. Une fois arrivés, Quentin dut se rendre à l'évidence : la sobriété du lieu le faisait paraître bien austère après la spectaculaire salle des marchés. Le prix de la tranquillité : si la direction de la Banque de France apprenait ce qui se tramait dans ses murs, ils se feraient jeter dehors à coups de pied aux fesses et tabasser par la dircom fighteuse.

– Maintenant qu'on n'a plus nos jouets, si on se mettait au boulot ? proposa Kenza.

Quentin savait que cette consultante, entrée chez O'Kelney trois ans plus tôt, dans la foulée de son double parcours HEC et Sciences Po, se voyait déjà dans un cabinet ministériel. Elle avait la politique dans la peau depuis toujours : déléguée de classe, Parlement des enfants, liste de jeunes au conseil municipal de sa commune en banlieue ouest… « J'ai occupé toutes les fonctions électives possibles et imaginables à mon âge, ça ne me déplairait pas de passer du statut d'amateur à celui de pro », avait-elle confié à son manager.

Ce dernier jeta un regard circulaire autour de la table. Benjamin, qui s'efforçait de durcir un visage juvénile un peu rond par de sévères lunettes rectangulaires à montures épaisses, lança les hostilités.

– Donne-nous le brief, on est prêt à envoyer de la stat et du power point.

Diplômé de HEC lui aussi, Benjamin avait été recommandé à Quentin par Vikas, pour ses capacités d'analyse et de synthèse hors pair. Pour sa « niaque », aussi. Il savait où il voulait aller, et ne cachait pas qu'il voyait dans la participation à la campagne Pasteur « un accélérateur de réseautage XXL, super utile dans le public comme dans le privé… à condition qu'elle gagne ».

Quentin termina son tour de table mental par Pierre-Alexandre. Quand Vikas lui avait passé son dossier, son profil l'avait intrigué. Ce polytechnicien aux larges épaules et à la coupe carrée avait fait Saint-Cyr après sa sortie de l'X, et longuement hésité à embrasser une carrière dans l'armée. « J'aime servir », avait-il expliqué à Quentin lors de leur premier entretien. Il avait finalement choisi le privé et O'Kelney, mais se faisait fort d'y apporter ses valeurs d'abnégation et son sens du collectif. Passionné de géopolitique, il excellait dans l'évaluation des rapports de force, entre les nations comme entre les groupes sociaux à l'intérieur du pays. Une compétence utile dans l'élaboration d'un programme électoral.

Quentin se remémora les mots de son mentor, Vikas, une fois l'équipe constituée.

– Je te les confie. Avec eux, c'est du solide, vous allez faire du bon boulot ensemble. Je serai là pour vous driver à distance. Et si vous avez besoin de support logistique, de données compliquées à trouver, de contacts sur les thèmes les plus pointus – défense, aérospatial, programme nucléaire… – je pourrai toujours arranger ça, tu sais qu'on ne manque pas de ressources. Mais attention, il faudra la jouer finement : la Firme ne doit jamais apparaître.

12

Paris, Citéco.

Quentin était fier d'avoir formé un pack soudé et efficace, lui rappelant ses années de rugby amateur. Dès leur première réunion secrète de kick-off dans leur palais baroque, la bande s'était choisi un surnom : la Squad. Mais pour le staff de campagne d'Amélie Pasteur, des militants politiques pur sucre, ils étaient « les comptables ». Moins flatteur...

Il attaqua le brief.

– L'important, c'est d'avancer dans le programme. Il faut impérativement une mesure phare pour le premier grand débat avec tous les candidats, dans deux semaines, jour pour jour. Ne l'oubliez pas.

– On l'a tous *top of mind*, t'inquiète !

– Nickel ! Je ne vous refais pas le topo. Comme vous le savez, la *north star* du programme de notre candidate, c'est le pouvoir d'achat et l'emploi. Il faut frapper fort sur ces deux points.

La *north star*, l'étoile Polaire. Quentin s'en voulait de céder lui-même à cette manie des consultants de truffer leurs phrases d'anglicismes. Il gardait le souvenir piquant d'un déjeuner familial où, alors qu'il venait de répéter pour la cinquième ou sixième fois qu'il fallait penser *bottom up* et pas *top down,* son père, Franck, excédé, s'était dressé, prêt à lui coller une mandale. Seule la patience de son éducatrice de mère avait permis de calmer les esprits. À la décharge de son fils, travailler chez O'Kelney signifiait parler anglais les trois quarts du temps. Il s'était promis de réserver, dorénavant, ce verbiage à son milieu professionnel.

Quentin reprit le lead.

– Pour le premier point, l'idée est de cibler les classes moyennes, qui ont en permanence l'impression de se faire dépouiller au coin du bois. Amélie Pasteur veut leur rendre de l'argent. Mais pas par des baisses d'impôt, qui ne se voient pas, ou à peine, et au bout de trop longtemps. L'idéal serait de leur remettre un chèque, directement. Au début, je pensais à une somme de 1 000 ou 2 000 euros par an. Et puis je me suis convaincu qu'il faut frapper fort : 5 000 euros, carrément.

Benjamin se récria.

– Quoi ! Sérieux ? Mais ça va coûter un pognon de dingue. Les classes moyennes, c'est en gros deux Français sur trois. Les finances publiques n'y résisteront pas, le pays va se faire aligner par Standard & Poor's et toutes les agences de notation.

– Souviens-toi, un Premier ministre sortant proposait carrément le double, 10 000 euros – mais c'est vrai qu'il les réservait à une augmentation de la prime emploi – lors des législatives les plus folles de la Ve, après la dissolution de l'Assemblée nationale. C'est justement pour éviter que ça coûte un pognon de dingue, et trouver comment créer de la contre-valeur, qu'on est là. Notre job, c'est de rendre les propositions crédibles. De les passer au crash-test, à notre manière. Et si possible de les améliorer, d'apporter notre touche.

Karim pianotait déjà sur son ordinateur. Il énuméra.

– Il y a 39,3 millions de foyers fiscaux en France. Mais seulement 17,6 millions d'entre eux ont réglé l'impôt sur le revenu. Ils raquent 4 520 euros en moyenne.

– C'est uniquement à ceux-là qu'il faudrait réserver le chèque, rebondit Kenza. Qu'ils aient l'impression de pas trop se faire baiser : OK, l'école pour mes enfants, les services publics, l'hôpital, tout ça n'est vraiment plus au top, mais au moins on me rembourse une partie…

Toute la bande s'était mise à taper frénétiquement sur les claviers. Aurélie intervint.

– Le problème, c'est que ce sont justement les foyers qui ne payent pas l'impôt, car exemptés, qui auraient le plus besoin de cet argent…

Benjamin la coupa.

– Allons, ceux-là touchent déjà un crédit d'impôt de 1 341 euros. Trois foyers fiscaux sur dix. Tu voudrais pas qu'en plus on leur offre les vacances dans les îles au soleil !

Silencieux jusque-là, plongé dans ses calculs, Pierre-Alexandre prit la parole.

– D'accord pour mettre le focus sur les classes moyennes, qui travaillent et gagnent un peu plus pour se faire tondre beaucoup plus. Amélie a raison d'aller chercher leurs voix. À condition de bien placer le curseur. Ce serait bizarre de verser un chèque-retour aux contribuables les plus aisés. À mon avis il faut exclure les trois plus hautes tranches du barème, celles à 30 %, 41 % et 45 %. Ça ferait déjà presque 7 millions de foyers en moins… et autant d'économisé pour les caisses de l'État.

– Poh poh poh… ça part dans tous les sens, là. Un peu d'ordre, la squad ! On va commencer par dresser un *framework*, comme d'hab.

Framework, le process de base des collaborateurs de O'Kelney. Autrement dit, une approche permettant d'examiner le dossier de manière exhaustive. De décortiquer le problème sous tous ses aspects. Puis, dans une seconde étape, de le décomposer en sous-problèmes indépendants. Dès leur entrée dans la Firme, les juniors étaient formés à cette démarche. On leur apprenait aussi qu'un bon *framework* doit être « MECE » (prononcer « Missi ») : « *Mutually exclusive, collectively exhaustive* ».

Quentin développait ses directives.

– Il faut évaluer la mesure, établir un comparatif coût/rentabilité. L'idéal serait qu'elle finisse par rapporter plus qu'elle ne coûte, en stimulant la consommation, l'emploi… à nous de voir comment. Il faut déterminer le meilleur moment pour l'envoi du chèque : à la rentrée scolaire ? À Noël ? Un versement unique ? Deux ? Et où est-ce qu'on envoie l'argent, un virement joint aux allocs familiales ? Ou un bon vieux chèque qui se regarde avec les yeux et se touche avec les mains, pour que les gens disent « Merci Madame 5 000 euros » à Amélie…

Aurélie intervint.

– Tu n'as pas peur qu'ils trouvent compliqué d'aller déposer un chèque ? On a perdu l'habitude, avec l'argent dématérialisé, le *plastic money* et même le cash, c'est dépassé. Aujourd'hui, tout le monde paye avec son téléphone, même les vieux. Ça fait longtemps que l'argent ne se voit plus.

Kenza fit claquer les doigts de ses deux mains contre le pouce, dans le geste mimant l'argent, le fric, la thune :

– Je vois déjà la punchline : « Moins de taxes, plus de cash : la République qui redistribue. »

Dans le groupe, elle s'était affirmée comme la spécialiste de la formule choc, du slogan qui claque.

Quentin n'était pas convaincu.

– Ne fais pas passer notre candidate pour la Mère Noël, on n'est pas des socialistes. Il faut garder l'aspect économique.

– Pas de problème, écoute ça. « 5 000 euros : le coup de pouce qui fait la différence entre survivre et entreprendre. »

– Pas un peu misérabiliste ?

La jeune femme ne se démonta pas.

– Allez, c'est mon dernier prix : « 5 000 euros, ce n'est pas une dépense, c'est un investissement dans la France de demain. »

Quentin leva un pouce approbateur.

* * *

Il était temps de répartir les rôles, de lancer la machine O'Kelney. D'attribuer à chaque membre de l'équipe son workstream : la partie du problème qu'il devra traiter.

– Aurélie, puisque tu as posé la question, tu vas te charger des simulations sur les comportements à anticiper. Toutes les attentes du public. Il faudra qu'on rende le système le plus fluide possible. La Firme avait participé à la mise en place du prêt garanti aux entrepreneurs pendant le Covid. Un vrai succès. On a un super-historique là-dessus, ça va nous aider.

Le visage de la jeune femme s'éclaira.

– Bien vu, le précédent du Covid. Je verrais bien un mécanisme du même style, où l'argent ne tombe pas tout cuit dans le porte-monnaie. Sinon, les bénéficiaires le considéreraient comme un dû et n'en seraient pas reconnaissants. Alors que je me souviens des séances d'études « qualis » avec des petits patrons ou des indépendants pendant la pandémie. Ceux qui avaient franchi toutes les étapes, de la confirmation qu'ils étaient bien éligibles au PGE (prêt garanti par l'État) jusqu'au versement effectif des fonds sur leur compte bancaire, avaient l'impression d'avoir remporté une grande victoire sur le mammouth de l'administration. Ça les rendait tout fiers, comme s'ils avaient mérité le prêt après avoir réussi un parcours du combattant. Du coup, ils vantaient le système qu'on avait mis en place, en parlaient à leurs réseaux.

– En effet, voilà une bonne stratégie d'influence, approuva Kenza. Là, tous les contribuables qui auront vu arriver les sous en parleront autour d'eux, à la machine à café au bureau, avec les commerçants en faisant les courses, à la salle de sport, dans les réunions familiales ou entre amis… le réseau, c'est partout. Pour peu qu'on séquence les virements sur un semestre ou une année, on obtiendra un bruit de fond durable en faveur de notre candidate. Ça compte, quand on voit la vitesse à laquelle l'image des élus se dégrade. Comme si on rêvait de présidents kleenex, qu'on jetterait à peine utilisés.

Pierre-Alexandre lissa sa moustache à la d'Artagnan, qui lui donnait l'air d'un chef d'escadron. Chez ce garçon au flegme inébranlable, ce geste traduisait le summum de l'excitation.

– Avant d'en arriver là, il faut que la mesure devienne phare dans la campagne. Que les concurrents d'Amélie soient contraints de se positionner par rapport à elle. Le buzz que tu décris doit faire son effet avant même l'élection. À nous de l'organiser.

L'art et la manière de tester une idée avant de l'imposer comme une évidence, auprès d'une communauté restreinte ou spécifique – par exemple amener les médecins de ville à prescrire un traitement innovant lancé par un grand laboratoire client de la Firme – comme de l'opinion publique, était l'un des points forts de O'Kelney. Des techniques relevant de la *behaviour economics*, l'économie comportementale. Ce concept, développé par des économistes et psychologues anglo-saxons au tournant des années 2000, vise à influencer le comportement des gens. Il joue sur les « biais cognitifs », ce mélange d'émotions, d'erreurs de jugement, de poids des normes sociales et autres facteurs psychologiques qui influencent les actions et les décisions des agents économiques. Chaque individu arbitre ainsi en permanence, et en général sans en avoir conscience, entre sa part de cerveau rationnelle et ses biais cognitifs.

La technique ne sert pas seulement à orienter les choix des consommateurs, dans une démarche mercantile. Elle peut aussi servir pour le bien commun. O'Kelney se targuait ainsi de son action auprès du gouvernement d'un grand pays occidental, en matière de santé publique. Ses dirigeants voulaient augmenter le nombre de dons d'organes, leur pénurie engendrant un grand nombre de décès chaque année. Des experts de la firme suggérèrent de modifier les formulaires de délivrance des permis de conduire. Parmi les nombreuses cases à cocher, figurait une question sur le don d'organes : d'accord ou non pour donner les siens ? Mais contrairement aux procédés – et aux réflexes – habituels, il fallait cocher la case uniquement si on y était opposé. Résultat, le nombre de donneurs dans la population avait bondi de plus de 20 % !

– Faire passer l'idée que la mesure des 5 000 euros sera favorable pour l'économie devrait être plus simple que convaincre les gens de donner un rein, ironisa Quentin, qui avait cité l'exemple à ses troupes.

Il poursuivit.

– Benjamin, tu vas faire un benchmark de ce qui s'est fait en la matière. Recherche du lourd, du convaincant. Pas nos petits chèques à répétition du bouclier tarifaire contre la hausse du prix de l'essence, du gaz et de l'électricité, on s'y perdait. Plutôt les chèques d'Obama aux ménages pendant la crise des subprimes, ou de Merkel sous le Covid, pour relancer l'économie, en Amérique et en Allemagne. Ça c'est parlant : Merkel, Obama, c'est pas des gauchistes, ça crédibilise.

Benjamin corrigea :

– Euh, les chèques de 1 200 dollars, c'était Bush junior, pas Obama.

– Encore mieux, un président capitaliste, bien de droite, ça clouera le bec aux économistes rageux.

– Sauf qu'il n'y a plus de crise ni de pandémie...

– En France, il y a toujours une crise quelque part.

Quentin s'adressa à Kenza et Pierre-Alexandre.

– Vous deux, vous allez faire tourner les logiciels pour flécher au plus fin l'utilisation du versement vers les bonnes dépenses de consommation, avec des rendements de TVA balèzes. Et le plus possible en *made in France*.

– Et des produits qui proviennent d'entreprises clientes de O'Kelney, en plus. Là, c'est du win-win !

On gagne sur tous les tableaux, voulait dire Kenza.

Elle développa.

– On pourrait décliner le système du cashback, qui se développe dans la distribution. Imaginons une formule où, quand tu dépenses une partie de tes 5 000 euros, tu es en partie remboursé si tu achètes des articles ou des services des entreprises et des secteurs-cibles qu'on veut booster. Cela irait de la grande distribution à l'immobilier, en passant par les supports d'épargne.

– Toucher à l'épargne, c'est toujours ultra-sensible en France, objecta Pierre-Alexandre.

Kenza avait la parade.

– On peut s'y prendre astucieusement. C'est pas toi qui parles de *behaviour economics* ? Il suffirait de monter un process où, quand tu investis dans une start-up à impact positif sociétal ou environnemental, tu es rémunéré davantage. Pas besoin de s'appeler Warren Buffett pour y arriver, les banques sauront très bien vendre ça à leurs clients lambda.

Quentin acquiesça, satisfait de voir les idées fuser. Il s'approcha de Karim, en pleins calculs. Il se pencha par-dessus son épaule, légèrement en biais, pour regarder son écran. Et ne vit rien d'autre qu'un amas grisâtre de lignes et pointillés. L'écran était brouillé.

Karim se retourna, perçut son étonnement.

– Qu'est-ce qu'il t'arrive ? Tu as oublié que Vikas nous a obtenu la permission d'installer sur nos machines perso les systèmes de brouillage de la Firme ?

Face aux menaces d'espionnage industriel, en effet, chaque consultant devait suivre des consignes strictes, utiliser un matériel dûment certifié par les services internes de sécurité. Impossible de lire l'écran d'un ordi agréé par O'Kelney si on ne se trouvait pas pile en face. Une protection contre les regards en biais dans le train ou l'avion.

– Il a bien fait. Tu imagines, si jamais tu te retrouvais dans le TGV avec le conseiller d'un autre candidat sur le siège voisin ? Avec notre système, tu pourras continuer de bosser le programme tranquille, aucun risque de se faire cramer.

Karim sourit, rabattit son écran.

– OK, mais, toi, imagine que je me sois trompé de TGV et que j'aie carrément pris celui qui amène la candidate d'extrême droite à son grand meeting à Lyon. Là, tout le wagon serait rempli par ses équipes. Écran brouillé ou pas, mieux vaudrait faire profil bas et tout plier.

– Ha ha, tu me rappelles ce que m'avaient dit les formateurs au séminaire sur la sécurité, à mon intégration dans la boîte. Il y a des vols, comme le Paris-Munich de 6h50 à Charles-de-Gaulle, où 100 % des types sont en costard : 90 % sont consultants, les autres industriels, donc tous des espions. N'ouvrez même pas vos ordis !

– Ah, moi j'avais eu droit au sermon sur le taxi à Londres, entre la gare de Saint-Pancras et nos bureaux. Comme ils sont voisins de ceux de nos concurrents, Bain, BCG et toute la clique, la consigne était de ne surtout pas parler boulot pendant le trajet, au cas où le chauffeur laisserait traîner une oreille et répéterait tout aux gars d'en face.

La Squad phosphorait à plein régime.

Quentin alla se placer au bout de la table, debout face au paperboard posé sur un trépied, qu'il trimballait à chacune de ces réunions clandestines. On maîtrisait l'élimination du bon vieux papier, contrairement au numérique, qui laissait toujours une trace, pour qui savait chercher...

Il écrivit les mots « Plan d'action ». Puis traça deux lignes droites perpendiculaires, divisant la surface en quatre cases égales.

La bonne vieille méthode Two by two, deux par deux, une autre marque de fabrique de la firme. Cela consistait à regrouper toutes les propositions émises, toutes les données dont on pouvait disposer, en les répartissant en quatre scénarios possibles. Il esquissa donc le scénario où cette injection de liquidités vers les ménages provoquerait de l'inflation, celui où elle boosterait les importations au détriment de l'industrie nationale, un autre où elle aurait un effet vertueux sur l'économie, etc.

Dans la pratique, O'Kelney sollicitait des experts, économistes, sociologues, démographes et géopolitologues pour se projeter dans un futur proche, en décrivant la faisabilité et les effets des mesures envisagées, en fonction de ces quatre contextes différents. Le but était de croiser à la fin les quatre cases, pour déterminer le chemin à suivre. Problème, cela exigeait un certain temps de recherche et de réflexion prospective.

Le manager répondit à l'interrogation silencieuse des visages tournés vers lui.

– Je devine ce que vous pensez : moins de quinze jours, c'est un délai bien trop court pour un crash-test efficace. Eh bien, détrompez-vous...

Il prit un temps, ménageant son effet.

– Nous avons un allié formidable, qui va faire tout ce boulot habituel cent fois plus vite et de manière beaucoup plus exhaustive : Marylin, le nouveau logiciel d'IA de la Firme. Grâce à lui, ou plutôt elle, on va écraser les concurrents d'Amélie Pasteur.

Silence total dans les rangs. L'effet blast avait fait pschiitt… ou au contraire trop bien marché.

– On a le droit d'utiliser nos outils et nos bases de données ? demanda enfin Aurélie. Je croyais que la frontière entre O'Kelney et la campagne devait être étanche.

– Hum hum. Bon, on n'est pas des ayatollahs non plus. Et puis on ne va pas se priver de nos atouts. Vikas va nous aider pour faire les choses proprement, on va s'arranger. Ce qui est clair, et j'en profite pour vous le rappeler, c'est que ça doit rester entre nous. Totale discrétion.

En réalité, cette part de la prestation aurait dû être facturée à la candidate, et figurer dans les comptes de campagne. D'autant plus que la Commission nationale des comptes de campagne et des financements publics ne plaisantait pas. Quentin croisa les doigts pour que les « arrangements » évoqués par son mentor soient vraiment opérants et indécelables.

Au bout d'un moment de flottement, la voix grave de Pierre-Alexandre fit sursauter ses voisins.

– Et pour les jeunes, on ne prévoit rien ? Le chèque de 5 000 euros, ils s'en tapent, ils ne le toucheront pas puisqu'ils ne payent pas d'impôt.

En connaisseuse de la politique, Kenza joua les cyniques.

– Et nous, c'est des jeunes qu'on se fiche : je te rappelle qu'ils ne votent pas. Les plus gros bataillons d'abstentionnistes, c'est eux.

Quentin interpella le saint-cyrien.

– Tu penses à quelque chose de spécial ? Amélie a bien sûr un programme jeunesse, mais si on peut glisser une proposition qui décoiffe… on est là pour ça.

– Reçu, chef ! Alors, tenez-vous bien. Mon idée, c'est une taxe robot, fléchée sur les jeunes. Elle viserait aussi bien les robots industriels que les logiciels ou tout système d'intelligence artificielle.

Kenza s'étouffa.

– Une taxe robot !? Tu es ouf ou quoi ? C'est vraiment une idée de gauchiste, et pas toute neuve. Le candidat socialiste bien bobo à la présidentielle de 2017 l'avait proposée. Un franc succès…

Le menton entre les mains, la bouche en accent circonflexe, Quentin ne paraissait pas davantage emballé.

– C'est vrai que ça ressemble à une réponse du XIXe siècle à un problème du XXIe siècle. Cette taxe frapperait en priorité la majorité de nos clients dans l'industrie, qui automatisent leur production depuis trente ans. Et puis, tu oublies que la Firme met le paquet sur notre nouveau département IA. Tu as envie qu'on se mette tout ce monde à dos ?

Pour évaluer l'intérêt de la mesure, Benjamin compulsait les dossiers classifiés de la Firme. Il compilait les DATA, en se félicitant de disposer de l'IA développée par la firme. Au gré de ses explorations, il tomba sur un rapport du bureau O'Kelney de Chicago, pour le compte du Pentagone[1]. Le document citait le directeur de la National Geographic Agency (NGA), le haut du panier du renseignement américain. Il calculait le nombre d'analystes, faits de chair et d'os, qu'il aurait fallu employer pour traiter le flux des données, au nombre en croissance exponentielle, circulant chaque seconde dans les tuyaux de l'Agence : 8 millions. Huit millions d'agents, dûment formés, habilités au secret-défense et rémunérés en conséquence, pour faire le boulot de l'algorithme. Pour Benjamin, ce chiffre pliait le match.

– Bon, j'ai l'impression que tu peux nous présenter ton idée, lança Quentin à Pierre-Alexandre.

L'intéressé hocha la tête, lissa à nouveau sa moustache.

– Le but n'est évidemment pas d'assommer les entreprises, il y a déjà trop d'impôts de production. Ce serait une taxation intelligente, un système de bonus-malus. Celles qui embauchent tout en automatisant ne paieraient rien, ou pas grand-chose. Je la connais, ton étude, Aurélie : elle montre aussi que l'IA pourrait générer 1,4 million d'emplois. En favorisant les jobs à compétence plus élevée, avec des salariés capables de maîtriser ces logiciels complexes. Qui mieux que les jeunes, qui ont grandi dans cet environnement numérique, pour occuper ces postes ? La taxe robot

1. Ministère américain de la Défense.

serait prélevée sur les entreprises automatisées à outrance, qui ont plus de moyens puisqu'elles paient moins de charges salariales – je vous rappelle en effet que celles-ci ne concernent que les humains. Et son produit serait affecté à la formation des jeunes, notamment ceux en échec scolaire, à ces métiers nouveaux.

La Squad l'avait écouté sans piper mot. Vu sous cet angle, son idée ne semblait pas si ringarde. Elle devrait séduire la candidate.

Quentin trancha.

– Bien, d'ici notre prochaine réunion, tu nous mets ta proposition en ordre de marche complète. Objectif : avoir une *storyline* complète à présenter à Amélie.

Storyline. Une synthèse de toutes les données sur un sujet, et des solutions proposées, le tout rédigé sous la forme d'une histoire où les éléments s'emboîtent de manière parfaitement logique. Afin que le client, en l'occurrence la candidate, n'ait d'autre choix que d'y adhérer et... d'acheter. Du O'Kelney pur jus.

– En tout cas, j'ai ma punchline pour cette mesure aussi, dit Kenza : « Taxer les robots, c'est investir dans l'humain. »

– Mmouiff... gentil. T'as pas plus pêchu ?

– D'accord : « Votre algorithme prend mon job ? Ma taxe prend votre cash ! »

– Si les cols roulés-vestons en velours de l'équipe de Tonio assistaient à nos sessions, ça les mettrait en PLS, ricana Karim.

13

Courchevel.

À perte de vue, les sommets alpins aux pics aiguisés se dressaient en rangs serrés, formant une couronne d'une blancheur étincelante sous le soleil glacial de février. Par endroits, les pentes neigeuses laissaient apparaître de larges pans de roche d'un austère gris anthracite. Ce contraste accentuait l'aspect vertigineux des parois. Au loin, en arrière-plan, régnait le mont Blanc. « Quelle plus belle carte postale pour se vider la tête ? » demanda Quentin, contemplatif.

Décidément, O'Kelney savait y faire pour choisir les meilleurs endroits pour ses séminaires. Deux jours – « et demi », corrigea-t-il *in petto* – dans un palace de Courchevel, la chiquissime et sportive station savoyarde, c'était une parenthèse de rêve dans l'âpreté d'une campagne électorale éreintante.

Il frappa le sol de la spatule de ses skis, l'une après l'autre, pour en chasser la neige. Après une montée en télésiège suivie d'une marche d'une quarantaine de minutes en dehors des pistes, rendue ardue par les lourdes chaussures qui s'enfonçaient dans la couche fraîche, il avait grimpé à près de 3 200 mètres d'altitude. Dans une splendide solitude, là où d'autres skieurs aussi aguerris que lui n'avaient pas encore imprimé leurs traces sinueuses. Pas tout à fait solitaire, cependant. Tout en se penchant pour régler ses fixations, il s'adressa à son accompagnatrice, haut et fort pour se faire entendre dans le sifflement du vent.

– On aurait dû prendre du matériel plus léger de ski de randonnée, on en aurait moins chié. Allez, prête ? C'est parti pour le grand...

Étonné par son silence, il avait tourné la tête vers sa compagne des cimes.

Personne ! Elle avait filé, dans une bourrasque. Déjà loin en contrebas, elle dessinait d'élégantes arabesques dans la poudreuse.

« Eh ben, elle n'a pas changé », siffla Quentin, mi-vexé mi-épaté. Il tira sur la mentonnière de son casque, enfila les dragonnes de ses bâtons, et, pivotant sur ses planches, poussa de toute la force de ses bras pour se lancer à la poursuite de la skieuse impétueuse.

Aussitôt, la montagne l'avala. Il fonçait avec adresse, jambes fléchies et buste jouant les balanciers harmonieux, mi-glissant mi-flottant sur la neige légère à souhait, soulevée par le souffle venteux. Au sommet uniformément blanc, succéda bientôt un relief plus accidenté. Quentin ne ralentit presque pas sa course, étêtant impitoyablement çà et là, à coups de carre de ses Dynastar modèle compétition, de malheureuses jeunes pousses dépassant du manteau neigeux.

Il vibrait à ces instants où la pente était si raide qu'au surgissement, soudain, d'un faux-plat, on n'avait plus dans son champ de vision, d'un coup, que le fond de la vallée. Si lointain, à plusieurs centaines de mètres plus bas. La blancheur aveuglante de la neige y cédait la place à la verdeur de la canopée de la forêt de sapins et de mélèzes, au marron rouille des chênes en hiver. S'il abordait le replat trop vite, comme un tremplin improvisé, il ferait le grand saut dans ce vide, pour finir par s'écraser dans les branches. Ce n'était bien sûr qu'une illusion d'optique, mais si grisante.

À vive allure, il absorba le dévers, sentit avec plaisir ses cuisses et les malléoles de ses genoux amortir le brusque dénivelé. Écouta comme une douce musique le crissement de ses semelles fartées sur la neige redevenue dure, juste sous la fine couche de poudre fraîche.

Il se remit en position de recherche de vitesse, vit défiler à toute allure les sapins bordant chaque côté de la piste. Malgré la protection de ses lunettes, les coins de ses paupières étaient collés par les larmes, sous l'effet conjugué du froid et de la vitesse. D'un mouvement du poignet, il consulta son appli spéciale ski : 78 km/h ! « Allez, il faut que je dépasse les 80... je vais pas me traîner comme sur une départementale ! », s'encouragea-t-il, arrondissant encore le dos, écartant un peu plus ses skis, jouant avec souplesse des jambes et du bassin.

Relevant la tête pour regarder devant lui, il émit un grognement de dépit. Alessandra n'était qu'un petit point loin, bien loin devant lui, presque au bas de la montagne déjà. Elle l'avait bel et bien largué. « Une habitude chez elle », se moqua-t-il de lui-même, tout en effectuant un vigoureux virage pour freiner. Et reprendre son souffle.

Il fit un rapide tour d'horizon. Il aperçut la jeune femme, qui s'était enfin arrêtée, à quelques dizaines de mètres plus bas, à proximité d'un chalet-refuge en pierres dont seul le grenier, avec ses lucarnes aux vitres givrées, émergeait de l'amas de neige. On s'attendait à voir s'échapper de la cheminée un filet de fumée blanche, en un parfait tableau bucolique.

Quentin soigna son style pour la rejoindre, vira en faisant gicler juste ce qu'il fallait de neige pour stopper à la hauteur de la skieuse. Elle l'attendait, semblait même le guetter avec impatience, tournant et retournant la tête dans toutes les directions. En approchant, son compagnon pensa qu'elle cherchait la meilleure exposition aux rayons du soleil.

– Tu as la pêche, ma parole ! Toujours aussi sportive... le mariage te réussit.

Alessandra, le teint déjà hâlé sous les lunettes noires et le cache-col en fourrure de renard, lui rendit son sourire.

– Allez, tu ne vas pas jouer les amants jaloux. Nous deux, c'est de l'histoire ancienne. Et tu m'as l'air de te défendre aussi, tu as bien foncé. Dans tous les sens du terme, d'ailleurs : je ne t'ai pas encore félicité pour ton élection comme partner, bravo !

– Merci. Et à mon premier essai, comme toi ! C'est quand même une procédure de dingue, avec ces directeurs-associés qui ont consacré des jours entiers à l'examen de ma candidature, épluchant mon dossier, appelant mes clients pour s'assurer que mes conseils ont bien eu un impact positif sur leurs décisions, vérifiant auprès de mes équipes que mon management est inspirant, comme ils disent... Je parie qu'il est plus simple pour le pape de nommer un cardinal à Rome !

Alessandra pouffa.

– Ha ha ha, je te verrais bien en Monsignore. Les bigotes romaines se bousculeraient à tes prêches.

– Sauf toi, pécheresse, qui m'a laissé tomber comme une vieille chaussette rouge de cardinal.

Il dit cela sur un mode rigolard, mais éprouva un pincement au cœur. Comme souvent lorsqu'il pensait à la belle Italienne.

Il se remémora leur première rencontre, cinq ans plus tôt. C'était à Moscou, où Quentin effectuait l'une de ses toutes premières missions pour la Firme. Le ministère russe du Commerce avait fait appel à O'Kelney pour revitaliser sa filière artisanale. Trente ans après la déroute du communisme, dans les villes de l'empire déchu, les petits commerçants, bouchers, coiffeurs, boulangers, fleuristes, etc., restaient englués dans des vieilles habitudes collectivistes, fonctionnant plus à la manière des poussives coopératives d'antan qu'en auto-entrepreneurs convertis aux vertus de la libre concurrence. Poutine voulait donner un coup de pied dans la fourmilière. Dans ce but, rien de plus efficace qu'aller puiser les recettes capitalistes à la source.

Dès qu'il la vit traverser le bureau de O'Kelney à Moscou, proche du grand magasin Goum, Quentin fut subjugué par Alessandra, sa chevelure de jais, son port altier, son sourire conquérant adouci par le regard attentionné qu'elle adressait à ses interlocuteurs. De deux ans son aînée, elle était sa cheffe de projet.

En principe, un analyste junior garde le nez plongé dans ses tableaux, crache de la stat tout au long de la journée, n'est pas envoyé chez le client, à des milliers de kilomètres de sa base, pour aller draguer sa cheffe d'équipe. Pourtant, au fil des jours, l'Italienne s'était montrée amusée, puis émue, par le culot mêlé de candeur de ce bizuth à la carrure de rugbyman mais aux airs d'ado attardé, avec sa mèche lui tombant sur le front.

La magie d'une balade sur la place Rouge un soir sous les flocons, illuminée d'une myriade de loupiotes des cabanes du marché de Noël orthodoxe, emmitouflés tous deux dans leurs doudounes et chapkas enfoncées sur les oreilles, fit le reste. Il avait négocié un dîner en tête à tête après une réunion où ses données sur la faible densité des salons de coiffure à Saint-Pétersbourg, comparée aux métropoles européennes, s'étaient avérées un atout précieux pour accélérer une phase décisive de la restructuration. « Plus romantique, on meurt », s'était marré intérieurement le consultant. Quand, sur le chemin du retour, elle avait amorcé une dangereuse glissade sur une partie gelée du pavement et qu'il l'avait rattrapée d'un bras ferme et enveloppant, il l'avait sentie s'attarder plus que nécessaire.

Alors il s'était lancé. « Franchement, ce ne serait pas dommage de restructurer un si charmant artisanat ? », avait plaisanté Quentin avant de rapprocher son visage sans qu'elle ne s'écarte et de l'embrasser doucement, devant un comptoir en planches croulant sous les poupées babouchkas et les boules à neige renfermant des cathédrales miniatures Basile-le-Bienheureux. L'espace d'un instant, leurs chapkas emmêlées, ni l'un ni l'autre n'eurent plus la tête à leur mission. Cet instant se prolongea avec ferveur et volupté les deux nuits suivantes, au risque de détourner leur énergie de la mission.

Pourtant la manager rappela à l'ordre son « junior » le deuxième matin.

– Tu sais que ce genre de relation est prohibé, à partir du moment où il existe entre nous un rapport hiérarchique. Ou tout au moins, si l'on ne peut pas s'en empêcher, nous avons obligation de le signaler à la Firme. Charge à nos supérieurs d'en tirer les conséquences.

Ni gêne ni dureté dans sa voix. Juste le pragmatisme de l'*executive woman*.

Quentin n'en fut pas moins douché. Les conséquences, il les connaissait, ou en tout cas les pressentait : retour express pour lui à Paris. Il serait sans doute vite affecté à un autre projet. Avec, surtout, un autre manager. Mais il se doutait que l'affaire ferait hausser les sourcils et risquait de faire tache sur son parcours interne : le sentimentalisme n'avait pas vraiment cours dans la Firme.

Il subit, le cœur déchiré mais sans larmoiements, la décision d'Alessandra de « suspendre leur relation », selon sa formule dans le plus pur style de la Firme. Se jeta à corps perdu dans son travail, les semaines suivantes, si bien que le tissu commercial de la Russie post-communiste n'eut bientôt plus aucun secret pour lui. Et il obtint un franc succès lorsqu'il émit l'idée de redynamiser les centres-villes en prenant modèle sur la résurrection, dans les années 1990, de quartiers parisiens comme Mouffetard ou Montorgueil.

Il avait accompli tout exprès un aller-retour en France pour retrouver et interviewer l'urbaniste, depuis longtemps à la retraite, qui avait été l'architecte de cette mue. Il revint à Alessandra, en tant que responsable de projet, d'exposer ce plan au client. Le ministre russe était ravi. L'Italienne en fut reconnaissante à Quentin… pas tout à fait cependant de la manière que ce dernier aurait souhaitée.

Depuis, les anciens amants s'étaient croisés de temps à autre, au gré de missions ou de séminaires, échangeaient des nouvelles plus ou moins régulièrement. Le Français avait ainsi suivi son impressionnante progression au sein de la branche italienne de la Firme, appris qu'elle s'était mariée – avec Matteo, un brillant *avvocato*, beau gosse de surcroît – et avait donné naissance à une petite fille, prénommée Chiara. L'image presque caricaturale du bonheur sur papier glacé, en somme.

Pourtant, ce matin-là dans les Alpes, Quentin trouvait son amie un peu nerveuse, sous son apparence enjouée.

– Et de ton côté, tu es sûre que tout va bien ?

La jeune femme hésita un instant avant de répondre.

– À vrai dire, je ne sais pas trop. Tu sais, la mort de Fred Parish m'a beaucoup secouée. Perturbée, même.

– Ah oui, tu m'as dit que tu le connaissais. Quelle histoire horrible ! On n'en sait toujours pas plus sur les circonstances exactes. Il faut dire que la boîte est assez discrète sur l'affaire...

– Justement, à ce propos... il faudrait que je te parle de quelque chose.

Elle fut interrompue par des exclamations joyeuses, dans plusieurs langues, qui leur firent relever la tête vers l'amont de la piste.

Un groupe de quatre ou cinq collègues, qui avaient sagement emprunté les remontées mécaniques, fondait sur eux.

« On discutera plus tard », chuchota Alessandra à Quentin. Avant d'adresser son plus beau sourire aux nouveaux arrivants.

Ils faisaient partie du groupe réuni pour ce séminaire alpestre. Une trentaine de partners triés sur le volet, venant des différents bureaux européens de O'Kelney : Allemagne, Espagne, Pologne, Autriche, Suisse, République tchèque, Belgique, Portugal, etc. Tous avaient un point commun : ils étaient en charge, pour leur zone géographique, des affaires publiques. Avec pour principaux clients les gouvernements, les grandes collectivités, institutions... La plupart des participants étaient directeurs-associés, faisaient partie des figures les plus influentes de la Firme, comme Vikas Banerjee. Ce dernier avait insisté pour que Quentin Marchal, fraîchement nommé partner, un peu jeunot dans cet aréopage, soit de la partie.

– Tu auras l'opportunité de rencontrer le DG Europe de la Firme, Manfred von Richter. C'est notre grand manitou. Pour lui, il est essentiel que O'Kelney prenne de plus en plus de poids dans le conseil aux pouvoirs publics. En plus, tu pourras te dérouiller en skiant un peu. À Courchevel ! Elle est pas belle la vie ?

Elle l'était. Quentin l'avait constaté dès son arrivée à l'aéroport de Genève-Cointrin, où il avait rejoint plusieurs de ses collègues. Il n'en connaissait qu'à peine quelques-uns. Mais il n'avait guère eu de mal à repérer les autres parmi la foule des passagers qui se pressaient dans le hall des arrivées : ils affichaient ce maintien sobrement élégant et cet air de supériorité tranquille propre aux happy few de O'Kelney, même dans les moments décontractés.

En se dirigeant vers la sortie de l'aérogare, Quentin proposa à deux des participants de faire taxi commun jusqu'à la station. Le premier, un Barcelonais à la chevelure de jais, le toisa d'un air moqueur.

– Toi, tu n'as pas l'habitude des séminaires de directeurs-associés. Regarde les gars en uniforme qui arrivent. Tu crois qu'ils viennent chercher qui, Britney Spears ou Ronaldo ?

Interloqué, le Français détailla l'élégante livrée gris perle portée, sous des blousons de ski Moncler aux couleurs du palace des neiges où se tenait le séminaire, par des chauffeurs qui venaient les accueillir. Trois limousines patientaient devant les portes vitrées.

– Ah ouais, la grande classe. Ça commence très fort.

– Attends de découvrir le bar de la limo, avec ses verres en cristal. Je te recommande leur cognac cuvée Paradis, tu m'en diras des nouvelles.

14

Courchevel.

Lorsque les grosses Mercedes stoppèrent, après deux heures de route, au pied de l'hôtel, le crépuscule nimbait les chalets aux toits pentus d'une combinaison de couleurs rosée, mauve, dorée et bleue. « Féérique », s'emballa Quentin. Conquis par la façade de l'hôtel, évocatrice d'un château tyrolien du XVIIIe siècle, avec ses minces fenêtres en forme d'ogive, ses encorbellements, ses tours et ses dômes surmontés de neige, tout comme les sapins qui l'entouraient. Oui, cela s'annonçait grandiose. Il bénit Vikas. Son mentor ne devait arriver que le lendemain. Directement au minuscule aéroport de la station, en compagnie du « manitou » von Richter qui l'avait convié à bord de son avion privé.

On entendit le bruit d'un avion en approche, sans parvenir à l'apercevoir à travers les nuages gris clair. Lorsqu'il émergea soudain de la couche cotonneuse, un éclat de soleil fit briller son fuselage bleu argenté. La silhouette effilée du turbopropulseur apparut alors nettement, se détachant sur le fond de parois abruptes et de rochers enneigés qui semblaient prêts à le dévorer. Il vira gracieusement, à quelques dizaines de mètres d'altitude au-dessus de la vallée encaissée, pour venir s'aligner dans l'axe de la piste goudronnée. Au sol, des skieurs avaient interrompu leur descente, se rangeaient en bord de piste, les yeux vers le ciel. Les clients attablés aux terrasses des restaurants levaient la tête, tous avides du spectacle.

Vu par les profanes, un atterrissage à l'altiport de Courchevel, juché à 2 000 mètres au beau milieu du domaine skiable, tenait toujours de la prouesse. La piste, très courte, paraissait cassée en deux, ressemblant à un tremplin olympique de saut à ski. L'inclinaison de cette pente servait à freiner les avions lorsqu'ils atterrissaient, et, inversement, à donner encore plus d'élan à ceux qui décollaient. Pour les arracher au plus vite à la loi de la gravité, prête à les plaquer impitoyablement contre la montagne.

Dans le cockpit, aux commandes du TBM 960, un puissant monomoteur à hélice capable de voler à plus de 600 km/h, Manfred von Richter conduisait sa manœuvre avec calme et précision. Casque sur les oreilles, il captait les instructions du contrôleur aérien, depuis la tour de la station d'hiver. Derrière ses Ray-Ban, son regard se dirigeait alternativement sur les instruments, contrôlant sa vitesse et son altitude, et sur le ruban d'asphalte qui, à moins d'une minute d'y poser les roues, semblait encore si minuscule.

La main gauche sur le palonnier, la droite sur le joystick, le pilote actionnait les volets et sortait le train d'atterrissage. Pas un trait de son visage taillé à la serpe ne cillait. Il paraissait aussi à l'aise dans ce décor impressionnant de cascadeur que pour un atterrissage plan-plan à l'aéroclub de Toussus-le-Noble.

Sanglé dans le siège de copilote, Vikas Banerjee ne partageait nullement ce calme olympien. Depuis de longues minutes, il ne cessait de se tordre le cou vers sa gauche et sur sa droite, le regard inquiet. Les secousses incessantes dans ce ciel tumultueux le mettaient au supplice. Lui qui détestait déjà les turbulences à bord d'un Airbus ou d'un Boeing ! De sinistres pensées se bousculaient sous son crâne. « Bon Dieu, c'est pas possible, on ne va pas arriver à se glisser dans ce défilé rocheux, on va se fracasser sur la montagne ! »

Il aurait mille fois préféré s'installer dans la luxueuse cabine de cet ingénieux avion d'affaires. Il aurait pu se concentrer, dans un confortable fauteuil en cuir de vachette, sur son écran d'ordinateur en sirotant un verre de whisky, avec l'hôtesse aux petits soins pour lui tout seul. Mais Manfred avait insisté pour l'avoir devant, à son côté : une invitation du tout-puissant patron de toute la branche Europe de O'Kelney, ça ne se refusait jamais.

Un trou d'air plus violent que les autres fit plonger le frêle oiseau métallique de plusieurs dizaines de mètres. Vikas sentit son estomac faire la culbute. Il fixait du regard le nez de l'avion : il était au-dessous du niveau du rebord de la piste, qui n'était plus qu'à une infime distance. « On va se crasher sur le roc ! », ne put-il s'empêcher de crier, paniqué. Manfred se marra, toutes dents dehors.

– Tu es un sacré froussard, dis donc ! Allez, accroche-toi, on atterrit.

Il redressa l'aéronef, qui parut faire du saute-mouton au-dessus du promontoire rocheux. Puis il se posa avec une douceur inattendue sur la piste, comme s'il évoluait sur un coussin de ouate. Hélice vrombissante, l'appareil grimpa la pente du tremplin et stoppa sa course sur le tarmac de l'altiport.

– Courchevel ! Terminus, tout le monde descend.

Vikas recommença à respirer. À travers le pare-brise, il vit approcher un puissant SUV 4 × 4 blanc, aux armes du cinq-étoiles qui les accueillait. Il avait hâte de se réfugier dans ce cocon douillet.

Quand il arriva dans le spa pour y retrouver Alessandra, se sentant un peu gauche dans son peignoir et ses mules, Quentin fut stupéfait de découvrir que le caviar pouvait servir de soin du visage. C'était pourtant bien ce que proposait le programme, écrit en français, en anglais et en caractères cyrilliques russes, posé tel un beau livre sur le comptoir en marbre.

Il s'en enquit auprès d'une hôtesse. « Les perles de caviar doré rendront votre peau tonifiée et soyeuse », lui expliqua le plus sérieusement du monde la jeune fille avec un accent slave, son chignon roux vénitien tranchant sur sa robe noire. Elle n'avait pas compris qu'il la taquinait gentiment. « Vous trouvez que j'en ai besoin, j'ai l'air si avachi et rabougri ? » l'acheva-t-il dans un sourire désarmant.

Il écourta ce badinage, voyant surgir son amie. Superbe dans la simplicité de son peignoir, la chevelure mouillée plaquée en arrière après avoir plongé dans la piscine, elle paraissait plus détendue que sur les pistes.

– Une demi-heure de nage, et un bon massage thaï, ça m'a fait le plus grand bien. Tu aurais dû en profiter aussi.

– J'aurais bien aimé... Mais Vikas m'a réquisitionné pour un atelier après-ski sur les bonnes pratiques des finances publiques en contexte macroéconomique dégradé. Plutôt une tannée qu'un massage ! Mais, bon, comme il me l'a rappelé, c'est un séminaire, pas des vacances.

– Moi, j'ai réussi à me défiler, c'est l'avantage des aînés. Allez, relax, c'est l'heure du hammam et du sauna. Autant être en forme pour le clou du spectacle, ce soir au dîner.

– Tu veux parler du discours de Manfred ? J'avoue que j'ai hâte, c'est la première fois que je le rencontre.

– C'est un drôle de personnage. Envoûtant, charismatique, même... dérangeant aussi, parfois.

– Comment cela, dérangeant ?

Alessandra fit la moue.

– Patiente jusqu'au dîner.

Quentin n'insista pas. Savourant ce moment suspendu de complicité retrouvée, humant l'atmosphère enveloppante des senteurs d'huiles et d'encens mêlées dans la chaleur diffuse, il la prit par le bras. Le spa était vaste et raffiné, une suite de salons aux murs en boiseries laquées sombres, aux plafonds aux décrochés géométriques, dans une lumière tamisée.

Ils aperçurent quelques collègues, béats dans les bains à remous ou étendus sur des futons. « Il ne manque que la pipe à opium », plaisanta le consultant. Alessandra, nota-t-il toutefois, avait accéléré le pas au moment de les croiser.

La température du sauna frôlait les 70° quand il referma la porte vitrée derrière eux. Ils étaient les uniques occupants. Idéal pour des confidences. Quentin retourna le sablier, gradué pour une séance de quinze minutes. Il s'assit sur la banquette de bois blond, un gradin au-dessous de l'Italienne. Ne put s'empêcher de mirer les lignes galbées de son corps, émergeant de sa serviette de bain gris perle. L'expression de son visage, redevenue nerveuse, le réfréna.

– Tu as remarqué, Witold, le Polonais, il s'est redressé à notre passage. Je suis sûre qu'il est là pour me surveiller.

Interloqué, Quentin tenta de la rassurer.

– Qu'est-ce que tu racontes ? Enfin, quel mâle ne se dresserait pas en te voyant ? On ne doit pas croiser beaucoup de déesses de ton acabit à Cracovie.

– Je n'ai pas envie de rire, excuse-moi. Tu sais bien que la situation est très difficile en Italie. Le Premier ministre est sur le gril, et nous, O'Kelney, en plein dans le collimateur. L'opposition, les syndicats, l'opinion publique, tout le monde nous rend responsables des mesures de rigueur. Mais il y a plus grave.

– Plus grave ? Tu veux parler de l'affaire Parish ?

– Oui. Je te l'ai dit, j'avais rencontré Fred à Milan. On participait à la même réunion. Il nous présentait son nouvel outil d'intelligence artificielle...

Quentin la coupa.

– Le programme Marylin, oui, je suis au courant. On doit bientôt commencer à l'utiliser. La mort de notre camarade est un terrible drame, je comprends ton émotion. Mais ça ne va pas empêcher la boîte de développer l'IA, il avait toute une équipe. C'est dur, mais *the show must go on*.

Alessandra eut un geste d'humeur, resserra sa serviette sur sa poitrine et croisa les jambes. Elle darda un regard furibard sur son compagnon.

– Tu ne comprends pas. Il y a quelque chose de bizarre avec ce programme. Et avec la Firme, d'ailleurs. Ils ont des exigences toujours plus grandes vis-à-vis du gouvernement, des réformes à engager. Et Paolo Streghi est sous leur coupe. Moi qui me trouve au milieu, j'en suis gênée. Parfois, il me fait penser à un écolier qui doit obéir à la maîtresse.

Quentin s'abstint de la remarque grivoise qu'il avait sur le bout de la langue. Cette fois, il commençait à la prendre au sérieux. Voulait en savoir plus.

– C'est cela qui te met sur les nerfs ? Qu'est-ce que tu trouves de bizarre ? Et quel rapport avec Fred Parish ?

– Lui aussi m'avait eu l'air de juger la situation anormale. Quand je lui ai demandé s'il y avait un risque de voir son logiciel d'IA décider à la place des humains, je disais ça un peu pour provoquer, sans le penser vraiment. Ça me paraissait exagéré. Sur le moment, il ne m'a pas répondu. Comme s'il ne voulait pas s'étendre sur le sujet devant d'autres personnes. Et surtout pas devant des hauts responsables de la Firme. Mais en sortant de la réunion, il m'a fait comprendre qu'il me recontacterait. Ou m'enverrait un message.

– Et ce message…

Alessandra ne le laissa pas finir sa phrase.

– Il a tenté de me joindre sans laisser de message. Je l'ai loupé. Et maintenant il est mort… Je m'en veux tellement.

Sa voix s'était brisée, muée en une complainte aiguë.

Quentin voulut abaisser la tension. La partie haute du sablier était aux trois quarts vide. Dix bonnes minutes s'étaient écoulées. Il s'inclina, tendit le bras pour saisir la louche dans le seau et verser de l'eau sur les braises. La température monta illico. Le thermomètre indiquait 75°, 80. La bouffée enveloppante de chaleur sèche piquait les yeux et la peau.

Soudain, la lumière baissa, de l'autre côté de la porte vitrée de l'espace sauna. À peine quelques secondes plus tard, la pénombre s'épaissit encore un peu plus, dans la cabine comme dans le salon. Puis, d'un coup, l'obscurité fut totale.

15

Courchevel.

Le visage de la jeune femme s'était décomposé. Elle se précipita sur la porte de la cabine, prise de panique.

– On va mourir étouffés !

– Alessandra, c'est juste une panne, lança Quentin. Pas de panique.

Haletante, elle chercha fébrilement, à tâtons, la poignée. Tapa du plat de la main dans le vide, à plusieurs reprises. La trouvant enfin, elle appuya dessus avec vigueur, manquant de l'arracher.

La porte s'ouvrit. Elle se rua au-dehors.

Quentin, qui avait eu la présence d'esprit de reverser de l'eau, en tâtonnant, sur le brasero afin de profiter du rougeoiement des braises pour s'éclairer, regarda, interdit, son amie.

– Calme-toi, je t'en conjure. Tu vois, tout va bien. Il n'y a personne.

Il s'orienta en longeant des doigts le mur, buta sur un des fauteuils du salon où ils avaient laissé leurs affaires. Il récupéra son peignoir posé sur un accoudoir, trouva la poche d'où il sortit son téléphone portable. Alluma la fonction lampe, balaya de son écran la pièce dans tous les sens. Il leva le bras.

– Là, regarde : les spots plafonniers ont grillé. Tous, l'un après l'autre. Ça doit être un court-circuit.

Il affecta de prendre les choses à la légère.

– Franchement, pour un hôtel cinq étoiles, ça la fout mal.

Alessandra souffla.

– Heureusement que tu avais gardé ton portable. J'ai laissé le mien dans ma chambre. *Dio mio*, et s'ils l'avaient visitée en mon absence ?! Vite, il faut que je remonte.

Quentin posa ses mains sur ses épaules.

– Maintenant tu dois arrêter de te faire tout un film. Je te l'ai dit, il n'y avait personne, juste une panne. Je vais en toucher deux mots à la direction, d'ailleurs. Toi, tu vas prendre une bonne douche, te faire encore plus belle, et on se retrouve au dîner. Prêts à applaudir le grand discours de Manfred.

Il guida Alessandra vers la sortie de l'espace sauna. En quelques pas, toujours pieds nus et vêtus de leurs seuls maillots de bain, éclairés par la loupiote du smartphone, ils atteignirent la porte en verre et en bois. Une fois dans le corridor, Quentin repéra l'interrupteur, appuya. La lumière jaillit, salvatrice.

L'Italienne soupira, délivrée.

– Ouf, enfin... Quelle frayeur j'ai eue. Heureusement que tu étais là.

Elle passa son peignoir et chaussa ses claquettes molletonnées.

Quentin tira sur sa mèche et, front penché en avant, arrondit les épaules à la façon d'un boxeur sur le ring.

– Avec moi, tu ne risquais rien.

Pourtant, s'il n'en laissait rien paraître, lui aussi était troublé. Il lui avait semblé, quelques minutes plus tôt en cherchant son portable, que leurs affaires avaient été déplacées. Mais il ne pouvait pas en être certain. Et puis, si quelqu'un les avait fouillées, il aurait embarqué son téléphone. D'accord... sauf si l'éventuel « visiteur » s'était tout de suite rendu compte que ce n'était pas celui de l'Italienne. Et qu'il n'avait pas voulu éveiller les soupçons en subtilisant celui de Quentin.

Au fond, Alessandra n'était peut-être pas si parano...

* * *

Le dîner touchait à sa fin. Le moment fatidique du discours approchait. Les convives auraient pu se laisser griser par le cadre somptueux de la salle à manger, aux fenêtres en forme d'arcades gothiques. Griser aussi par la richesse des mets aux noms mystérieux ou évocateurs – caviar de la Maison Prunier, Balade transalpine, risotto de perle du Japon, crevette Obsiblue, Tomahawk de Bœuf Black Angus, extraction de sapin en gelée glacée au café... – et plus encore par la volupté des flacons de grands bordeaux, Château Beauregard et Château d'Yquem coulant à flots. Se laisser bercer doucement, enfin, par le crépitement du feu dans la haute cheminée.

Assis par tables de huit artistiquement décorées, se parlant en anglais pour fluidifier les échanges, tous veillaient à garder l'esprit vif. Ça restait un dîner de travail, pas un de ces repas festifs et prestigieux qui clôturaient, dans la tradition des grands cabinets, toute fin de mission. « Je pense avoir coché toutes les meilleures tables parisiennes », souffla à Quentin son voisin Robert Beard – mais les autres l'appelaient Bob –, un senior partner responsable du bureau de Hambourg, la cinquantaine bien entamée et légèrement enrobée.

Il n'était pas rare que l'addition, pour six à huit convives en général, dépasse les 3 000 euros. « Avec les Anglais, l'enveloppe budgétaire est du double : parce qu'ils ont l'habitude de tout casser dans le restaurant à la fin de leurs agapes, et que la Firme est bien obligée de rembourser les dégâts ». Quentin, qui connaissait cette réputation virile des Brits', ricana à la sortie de Bob.

À Courchevel, ce soir-là, le décor somptueux ne devait pas induire en erreur : c'était un dîner de travail. L'apogée d'un séminaire stratégique.

Le Français se pencha vers son voisin.

– Tu le connais bien, toi, Manfred ?

– Ah oui, répondit-il avec entrain. Avec lui, c'est du sérieux, ha ha. Je l'ai connu en Chine, où nous avons travaillé ensemble il y a une douzaine d'années, et suis toujours resté dans sa roue depuis. C'était mon chef de projet. On devait restructurer une entreprise sidérurgique d'État de 450 000 employés. À l'époque, les Chinois produisaient trois fois plus d'acier qu'on en consommait dans le monde entier. Impossible d'écouler tous ces stocks, le pays croulait sous le métal. Il a fallu tailler dans le vif, sabrer pas loin de 100 000 postes.

– Ouuchh... Ça n'a pas dû être facile à vendre aux patrons de l'usine, comme solution.

– Notre vrai interlocuteur, ce n'étaient pas eux, mais le secrétaire général du Parti communiste de la province, un certain Lu quelque chose... Un coco à la sauce Mao : il nous avait raconté, sans le moindre état d'âme, que pendant la Révolution culturelle, alors étudiant, il avait dénoncé ses propres parents au Parti. Suspects d'embourgeoisement. Les malheureux ont passé cinq ans en camp de rééducation !

– Charmant garçon... Vous avez dû vous faire recevoir quand vous lui avez présenté votre plan de réorganisation.

– Manfred a su le mettre dans sa poche. Il lui a montré comment on pouvait transformer les futurs chômeurs en micro-businessmen, pour en faire autant de sous-traitants de l'entreprise d'État. Et ça a marché. Comme quoi, un Chinois peut être communiste et libéral en même temps. Depuis, Manfred et lui sont restés copains. Ça tombe bien, Lu est devenu, aujourd'hui, l'un des bras droits de Xi Jinping, à Pékin.

Quentin émit un sifflement admiratif.

– Ça, c'est du flair.

– Tu sais, des histoires de ce genre, ceux qui sont ici en ont vécues aussi. Ils pourraient t'en raconter. On a tous bossé avec Manfred. Et lui-même a constamment suivi, et encouragé, nos parcours. On a grandi ensemble dans la Firme. Même si pour ce qui me concerne, j'ai plus d'ancienneté que lui.

Quentin avait bien remarqué que Bob faisait plus âgé que les autres convives mais n'avait pas osé aborder le sujet. Il saisit l'opportunité.

– Tu es entré chez O'Kelney avant lui ? C'était à quelle époque ?

L'intéressé eut un sourire énigmatique, et se tourna vers l'oreille de son voisin comme pour lui faire une confidence.

– C'est une longue histoire... mais ici nous sommes entre partenaires de confiance. Déjà, Bob, ce n'est pas très allemand... Et tu as remarqué mon accent américain très Midwest. Je vis depuis longtemps en Europe, mais je suis originaire de Cleveland (Ohio). À la fin de mes études à l'université de Chicago, j'ai été recruté sur le campus par la CIA.

– La CIA ! Tu as été espion ?

– Huumm. Disons que j'ai passé quatre années passionnantes à Langley, essentiellement comme analyste mais aussi dans d'autres activités... à propos desquelles je ne vais pas m'étendre. Et puis, la Centrale a soudain réduit la voilure, licencié des agents par centaines. J'étais dans la charrette. La guerre froide était terminée, l'heure était à la fin de l'Histoire, théorisée par Fukuyama... L'Amérique pensait ne plus avoir besoin de consacrer autant de millions de dollars pour des cerveaux chargés de découvrir et comprendre ce qui se tramait un peu partout dans le monde.

Bob plissa le coin des lèvres, amer.

– Moins d'un an plus tard, c'était le 11 septembre 2001...

L'Américain se tut. Les images des Twin Towers défilaient derrière ses paupières closes.

– Satanés politiciens, ils ne pensaient qu'à faire des économies sur le dos de l'État fédéral pour se faire réélire, gronda-t-il sourdement. Je les aurais tous envoyés en prison !

Sa virulence surprit Quentin.

Après son renvoi de Langley, Bob avait rejoint une agence de conseil stratégique et d'intelligence économique – espionnage industriel, en clair – créée par des anciens de la CIA. Elle prospérait en vendant (très) cher ses services à des multinationales et à certains gouvernements... dont la Maison Blanche ! Ladite agence avait elle-même été bientôt rachetée, avec tout son personnel si spécial, par O'Kelney.

– Et voilà comment je me suis retrouvé en Chine, avec Manfred. Allez, je peux bien te le confier, mes compétences acquises à Langley ont été bien utiles lorsqu'il s'est agi de convaincre le fameux Lu que notre proposition était la meilleure.

Il saisit sa coupe de champagne et proposa à Quentin de trinquer :

– À notre assemblée… et à Manfred !

Leur voisine de table, Cécile Spaak, directrice associée du bureau de Bruxelles, se joignit à la conversation.

– Oui, on peut dire que nous formons sa garde rapprochée. Avec lui, jusqu'au sommet… C'est le cas de le dire, à Courchevel !

Elle rit de sa propre plaisanterie, couvrant un sourire à la blancheur aussi éclatante qu'artificielle d'une main ornée de bagues de prestigieux joailliers.

Sa formule avait fait tilt à l'oreille de Quentin. Il fallait qu'il en sache plus.

– Garde rapprochée ? Vous vous réunissez souvent ainsi ?

– Assez régulièrement, oui. Attention, hein, c'est une façon de parler, nous ne sommes pas un État dans l'État. Ni une secte. Mais Manfred est inspirant, c'est un peu notre buddy, notre mentor à nous tous, ici, qui travaillons dans la *practice* secteur public. C'est lui qui nous a recommandé de nous spécialiser dans cette branche.

La confession laissa Quentin perplexe. Il réalisait que tous les participants avaient un lien fort avec l'hôte d'honneur. Sauf lui. Nul doute que Vikas avait dû user de son influence pour le faire admettre dans un tel cénacle. Il se faisait l'impression d'avoir été surclassé : « admis en first avec un billet de seconde », songea-t-il drôlement. Autant en profiter à fond.

Il voulut s'en ouvrir à Bob. Mais n'en eut pas le temps.

Car, à cet instant, Vikas Banerjee, assis à la droite du directeur général Europe, à la table des puissants parmi les puissants, fit tinter l'argent de son couteau contre le pied de son verre en cristal. Un silence religieux figea aussitôt la salle.

Manfred von Richter se leva, déployant son aristocratique mètre quatre-vingt-dix. Ses cheveux blond cendré retenus en arrière en catogan ne parvenaient pas à adoucir son allure. Le regard gris acier pénétrant, la mâchoire carrée soulignant un visage anguleux, des mains expressives, plus larges que la moyenne, la quarantaine soignée et sportive, l'homme impressionnait et séduisait en même temps. Quand Vikas avait fait les présentations entre le big boss et le jeune partner, plus tôt dans la journée, Quentin avait songé à une formule fameuse du président Mitterrand pour décrire la Dame de fer anglaise, Margaret Thatcher : « La bouche de Marylin, le regard de Caligula. » À la firme, les consultants lui avaient trouvé un surnom approprié : Big M.

16

Courchevel.

Manfred s'était placé au centre de la salle à manger, ignorant le pupitre qui avait été dressé à côté de la table d'honneur. Droit dans son costume noir, en laine et mohair, taillé sur mesure chez Gieves & Hawkes, l'un des plus prestigieux tailleurs de Savile Row[1], assorti à une chemise blanche confectionnée à la même enseigne, mais sans boutons de manchette, Manfred Von Richter soignait son apparence jusque dans les moindres détails. Sa seule concession vestimentaire à l'air du temps se portait sur ses chaussures, une paire de sneakers grisés. Mais des Heschung, un fabricant alsacien de père en fils. Big M portait en outre une oreillette, un minuscule micro était accroché au revers de sa veste.

Le patron d'O'Kelney ne s'embarrassa pas de préliminaires.

– Vous êtes réunis ici parce que vous êtes les meilleurs. NOUS sommes les meilleurs. Un journaliste de Londres, croyant nous atteindre de sa flèche perfide, a récemment écrit à notre propos : *Si Dieu voulait refaire le monde, il appellerait O'Kelney à la rescousse.* S'il savait… Ce n'est pas une galéjade, mais la pure vérité. Et j'oserais ajouter ceci : *Après avoir appliqué nos recommandations et en avoir apprécié l'impact, Dieu aurait doublé nos honoraires !*

L'assemblée s'esclaffa. Jetant un coup d'œil à la table en face de la sienne, où avait été placée Alessandra, Quentin constata qu'elle seule était restée de marbre. Il aurait aimé prendre sa main dans la sienne.

1. Rue des tailleurs de l'aristocratie et du monde des affaires à Londres.

Manfred, paupières mi-closes et front levé vers le lustre de cristal, inattendu en environnement montagnard, fit un geste du bras, comme pour balayer ces vicissitudes.

– Il en a coulé de la littérature sur notre compte, et il en coulera encore, chargée en exagérations, mensonges ou fantasmes. Tout cela ne masque au fond qu'un sentiment hélas trop partagé dans ce monde si médiocre : l'envie. L'envie à l'égard de notre réussite. Une réussite à l'épreuve du temps. Et puisque nos contempteurs au petit pied nous mettent en scène avec Dieu, permettez-moi de filer la métaphore.

« Il ne va pas jouer les gourous, quand même », s'inquiéta tout bas Quentin.

– Si Dieu a créé le monde, O'Kelney crée de la valeur. Telle est la mission que nous remplissons depuis bientôt cent ans. Un siècle ! Les plus grandes entreprises mondiales sont, ou ont été un jour, nos clientes. Quant aux autres, si elles veulent accéder au cercle des géants, elles le seront bientôt. Partout où nous avons déployé nos équipes, dans ces milliers de bureaux et d'usines à travers le monde entier, l'amélioration a été – disons-le sans fausse modestie – spectaculaire. Le gain est mesurable, c'est ce qui fonde notre engagement.

« Où veut-il en venir ? », se demandait Quentin.

Von Richter faisait quelques pas en avant ou en arrière, portant la main à son micro-veste, tournant le buste en direction des tablées faisant cercle autour de lui.

Tout en déambulant, il adressait des clins d'œil ou des sourires complices à tel ou tel convive. Passant derrière Felipe, le partner de Barcelone avec qui Quentin avait fait le trajet en voiture depuis Genève, il lui posa la main sur l'épaule. L'heureux élu afficha une mine ravie. « Jésus l'aurait touché qu'il n'aurait pas eu l'air plus extatique », s'amusa Quentin.

Big M poursuivit.

– Vous êtes-vous jamais posé cette question : Nous qui sommes capables de transformer, de transcender, toutes les entreprises, pourquoi ne ferions-nous pas la même chose pour… l'humanité ?

Il stoppa net son discours. La salle retenait sa respiration. Ce silence prolongé était aussi une façon d'affirmer son pouvoir. Il joignit ses mains comme pour une prière. Son visage s'était tendu. Il reprit d'une voix lente, articulant chaque mot. Un soupçon d'accent germanique durcissait son propos.

– Nous sommes entre nous. Je vous ai vus évoluer au sein de la Firme, agir auprès de nos clients. Ou plutôt les servir, puisque c'est ainsi que nous disons. Nous leur proposons les bonnes solutions pour résoudre leurs problèmes, réussir leurs transformations, atteindre leurs objectifs. Mais nous nous effaçons au moment de prendre la décision, et nous en sommes fiers. Car c'est l'essence même de notre métier : nous conseillons, ils décident. Il en va de même que ce client soit une société privée ou une institution publique : nous jouons avec les cartes qu'on nous donne. Nous ne créons pas les règles. Ce n'est pas notre rôle. Notre rôle, c'est de mettre le client sur la meilleure trajectoire, la plus profitable, la plus durable. Mais est-ce que c'est nous qui dessinons l'environnement dans lequel vont se battre les entreprises ? Sommes-nous les architectes de la société ? De nos sociétés, devrais-je préciser, puisque O'Kelney est présent partout ?

La salle répondit en chœur :

– Non !

– Trop souvent, j'entends les pires accusations à notre encontre. O'Kelney serait responsable des délocalisations qui jettent des dizaines de milliers de travailleurs à la rue, dans nos vieux pays. Responsable, aussi, de l'aggravation des inégalités salariales, pour la simple raison que nous recommandons à nos sociétés clientes de bien rémunérer les talents, si elles veulent les attirer et les garder. Responsable, encore, de la fermeture de bureaux de poste ou de maternités dans les zones désertées. Et pourquoi ? Parce que nous avons mené des missions de rationalisation des choix budgétaires auprès des pouvoirs publics.

Mais, je vous le demande…

Big M s'arrêta pour reprendre son souffle, la veine de son cou gonflait sur le col de sa chemise à 1 500 livres.

– Oui, je vous le demande : qui a institué les règles du jeu faisant que les entreprises gagneront plus d'argent en s'implantant ailleurs ? Nous, ou les politiques ? Qui a voté des lois portant le coût brut d'une heure de travail d'un ouvrier à 35 euros en France, contre 15 euros en Roumanie, et seulement 4 euros au Maroc ? Nous, ou le Parlement ? Qui a décrété que les délocalisations, c'est le mal ? Les citoyens ? Pourtant, les consommateurs votent chaque jour le contraire, en achetant les produits fabriqués moins cher à l'étranger.

De nouveau une pause.

Il tourna sur lui-même, mains écartées, soignant son effet. Cette gestuelle, avec sa haute taille et son long cou, évoqua à Quentin l'image d'un aigle juché au haut d'un pic, toisant de son regard et de son bec acéré d'improbables intrus.

Le jeune consultant hésitait sur les sentiments qu'il lui inspirait. « Impressionnant, ce type, mais un peu refroidissant. »

Et ce drôle de surnom, Big M. Le top manager n'avait pourtant rien de la rondeur gouleyante du célèbre burger… en plus, ç'aurait été bien trop trivial pour la Firme. Big Brother ? Trop complotiste. Et la science-fiction n'était pas vraiment le style du cabinet. Ou alors, c'était en référence aux Big Four, ainsi que l'on désignait le quatuor des plus puissants cabinets de conseil. Trop simple. Ou encore, plus impressionnant, une allusion aux Big Five, les grands animaux régnant sur la savane africaine. De fait, Manfred avait tout d'un grand fauve.

À moins que… Il s'ouvrit tout bas à son voisin du trait qui lui traversait soudain l'esprit.

– Big M, dis donc… M, ce ne serait pas pour Machiavel ?

La légende noire du Florentin, conseiller des princes, marionnettiste tirant les ficelles du théâtre politique où gigotaient puissants et courtisans, avait traversé les siècles. Le maître ès manipulations.

Bob plissa les coins des lèvres.

– Machiavel, hummm… tu es bien romanesque. À toi de te faire ton idée, souffla-t-il, mystérieux.

Comme s'il avait lu dans les pensées du Français, Big M changea de registre. Abandonnant son ton de tribun, il s'adressa avec une douceur inédite à l'assistance.

– Maintenant, c'est vous que je voudrais entendre. O'Kelney menace la démocratie, vraiment ? Vous croyez ?

L'atmosphère se détendit. Les convives se testaient du regard : qui allait prendre la parole en premier ?

À la table de Quentin, Cécile se lança.

– Bien sûr que non, nous ne menaçons personne. Qui d'entre nous aurait la prétention de se substituer au pouvoir politique en disant : vos règles ne sont pas bonnes, on sait mieux que vous ce qu'il faut faire et on va tout changer ? Personne, allons. Ce serait le contraire de notre ADN.

Peter, un rouquin baraqué qui dirigeait le bureau de Copenhague, se dressa, agitant sa fourchette qu'il avait gardée dans la main.

– Bien d'accord, tout ce que nous pouvons leur dire, c'est : changez les règles, et on vous proposera d'autres solutions pour optimiser votre action.

Manfred le fixa. Il parut se plonger dans une profonde réflexion. Puis reprit lentement la parole.

– Tu as prononcé les mots justes : changer les règles. Et puisque nous ne pouvons pas le faire nous-mêmes, à la place des politiques, nous pouvons du moins les inspirer. C'est même notre devoir : nous en avons la légitimité. Ne le pensez-vous pas ?

Quentin perçut un léger flottement dans l'assistance. Les convives échangeaient des regards, chacun guettant la réaction de l'autre. Big M ne poussait-il pas le bouchon un peu loin ? L'éthique O'Kelney, forgée au long d'une centaine d'années, était de servir le client, pas de lui tordre le bras. Piétiner cette doxa, ce serait prendre le risque de ruiner la réputation et l'autorité de la Firme. Qu'un ponte de la Firme tînt un tel discours était inattendu. Big M jouait gros.

Il sentit qu'il devait rassurer ses troupes.

– Mes amis, ne vous méprenez pas. Je ne vous demande pas de vous installer sur le siège du conducteur, de devenir calife à la place du calife. Je vous propose de souffler à l'oreille des chefs d'État les changements nécessaires. Et, je vous le redis : ne sommes-nous pas les plus légitimes pour cela ?

Cette fois, la réaction fut nette et unanime.

– Si, si, nous sommes légitimes. Nous le prouvons chaque jour, partout dans le monde !

L'orateur afficha un sourire carnassier.

– Mes chers amis, vous êtes les meilleurs spécialistes du secteur public, vous avez réussi à transformer la société dans chacun de vos projets. La modernisation de la sécurité sociale en Grande-Bretagne ? C'est O'Kelney qui l'a menée. La mise en place de l'assurance-maladie Obama Care aux États-Unis ? O'Kelney. Le passage d'un système collectiviste sclérosé à une économie libérale efficace dans les ex-pays du bloc soviétique ? O'Kelney encore. La campagne de vaccination anti-Covid dans la moitié des pays occidentaux ? O'Kelney. Je pourrais citer encore des dizaines, que dis-je, des centaines d'exemples où, sans notre expertise, les citoyens attendraient encore des réformes vitales. Coincés entre l'inertie de l'administration et l'impéritie des politiques. Heureusement pour eux, nous étions là, nous avons rempli notre mission.

La salle l'applaudit vivement.

– Nous étions là ! Et nous devons l'être encore plus demain !

Il leva les mains jointes au-dessus de sa tête.

– Plus encore demain, oui. Tel doit être notre objectif. Jusqu'ici, si nous avons accompli toutes ces tâches, c'est à la demande expresse des autorités publiques. Hélas, nous le constatons ensemble, celles-ci ne sont pas toujours au rendez-vous, pas toujours à la hauteur.

Un murmure de connivence parcourut l'assemblée. De nouveau, la fourchette de Peter s'agita. Quentin crut voir des miettes de vol-au-vent fendre l'air devant lui.

– C'est clair, il faudrait les pousser. On pourrait faire tellement mieux.

– Exact, Peter, rétorqua Manfred. À une nuance près : il FAUT faire tellement mieux. Il y a urgence. Notre pauvre planète s'enfonce dans ses problèmes : réchauffement climatique, bombe démographique, épuisement des ressources, explosion des inégalités, déstabilisantes pour nos sociétés, et j'en passe. Nous n'avons plus le temps d'attendre, il faut agir. Maintenant, pas demain. Or, qui mieux que nous connaît les solutions, détient les bonnes pratiques pour les mettre en œuvre ?

– Personne. O'Kelney est la solution !

Big M savoura ces mots enchanteurs. Il avait réussi à amener tous ces brillants cerveaux au point précis où il le souhaitait.

Son ton se fit doucereux. Il chuchota presque, captant tour à tour les regards des participants.

– Mes chers amis, l'instant est solennel. Ce soir, à Courchevel, je vous propose un pacte. Ensemble, nous réfléchissons et nous déterminons les politiques les meilleures, et les plus urgentes, à mettre en œuvre. Ensemble, nous évaluons les chances d'y parvenir, avec nos partenaires gouvernementaux. Si ces chances nous apparaissent trop maigres, alors il nous appartiendra de voir comment surmonter les obstacles. Comment agir. Entre nous, j'ai bien quelques idées sur les moyens d'y arriver. Mais j'attends aussi vos idées, à vous tous. Nous devons mettre nos compétences au service d'un monde qui tourne mieux. Voilà notre pacte de Courchevel. Réfléchissez-y : pour qu'il marche, j'ai besoin de votre adhésion.

Un long silence accueillit la fin du discours. Puis quelques applaudissements se firent entendre, d'abord timides. Clap-clap-clap. D'autres suivirent, plus francs. Enfin, toutes les paires de mains se joignirent au concert. La petite armée de consultants se leva pour une standing ovation.

Quentin était interdit et fasciné tout à la fois par ce qu'il entendait. Son esprit bouillonnait. Big M avait touché juste. Il se sentait lui aussi emporté par le charisme de son boss. « Il a quelque chose de Michael Corleone, il a des couilles et n'a pas peur de penser *out of the box* », s'enthousiasma-t-il. Manfred avait réussi à persuader Quentin que lui aussi, à son niveau, il pouvait changer la donne. Aider l'humanité.

Il profita de cette agitation pour aller retrouver Alessandra. Le visage de l'Italienne était plus pâle que la nappe immaculée.

– Tu as compris comme moi ce qu'il a voulu dire ? interrogea-t-elle.

– Je crois, oui, répliqua Quentin, confiant. Nous ne devons plus nous cantonner au rôle de stricts conseillers, mais devenir en quelque sorte des codécideurs. Que nos solutions soient vraiment mises en œuvre.

La jeune femme plongea son regard dans le sien et serra son avant-bras avec force. Elle crispait ses doigts comme si elle voulait le broyer.

– Codécideurs ? Le mot est faible. Ne sois pas naïf. Il exige bien plus. Enfin, tu as entendu aussi bien que moi. Ce qu'il veut, c'est que nous prenions le contrôle du cerveau des chefs d'État.

– Franchement, tu exagères. Il met le doigt sur des failles réelles. Moi-même, en bossant sur la campagne d'Amélie Pasteur, je vois bien qu'il existe un décalage énorme entre ce qu'on devrait faire dans l'idéal, et ce qu'on peut raisonnablement espérer faire une fois au pouvoir. Un ancien président de la République a récemment confié qu'à ses yeux, les grands leaders du monde actuel ont pour noms Poutine, Xi Jinping ou Mohammed Ben Salman. Parce que, eux, ils ont le temps d'agir.

– La Chine, la Russie ou l'Arabie saoudite. C'est ça, le modèle ? Eh bien, tu es mûr pour faire un bon petit soldat de Big M…

Alessandra jeta un regard angoissé autour d'elle, puis se pencha pour murmurer à l'oreille de Quentin.

– Il est complètement mégalo. Son projet, c'est de diriger le monde.

17

Région parisienne, banlieue nord.

– Toi, tu te trouves un tabouret en coulisse, bien planqué derrière les perches des caméras, et tu ne bouges pas une oreille jusqu'au générique de fin ! Compris ?

Le ton de Tonio était sec. Et la consigne sans appel. Quentin fulmina. Au guidon de sa Ducati, il était arrivé dans l'après-midi, tout excité, avec deux bonnes heures d'avance, à la Plaine Saint-Denis. Cette ancienne zone industrielle délaissée de sept hectares, aux portes de Paris, avait été transformée en Hollywood de la télévision française. Les immenses entrepôts et usines hors d'âge avaient laissé place à une bonne cinquantaine de studios dotés des équipements les plus modernes. Dans l'un des plus spacieux, près d'une centaine de techniciens, décorateurs, accessoiristes, régisseurs et autres petites mains s'affairaient dans tous les sens. Prêts à accueillir un des évènements politiques phare de la fin de campagne, à 21 heures pétantes sur TF1.

Ce grand débat entre les onze candidats au premier tour de la présidentielle, Quentin en rêvait – en faisait parfois aussi des cauchemars – depuis des semaines. L'occasion de tester en direct live, dans l'arène, les propositions de sa candidate, Amélie Pasteur, qu'il avait affûtées avec son équipe de consultants. Tout particulièrement l'une d'entre elles, qui n'avait pas encore filtré dans la presse et dont il était certain qu'elle ferait la différence.

Quentin tenta d'infléchir le directeur de campagne. Il pointa l'index vers les tribunes d'un blanc lumineux, qui bordaient chaque côté du plateau.

– Écoute, Tonio. J'ai besoin d'être assis parmi le public, pour sentir sa réaction au moment où Amélie abattra sa carte maîtresse.

– Pour qu'un petit malin te reconnaisse à l'écran, quand le réal fera un zoom sur les gradins, et qu'il balance sur X ou Instagram une capture d'écran avec ta tronche et ton nom ? Je vois d'ici la légende : Mesdames, Messieurs, on vous présente le brillant consultant O'Kelney qui murmure à l'oreille d'Amélie Pasteur, soi-disant candidate de la France qui travaille ! Chouette, la belle polémique à huit jours du vote... Non, merci. Allez, installe-toi en backstage, et concentre-toi plutôt sur les points faibles de nos adversaires. Surtout Madame facho, on aura encore besoin de biscuits pour la contrer au second tour. Ah, et puis aussi, évite de parler aux gens des équipes concurrentes. Ça grouille d'oreilles indiscrètes, ici.

Quentin éprouva une envie furieuse d'envoyer son poing dans la face de son interlocuteur. Ou de soulever son éternel bonnet pour lui écraser un œuf cru sur le crâne – on devait bien en trouver dans ces studios où l'on tournait toutes sortes d'émissions. Mais il dut reconnaître qu'il n'avait pas tort. Il admirait le professionnalisme du conseiller. Soucieux du plus petit détail. Ne l'avait-il pas vu, lors de la préparation du débat avec les responsables de la chaîne, exiger des pupitres opaques plutôt que transparents ? « Parce que je ne veux pas de gros plans sur les jambes, si ma candidate décide de venir en jupe », avait-il argumenté.

Tonio lui donna une tape du coude.

– Allez, si tu es sage, je te dégotterai une oreillette, que tu puisses suivre les échanges entre la régie et les journalistes qui animent le débat.

– Une oreillette ! Merci, Monsieur couteau suisse, vous êtes trop bon.

Peu avant 20 h, les candidats commencèrent à arriver sur zone, happés par les flashs des photographes et les micros des reporters. D'abord les « petits », l'air trop heureux de jouer dans la cour des grands, soulagés d'avoir passé le cap des 500 000 signatures indispensables pour pouvoir se présenter. Puis les ténors, comme à la montée des marches au festival de Cannes. Descendant de gros SUV noir aux vitres teintées pour Marianne Le Quintrec, la championne de « Notre Patrie », le mouvement d'extrême droite, comme pour Charles Brissaud, ancien Premier ministre de Cardignac, qui portait les couleurs du parti présidentiel. Ou d'une sobre citadine Peugeot pour Amélie Pasteur, qui était guettée par les médias maintenant que ses bons sondages l'avaient hissée au rang de « challenger capable de jouer le titre » – selon une formule du Parisien.

D'autres, à commencer naturellement par la jeune écolo Delphine Tallandier, avaient opté pour la petite voiture électrique, qu'ils conduisaient eux-mêmes. José Laplace, candidat autoproclamé « du bon sens et des vraies gens », était venu exprès avec sa vieille Renault diesel, qui dégageait un nuage de fumée noire. Histoire de montrer, expliqua aux journalistes ravis ce picaresque député septuagénaire, qu'avec lui à l'Élysée, « on arrêterait d'emmerder les Français avec des mesures sorties de la tête de bobos parisiens ».

Six autres prétendants complétaient le casting. La droite républicaine, qui n'avait plus accédé à un second tour de la présidentielle depuis quinze ans, jouait son va-tout avec Thierry Gerfaut, un quadra qui gérait d'une main ferme la grande ville du sud dont il était maire. Un souverainiste, l'ex-éditorialiste Eric Mistral, marchait sur les plates-bandes de Marianne Le Quintrec, en plus cultivé et encore plus extrémiste.

Outre la verte Tallandier, trois autres candidats se disputaient les suffrages de la gauche, plombée une fois de plus par ses divisions intestines. La socialiste Carole Delmard, fringante présidente de la grande région Aquitaine, espérait sortir son vieux parti de l'ornière. Le remuant communiste Damien Cadet, qui draguait des publics aussi inattendus pour le PCF que les chasseurs ou les paysans, semblait être là surtout pour emmerder ses « amis » à gauche. Quant à l'inoxydable tribun Jean-Jacques Chastagnon, chef de La France populaire, qui avait frôlé à deux reprises la qualification au second tour, il paraissait tout simplement incapable, à 75 ans passés, de raccrocher les gants.

L'extrême gauche, comme à chaque fois, était représentée dans la course. Cédric Marot, ouvrier syndicaliste à l'usine Toyota de Valenciennes, était le candidat du parti trotskiste « Rouge, vraiment ! ». Que la France fût probablement le dernier pays occidental où subsistait l'idéologie trotskiste, assez vivace pour produire tous les cinq ans un voire deux candidats à l'Élysée portant ce label, étonnait toujours Quentin.

Le top départ du débat approchait.

Dans sa loge, la candidate d'« En-avant la France » tirait nerveusement sur sa vapoteuse. Triturait les fiches que lui avaient préparées ses conseillers, y jetait un coup d'œil, avant de les bazarder d'un geste.

Elle s'emporta.

– Marre de ce fatras ! Je connais tout ça par cœur.

Amélie Pasteur appréhendait ce débat comme son baptême du feu. D'accord, sa campagne tournait bien, ses meetings attiraient du monde – n'avait-elle pas rempli l'Arena Bercy le dimanche précédent ? –, ses propositions faisaient mouche auprès des médias, étaient soit démolies soit piquées par ses rivaux – « l'essentiel c'est qu'on en parle, qu'elles donnent le tempo des débats », la rassurait Tonio – et elle grignotait irrésistiblement des places dans les enquêtes d'opinion. Mais l'ex-syndicaliste restait la dernière venue en politique. Le perdreau de l'année dans ce cénacle de grands fauves. C'était la première fois qu'elle affrontait un tel grand oral, en direct devant les Français et au milieu de tous ses rivaux. Vu son positionnement atypique sur l'échiquier politique, elle redoutait de servir de cible commune à la droite et à la gauche.

Hormis la maquilleuse de la chaîne et sa coiffeuse personnelle – aux émoluments réglés par le mouvement et dûment stipulés dans les comptes de campagne – seuls Tonio et Pauline, l'attachée de presse, avaient été admis dans la loge.

Alors qu'elle plongeait pour la énième fois la main dans son sac, à la recherche de ses lunettes, de son portable ou d'elle ne savait trop quoi elle-même, le conseiller prit la parole.

– Ne te déconcentre pas, la qualification au second tour va se jouer dans un mouchoir de poche. Le moindre faux pas peut te faire perdre les quelques dixièmes de points nécessaires pour y arriver...

Voyant Amélie blêmir, tout sauf rassurée par ses propos, il reprit, avec son rire rentré caractéristique.

– Mais la bonne formule, qui tue le match, peut aussi te les faire gagner. Allez, sois toi-même. Ce que les électeurs apprécient chez toi, c'est ta fraîcheur et ta sincérité. Au début, laisse venir tes concurrents, ne renchéris pas sur leurs provocations. Souviens-toi, la colère de Ségolène Royal face à Sarkozy, au débat d'entre-deux-tours. Ça lui avait été fatal. Alors, comme on dit chez moi, ne va pas fâcher le crocodile avant de traverser le marigot. L'émission est longue, prends le temps de t'installer... et là, tu les mordras, les saigneras !

Amélie sourit. Gagné, elle reprenait confiance. Elle se demanda, toutefois, où pouvait bien se situer ce « chez moi » de Tonio, pour y trouver des marigots et des crocodiles...

* * *

L'émission démarra très fort. Mais pas dans le sens que craignait Amélie. Le tirage au sort avait désigné Cédric Marot pour lancer les hostilités, avec une minute trente pour chacun sur le thème de son choix. Cheveux en bataille, sweatshirt gris au col grand ouvert, son apparence tranchait sur les costumes-cravates et les classiques tailleurs de l'assemblée. L'air décidé à en découdre, jaugea depuis les coulisses Quentin. Il s'attendait à du piquant. Il n'allait pas être déçu.

– D'abord, moi, j'appelle les Français à chasser les corrompus. Quand je me tourne sur ma droite, et sur ma gauche, je vois sur ce plateau deux candidats qui ont piqué dans les caisses publiques. Monsieur Brissaud, il vient nous donner des leçons d'exemplarité, prétend nous imposer la rigueur et l'austérité, mais quand il était

Premier ministre il faisait payer par le contribuable un emploi fictif à sa femme à l'Assemblée nationale.

Brissaud, qui avait en effet été en délicatesse avec la justice avant de bénéficier d'un non-lieu, s'agita à son pupitre, maugréa.

– Eh oh, attention à ce que vous dites. Je vais vous coller un procès en diffamation, moi.

Le néo-révolutionnaire ne se laissa pas démonter.

– Ne me coupez pas dans mon temps de parole. Et, justement, parlons-en, des procès !

Il lâcha des mains son pupitre, se retourna vers le public. Les caméras suiveuses ne le lâchaient pas.

– Ces gens-là, vous comprenez, ils se croient au-dessus des lois. Quand ils sont convoqués par les juges, ils refusent d'obéir. Madame Le Quintrec, elle nous serine qu'elle va renverser le système. L'establishment, comme disait son fasciste de père. Sauf quand ça l'arrange. Parce que Madame s'abrite derrière son immunité parlementaire pour ne pas répondre aux convocations policières ! Il est bien pratique, là, le système.

– Ah là, pour le coup, c'est bien la première fois que vous défendez les policiers, ironisa l'interpellée. Dommage qu'aux dernières manifestations, vos camarades leur aient jeté des cocktails Molotov. Et vous-même, vous n'avez pas une enquête judiciaire sur le dos pour la séquestration de dirigeants de votre usine ?

– Moi, Madame, si je suis convoqué, j'irai me présenter. Pour nous, il n'existe pas d'immunité ouvrière !

Des applaudissements nourris fusèrent des gradins pour saluer cette punchline.

Amélie Pasteur, soulagée d'échapper à ce défouraillage en règle, ne put réprimer un sourire.

Dans l'oreillette, Quentin entendit la voix de Tonio.

– Quand tu mets des piranhas ensemble dans un bocal, forcément ça fait des bulles.

Encore une de ses maximes pêchées on ne sait d'où…

Inconfortablement juché sur un tabouret, caché dans le noir à la lisière du plateau, coincé entre un chariot de caméra et des câbles qui se balançaient sous son nez, régulièrement heurté par les coups d'épaule des cadreurs affairés à saisir les changements d'expression sur les visages des candidats, Quentin n'osait pas remuer. Il commençait à trouver le temps long. Presque une heure déjà passée et l'on n'était toujours pas entré dans le vif du sujet qui l'intéressait.

Après un long passage sur la sécurité, délicat pour sa candidate qui s'était fait taxer d'angélisme par sa sécurité, le thème de l'économie arriva enfin. Le point fort d'Amélie.

18

Studios TV de Saint-Denis.

Sur le plateau, l'effet blast avait marché.

– Vous pouvez répéter ? Vous avez bien dit que vous proposez de verser aux Français la somme de 5 000 euros ? Un cadeau tombé du ciel, comme ça... Mais comment financeriez-vous une mesure aussi coûteuse pour les finances publiques ? Distribuer une sorte de revenu universel, n'est-ce pas une vieille utopie que même la gauche – du moins celle de gouvernement, responsable – a abandonnée ?

Les deux journalistes qui arbitraient le débat étaient estomaqués.

– Ce n'est pas une utopie, c'est au contraire très réaliste.

Ses concurrents de droite, qui trouvaient là un terrain d'entente, se déchaînèrent.

– Vous avez raison, ce n'est pas utopique, c'est démagogique ! lança Gerfaut.

– Lamentable, indigne, vous essayez d'acheter les voix des électeurs ! accusa Le Quintrec.

– Encore un truc qui va coûter un pognon de dingue, alors que les caisses sont déjà vides, acheva Brissaud, reprenant la formule fameuse de son ancien patron, le président Cardignac.

La candidate répliqua vivement, pointant le dernier intervenant.

– Je trouve piquant de vous entendre parler de faillite de l'État, alors que c'est vous qui les avez vidées, les caisses, quand vous étiez à Matignon. Et vos successeurs ont poursuivi.

Reprenant un ton posé, elle déroula son argumentaire.

– Ce que je propose, c'est en même temps une mesure de justice sociale, parce que les classes moyennes en ont marre d'être toujours les plus sollicitées. Et c'est un gain assuré pour notre économie, car cette enveloppe va stimuler la consommation des ménages.

L'un des animateurs l'interrompit.

– Vous ne croyez pas que cela va surtout profiter aux importations, donc aggraver notre déficit commercial ?

– Objection rejetée, s'amusa Amélie Pasteur.

Avec l'équipe de Quentin, elle avait répété sa prestation, articulant les passages pour un propos à la fois fluide et rapide. Les conseillers lui avaient en effet expliqué que le temps d'attention des téléspectateurs atteignait péniblement une minute, une minute trente grand max. Au-delà, la tirade se perdait dans l'éther. Et encore, on parlait là des plus affûtés, ceux qui suivaient réellement un débat.

En mode pédago, elle expliqua le fléchage vers les producteurs nationaux pour l'utilisation de l'enveloppe, la relance de la consommation grâce au ciblage sur les foyers moyens, excluant les ménages à hauts revenus, les vertus d'un versement en deux enveloppes successives, l'impact positif sur la confiance renouvelée des citoyens-contribuables envers l'État... Grâce à ses années aux manettes d'un syndicat adepte de la cogestion, elle était à l'aise dans le maniement des chiffres.

« Avec ses mots, même la partie sur l'effet multiplicateur rapide sur l'économie est passée crème », apprécia Tonio en régie.

Sur le plateau, sa candidate concluait :

– Redonner du pouvoir d'achat, c'est redonner aux gens du pouvoir tout court.

La punchline était signée Kenza, la spécialiste de la Squad O'Kelney en formules chocs.

* * *

Depuis les coulisses, Quentin observait le public. Les réactions, aux regards échangés sur les gradins, lui semblèrent positives. Les critiques des adversaires n'avaient pas fait mouche. Il respira un bon coup. Bien sûr, il faudrait attendre les sondages post-débat pour mesurer l'effet réel, mais les choses se présentaient bien. En plus, le petit détachement O'Kelney avait préparé un dossier PowerPoint avec une batterie de questions et sous-questions, qui devait être présenté en conférence de presse dès le lendemain de l'émission.

Sous l'œil des caméras, les échanges se poursuivaient. À son tour, Marianne Le Quintrec frappait un grand coup avec sa proposition d'abaisser de 20 à 5,5 % la TVA sur les carburants, l'électricité, le gaz et le fioul domestique. Alors que l'écolo Delphine Tallandier fustigeait sa volonté de perpétuer « les énergies du Vieux Monde, fossile et nucléaire », la souverainiste lui cloua le bec.

– Il est urgent de rompre avec une politique énergétique dévoyée par votre terrorisme climatique !

Elle eut plus de mal à répliquer au strict Gerfaut, qui lui rappela, l'air d'un expert-comptable vissé à sa calculette, qu'une telle mesure coûterait 17 milliards par an à l'État. Du coup, elle passa vite à son plan pour les jeunes, avec une exemption d'impôt sur le revenu pour les moins de 30 ans.

– Tous ? demanda la journaliste.

– Tous, assura-t-elle.

Le sang du trotskiste Marot ne fit qu'un tour.

– L'apprenti sous-smicard traité comme le milliardaire du foot M'Bappé, c'est du joli. Belle conception du civisme.

Amélie Pasteur appuya le fer sur la plaie.

– Dire que vous m'accusiez d'achat de voix, lança-t-elle à Le Quintrec. C'est votre mesure qui le serait, et je peux vous dire qu'elle est de toute façon inconstitutionnelle : elle romprait l'égalité des citoyens devant l'impôt.

Dans la cabine, Tonio souleva les deux oreilles de son casque.

– Vous voyez qu'elle sait mordre, elle aussi.

* * *

Le temps de conclure était venu. Chaque candidat avait une dernière minute pour convaincre. Amélie regarda droit dans les yeux la caméra.

– Vous connaissez mon engagement de syndicaliste. J'ai acquis une conviction. Dans nos sociétés modernes, il est d'instaurer la semaine de quatre jours. On en parle depuis longtemps, mais personne n'a osé passer à l'acte. Je le ferai. Ces quatre jours, à condition que l'organisation – l'intendance, comme on dit – suive, seront tout aussi productifs que cinq jours. Ce sera un gain inestimable pour l'équilibre entre-temps de travail et temps personnel. Les salariés pourront plus facilement dégager du temps pour les corvées administratives, les rendez-vous médicaux, etc. Nous avons bien étudié les expérimentations en cours, au Royaume-Uni, en Belgique ou en Espagne. Les résultats montrent, entre autres bienfaits, que la charge mentale des travailleurs est allégée. C'est important, car le rapport au travail a beaucoup changé, spécialement chez les jeunes générations. La recherche d'équilibre, avec la qualité de la vie, la vie familiale notamment, est devenue primordiale. Je serai la présidente du « travailler mieux pour vivre mieux ».

La semaine de quatre jours. En entendant cela, Quentin avait failli s'étrangler de rage. Quelle idée à la con ! Ils allaient se mettre à dos le grand patronat. Et lui qui n'avait jamais compté ses heures ni ses jours depuis son entrée dans la Firme. Une blague courait d'ailleurs en interne. « O'Kelney, c'est la seule entreprise où il y a autant de gens au bureau en semaine que le week-end. » Et comme les autres, il avait toujours détesté l'idée de se retrouver « sur la plage », comme on désignait les consultants qui n'étaient pas staffés[1].

Pourquoi personne ne l'avait prévenu ? Tonio allait l'entendre.

Dès le générique lancé, il se fraya un chemin dans l'enchevêtrement de câbles, de projecteurs et d'accessoires en tout genre, jusqu'à la cabine de régie. Il alpagua Tonio, qui arborait, lui, un sourire satisfait :

1. Se dit des consultants momentanément sans mission.

– Je crois bien qu'avec les 5 000 euros, on tient notre « effet 35 h[2] », le genre de mesure qui fait la différence pour aller chercher la victoire sur un plateau d'argent. On te devra une fière chandelle.

– Merci, mais je ne peux pas en dire autant. Qu'est-ce que c'est que cette dinguerie des quatre jours ? Qui a soufflé cette idée à Amélie ?

Le conseiller politique prit son air roublard.

– Calmos, mon petit. Tu as encore beaucoup à apprendre en politique. Ce type d'annonce, ça fait plaisir à la classe ouvrière. Les derniers sondages montrent qu'on a encore des marges de progression sur l'électorat de gauche. Alors, crois-moi, ces électeurs, on va aller les chercher à la cuiller à escargot, comme disent les militaires.

Oui, Quentin avait sûrement beaucoup de choses à apprendre.

2. Les 35 heures, inventées par la « Dream team » du PS sous Lionel Jospin, sont réputées avoir contribué en bonne part à la victoire socialiste aux législatives de 1997.

19

Rome.

La lune se reflétait sur les pavés mouillés de la piazza Colonna. Une pluie fine aux gouttes piquantes de froid s'était déversée sans interruption, toute la journée, sur la Ville éternelle. En ce jeudi soir maussade, qui teintait de gris les nobles façades ocre des palais, la place était quasiment vide. Les touristes, déjà rares en avant-saison, avaient été découragés par ce temps d'hiver qui jouait les prolongations. Quant à la faune romaine des ministres et de leurs conseillers, des élus, des collaborateurs parlementaires et autres apparatchiks, qui s'affairait toute la journée dans ce quartier historique où se concentraient les principales institutions politiques de la République, elle avait déserté les lieux.

Tous devaient être rentrés chez eux passer une soirée tranquille en famille, songea avec envie Alessandra, qui contemplait la place depuis la fenêtre de son bureau du palazzo Chigi. À moins qu'ils ne soient occupés, dans les trattorias alentour ou dans des salles enfumées des sièges de leurs partis, à comploter, élaborer des stratégies et préparer le coup d'après.

Depuis qu'elle était revenue de son séminaire O'Kelney à Courchevel, la conseillère n'avait pas revu le Premier ministre, Paolo Streghi. Elle savait que la situation de ce dernier était plus menacée que jamais. L'épisode des colis macabres, des têtes de mort à leur effigie envoyée à chaque député de la majorité, pouvait bien sonner le glas de la fragile coalition de gouvernement. Il aurait fallu à Streghi un coup de génie, ou un miracle, pour réussir à se maintenir à la barre du pays. Mais les miracles, même à Rome, n'étaient pas du ressort des humains. Et pour ce qui était d'une idée géniale salvatrice, Alessandra n'était pas du tout sûre d'être prête à aider son patron.

Pas plus d'ailleurs qu'elle n'était disposée à aider la Firme. Elle était encore secouée par le discours final de Manfred von Richter à Courchevel. Le grand dessein qu'il avait esquissé dans son propos, avec des consultants qui prendraient carrément les commandes des nations en lieu et place des élus, à travers des dirigeants dociles qui leur obéiraient au doigt et à l'œil, était aux antipodes de l'idée qu'elle se faisait de son rôle, de son métier. Quentin lui avait, certes, conseillé de ne pas trop prendre cela au pied de la lettre. Il avait mis le lyrisme exalté de l'Autrichien sur le compte de l'ambiance propre aux séminaires, où l'on a tendance à s'échauffer les esprits dans un entre-soi de griserie.

Justement, c'était bien ce qui la gênait. Elle avait eu l'impression, au cours de cette grand-messe dans la station savoyarde, de se trouver en immersion dans une secte. Où les membres étaient hypnotisés par le gourou, abandonnant tout sens critique.

Les échanges qu'elle avait eus par la suite, en visioconférence, avec Giancarlo, le directeur général de O'Kelney à Milan, n'avaient rien arrangé.

– Nous comptons sur toi, Alessandra. Ton rôle est crucial, il est trop tôt pour que Streghi relâche la pression. Au contraire, il doit mettre le paquet, accélérer les réformes, couper les branches pourries qui sclérosent notre système économique. L'Europe nous surveille de près.

– Ce n'est pas raisonnable, les gens ont déjà du mal à supporter le rythme actuel, la société va craquer. Il faut entendre leur message. Nous avons besoin de plus de temps pour faire évoluer les esprits, changer les habitudes. Sinon on va dans le mur.

– Toi, tu écoutes trop les politiques, méfie-toi. Avec eux, ce n'est jamais le bon moment. Ces gens-là ont un organe plus développé que le commun des mortels : le trouillomètre. La trouille d'être chassés à la prochaine élection. Crois-moi, ce n'est pas le moment d'avoir des états d'âme. Sinon, on peut dire adieu aux milliards de Bruxelles. Fais en sorte que Streghi le comprenne bien, et agisse en conséquence. Allez, j'ai une autre réunion, je dois te laisser.

Sans donner à son interlocutrice le temps de réagir, Giancarlo avait coupé la communication.

Après cette conversation, Alessandra s'était fixé un délai de quelques jours pour décider de ce qu'elle allait faire : jouer les bons soldats et suivre les directives de la Firme ? Ou obtenir de toute urgence un entretien avec le Premier ministre pour avoir une discussion franche et lui faire reprendre les rênes ? Elle n'osait pas se projeter complètement sur la toute dernière solution qui commençait à s'esquisser dans son cerveau tourmenté : alerter les médias sur les risques d'explosion sociale que faisait courir à l'Italie la Firme...

Avant cela, elle avait besoin de trouver une preuve de ses accusations. Cette preuve existait, elle le sentait.

Et ce soir-là, dans son bureau, elle était déterminée à mettre la main dessus.

Elle retourna s'asseoir à sa table de travail. Le bâtiment était silencieux. Seuls restaient encore à cette heure avancée quelques appariteurs, ainsi que des officiers de sécurité, qui ne quitteraient le siège du gouvernement qu'une fois tous ses occupants partis. Encore resterait-il sur place, en permanence, une équipe réduite de surveillance. Cette pensée réconforta Alessandra.

Elle s'assit, mit un semblant d'ordre sur sa table encombrée de dossiers. La journée avait été chargée. Entre réunions, coups de fil et notes en retard, à rédiger ou à relire, elle s'était laissée emporter par le rythme et n'avait pas fait attention à l'heure qui tournait. Elle avait encore quelque chose à régler avant de s'en aller à son tour. Elle envoya un texto à son mari, Matteo, pour vérifier qu'il était bien rentré plus tôt à la maison, comme prévu. Sinon, elle allait encore devoir demander à la nounou de leur fille Chiara de faire des heures sup', ce qui la gênait. Même si elle savait la jeune fille dévouée, Alessandra avait l'impression de trop tirer sur la corde.

Ouf, Matteo était là. Il avait râlé un bon coup contre cette soirée fichue en l'air, une de plus, mais il finissait par avoir l'habitude, comme il le lui fit remarquer sur un ton de reproche.

Elle poussa sur le côté son ordinateur pro, alluma son appareil personnel. La photo de sa fillette de 3 ans, souriante dans le déguisement de reine des Glaces qu'elle avait reçu pour Noël, emplit l'écran. Elle ouvrit sa boîte courrier, marqua un temps d'arrêt : plus de trois cents messages non lus ! Comment s'y retrouver dans ce fatras ?

Elle fit défiler les mails, classant de côté ceux dont l'expéditeur ou l'intitulé justifiaient qu'elle prît le temps d'y répondre – ce qu'elle se promettait de faire, dès qu'elle le pourrait –, supprimant les autres par fournées entières. L'opération lui prit de longues minutes, car elle ne voulait surtout pas passer à côté d'un courriel important.

Ce qu'espérait débusquer Alessandra était bien précis : un message de Fred Parish. Malgré sa disparition, elle demeurait persuadée que l'informaticien lui en avait forcément laissé un. Le mystère entourant sa mort renforçait cette conviction. Peut-être avait-il expressément programmé son ordinateur pour qu'elle ne reçoive le message qu'après son décès. Comme dans un roman policier, sourit-elle amèrement.

Sa tâche achevée, elle dut pourtant se rendre à l'évidence. Il n'y avait rien. Désespérément rien.

Elle eut alors l'idée de farfouiller dans son courrier indésirable. Ce fut une avalanche de spams, innombrables.

Dans un soupir de découragement, elle reprit le défilement. Scruta les en-têtes des mails. La plupart ne lui disaient rien, provenaient d'organismes les plus divers arrosant les messageries, faisaient de la retape pour un évènement, un produit, un livre à sortir prochainement, etc.

En cas de doute, elle prenait soin d'ouvrir le courriel, d'en parcourir les premières lignes. Ce travail fastidieux commençait à lui faire perdre patience.

Tout à coup, son regard fut aimanté par une adresse : *f.fred@ fred.com.*

Son pouls s'accéléra. Fred Parish, il ne pouvait s'agir que de lui. Le signal qu'elle attendait.

Elle cliqua fébrilement sur son clavier.

Le message apparut.

Il se réduisait à un simple lien :

http://dreadytofatroptsdj6io7l3xptbet6onoyno2yv7jicoxknyazubrad. onion/

L'adresse URL d'un site Internet.

Rien d'autre, aucune explication, aucun commentaire. D'autant plus étrange que cette adresse ne lui disait rien. Et que l'extension, *. onion*, semblait saugrenue.

Cela ne la découragea pas. À l'évidence, elle découvrirait la suite sur le site que lui indiquait son ami disparu.

Sans hésiter, elle cliqua.

Elle frissonna en découvrant le message qui s'afficha : « Désolé, vous n'êtes pas autorisé à consulter ce site. »

Écrit en gros caractères rouges, dans un rectangle aux bords rouges également. Une icône « sens interdit » renforçait encore l'avertissement.

Cette fois, Alessandra était troublée. Qu'est-ce que cela signifiait ? Elle utilisait pourtant son ordinateur personnel, pas celui de la Firme, à la politique de sécurité extrêmement stricte, où le moindre mail suspect était filtré, recalé. Dépitée, elle déduisit que les pare-feu de son serveur privé étaient trop puissants.

Il devait malgré tout exister un moyen d'accéder au message posthume du Canadien. Elle se leva, se mit à arpenter son bureau de long en large, partagée entre la nervosité et la curiosité. Elle devait en être à son dixième aller-retour, de la porte à la fenêtre, quand la solution lui apparut. Du moins la piste à suivre pour y parvenir. Elle la formula tout haut.

– Fabrizio Romagna ! Je dois appeler Fabrizio. C'est un vrai geek, personne ne connaît Internet mieux que lui. Il saura me dire quoi faire.

Elle n'avait pas vu son copain de fac – l'institut Bocconi de Milan – depuis un bon bout de temps, mais leur complicité était de celles qui durent, au-delà des vicissitudes de la vie. Fabrizio, après avoir débuté au cabinet américain Bain, grand concurrent de O'Kelney, avait créé sa propre boîte de conseil, *Inventi !* (Invente) spécialisée en stratégie numérique et en IA.

Alessandra consulta sa montre. 22 h passées. « Pourvu qu'il réponde », implora-t-elle en faisant apparaître sa fiche contact sur son portable.

Fabrizio décrocha à la première sonnerie.

– Sandra ! *Che piacere !* Quel plaisir de t'entendre. Depuis tout ce temps.

Puis, finaud :

– Qu'est-ce que je peux faire pour toi ?

Son interlocutrice éprouva un soulagement intense. Elle lui exposa son problème, de la manière la plus concise possible. Elle ne pouvait naturellement pas en dire trop, utilisa comme prétexte de sa requête ses fonctions auprès du président du Conseil.

– Tu comprends, un citoyen anonyme m'a envoyé un message avec cette adresse. Il prétend avoir des informations vitales pour le gouvernement, en lien avec les menaces de la mafia contre les députés. Je me méfie, ça pourrait bien être un canular. Ou, pire, une manipulation. Mais on ne sait jamais, mieux vaut ne rien négliger.

Fabrizio l'approuva. Et commença par éclairer sa lanterne.

– Tu dois d'abord savoir que les noms de domaine web. *onion* sont spécifiques au dark web. L'Internet clandestin, si tu préfères.

À l'autre bout du fil, Alessandra se récria.

– Quoi ? Le dark web ? Mais c'est réservé aux criminels !

– Pas forcément, non. Bien sûr, la pègre et les trafiquants en tout genre y sont accros, à cause de l'anonymat quasi parfait garanti par ce système. Mais ces gens-là ont, hélas, bien d'autres moyens de commettre leurs méfaits. En revanche, le dark web peut aussi être très utile pour la démocratie.

– Comment cela ?

– Dans des régimes autoritaires comme la Chine, la Russie, l'Iran ou bien d'autres, il permet aux dissidents de s'organiser, en communiquant entre eux ou vers l'extérieur sur des forums secrets. Ou tout simplement de s'informer auprès de sources libres. Figure-toi que le *New York Times*, par exemple, a des sites accessibles uniquement par cette voie.

– Quel intérêt ?

– Si tu étais citoyenne chinoise, tu serais bien contente de pouvoir accéder à des articles de médias étrangers, indépendants, sans que les autorités soient au courant des sites que tu consultes, et à quelle fréquence. Mais chez nous aussi, en Europe, aux États-Unis, c'est une aide précieuse. Les lanceurs d'alerte contactent ainsi les rédactions des journaux, selon des codes et des procédures établies d'avance.

Alessandra avait hâte de retourner à sa propre quête.

– Justement, comment dois-je faire, moi, pour ouvrir ce message caché ?

Fabrizio prit un instant avant de répondre, comme s'il réfléchissait à la meilleure façon de procéder, à distance.

– Il faut un navigateur spécial, appelé Tor. Tu dois commencer par l'installer, sur ton ordi ou ton smartphone. Tes appareils persos, évidemment, mais ce n'est pas à toi que je vais apprendre cette règle élémentaire de prudence. Et, d'ailleurs, même si tu essayais, les machines de O'Kelney le rejetteraient automatiquement.

La consultante ne voulait pas brusquer son vieux camarade, mais elle aurait souhaité qu'il aille plus vite dans ses explications. Le temps pressait.

Fabrizio dut sentir qu'elle bouillait.

– Bon, écoute, pour aller plus vite, je vais t'envoyer directement une version de ce logiciel. Donne-moi ton adresse mail. Ça ne prendra qu'un instant, no stress…

À l'autre bout du fil, la jeune femme était au bord de la crise de nerfs. Elle se contint, il fallait qu'elle fasse confiance à son nouvel allié.

– Voilà, ça y est, tu peux télécharger Tor. Je te préviens, ce navigateur est plus lent que les autres, en raison de ses dispositifs de sécurité. Le principe, c'est qu'en l'utilisant pour aller sur un forum, échanger avec un autre internaute, on ne puisse pas retracer son IP, donc identifier ton ordi. Ta requête cheminera par une succession d'adresses, avant d'atteindre son véritable destinataire. Et chaque internaute ne peut identifier que la strate qui le précède. Ça marche comme une accumulation de couches, qu'on éplucherait une par une... D'où cette image de l'oignon.

– Mais c'est légal ? Je ne risque pas de me faire rattraper par la patrouille ? Dans ma position professionnelle, ce serait embarrassant.

– Disons que ce n'est pas illégal. Du moins, en démocratie. Mais ne t'en fais pas, personne ne te chopera. Et puis, ta motivation paraît légitime.

Ce disant, Alessandra avait lancé le téléchargement. L'ordinateur ramait un peu, mais cela progressait. La petite case affichant le pourcentage déjà chargé se noircissait de plus en plus. Au bout de longues minutes, qui lui parurent des heures, elle devint uniformément noire. Le navigateur sulfureux était installé.

La consultante en avisa son guide improvisé.

– Excellent ! Maintenant, tu peux rentrer dans le navigateur l'URL qu'on t'a envoyée, et le site apparaîtra. Mais les thèmes ne sont pas explicites. Ce serait trop facile. Non, il est probable que ton mystérieux expéditeur ait caché son message dans un forum quelconque. Son titre ne dira rien aux autres, en revanche, pour toi, il aura une signification. Il ne te reste plus qu'à chercher.

Alessandra soupira, résignée.

– Ma parole, c'est la quête du Graal, cette histoire. Je n'ai plus qu'à me lancer. J'espère au moins que le résultat en vaudra la peine.

Au fond d'elle-même, elle n'en doutait pas une seconde. Mais elle ne voulait pas attiser la curiosité de Fabrizio, qui avait cru à sa version initiale. Il serait toujours temps de lui en dire plus, le moment venu. Elle remercia chaleureusement son ex-condisciple.

– Trop heureux de t'avoir été utile. N'hésite surtout pas à me rappeler si tu as besoin de moi. Pour toi, je suis prêt à passer une nuit blanche.

Alessandra tapait déjà frénétiquement sur son clavier, faisant défiler les forums. On y trouvait de tout. Certains étaient consacrés au jardinage, d'autres aux collections de montres ou de vieux trains électriques, d'autres encore aux films d'horreur, ou, plus sérieusement, à des périodes historiques. Cet inventaire d'apparence si innocent aurait été comique si la réalité que recouvraient ces sites clandestins n'était pas, dans la plupart des cas, dramatique.

Elle faillit louper le forum fatidique. En effet, lorsqu'elle avait vu passer un « Marylin » comme en-tête, elle avait d'abord songé à l'actrice de légende. Avant de se raviser. Il n'était pas question ici de la vie et de l'œuvre de Marilyn Monroe. Mais bien du clin d'œil post-mortem que lui adressait Fred Parish.

Marylin, le nom de code du logiciel d'IA de O'Kelney.

YEEESSS ! Elle touchait au but.

Ses doigts couraient sur les touches. Cliquant sur « Marylin », elle accéda au fil de discussion. Il n'y figurait en tout et pour tout qu'un seul document. Au titre évocateur : « Une lumière dans la nuit ». Le doute n'était pas permis. C'était bien à elle, Alessandra, que le génial informaticien entendait transmettre son secret.

Elle ouvrit le document. Pour y découvrir un simple lien. « Quel jeu de piste infernal », s'énerva-t-elle. Elle s'empressa de suivre le lien. Il proposait de télécharger un dossier compressé – un fichier. zip. À l'évidence, Parish avait dû se constituer un sacré dossier sur la Firme.

La consultante avait hâte de le découvrir. Elle cliqua sur l'icône de téléchargement. Manqua d'exploser l'écran d'un poing rageur en constatant qu'un nouveau mot de passe était requis, pour accéder au fichier zip.

Elle ne le connaissait évidemment pas. Il existait des milliers de combinaisons possibles. Encore une épreuve !

– Tu fais chier, Fred. Tu me fais saliver devant tes découvertes, mais comment veux-tu que je devine le code pour y accéder ? Je ne lis pas dans les pensées des morts, moi.

Elle s'en voulut de son accès de colère. Lire dans ses pensées, oui, là résidait la clé de l'énigme.

Elle s'efforça de se remémorer la scène, la réunion à Milan. Et si le sésame était « Duomo », la cathédrale proche du siège de O'Kelney ? Elle tapa les lettres. Rien. Elle ajouta une arobase, un chiffre, tenta différentes combinaisons. Toujours pas.

Frénétiquement, elle essaya des noms en rapport avec l'IA, le thème de leur réunion. Les possibilités se bousculaient dans sa tête. HAL, l'ordinateur félon de *2001, l'Odyssée de l'espace*. Orwell, l'auteur de la célèbre dystopie, *1984*. Deep Blue, l'ordinateur IBM qui avait battu le champion d'échecs Kasparov…

L'écran ne réagissait pas. Elle n'allait pas y passer toute la nuit, quand même. Elle en aurait pleuré de rage.

Pour se calmer elle se rappela le déjeuner qui avait suivi la réunion. Giancarlo, le boss milanais de la Firme, les avait emmenés dans une *osteria*, une taverne typique. Alessandra avait conseillé à Fred la spécialité locale, le *gnocco fritto*, un pain soufflé avec de la charcuterie et du fromage. Le Canadien s'était régalé.

Inspirée, elle inscrivit *GnoccoFritto* dans l'espace réservé au mot de passe.

Le téléchargement débuta aussitôt. Elle faillit bondir de son siège.

L'intitulé du dossier était explicite :

COMMENT O'K VEUT CONTRÔLER LA PLANÈTE

20

Rome.

Un bruit léger la fit sursauter, l'arrachant instantanément à son écran. Une sorte de frôlement. Ça venait de la porte du couloir. Pourtant, nul craquement de parquet ne s'était fait entendre. Il y avait bien une bande de tapis qui courait le long du corridor, mais elle était trop fine pour absorber le claquement sec des semelles de cuir sur le sol. Sauf à marcher à pas de loup.

Alessandra cessa de respirer, sentit un frisson la parcourir tandis que son estomac se nouait. La peur.

Quelqu'un se tenait derrière la porte d'entrée de son bureau. L'inconnu était sûrement armé, et hostile. Sinon, pourquoi aurait-il pris autant de précautions ?

Cette fois, elle en était sûre, on l'espionnait. Pire, on voulait l'enlever. Carrément l'éliminer, comme Fred Parish.

Elle voulut crier au secours, prévenir la sécurité. Mais, s'il l'entendait appeler à travers la cloison, l'individu forcerait aussitôt sa porte. Avec horreur, elle réalisa que celle-ci n'était même pas fermée à clé.

Son assaillant aurait tout le temps de pénétrer et de lui régler son compte avant que quiconque ne parvienne à sa rescousse.

Tant pis, il fallait agir. Elle se jeta sur le téléphone fixe, s'empara du combiné, composa machinalement le… numéro de sa secrétaire, Manuela. Le seul qu'elle connaissait par cœur, se rendit-elle compte subitement, désespérée.

Mais où était ce maudit répertoire des services d'urgence ? Pourquoi n'y avait-il rien d'inscrit sur le socle de l'appareil ?

Soudain elle eut une illumination. Elle pouvait rejoindre directement le bureau de son assistante, par la porte mitoyenne entre les deux pièces. Comment n'y avait-elle pas pensé plus tôt ? De là, elle bondirait au-dehors, se mettrait à courir de toutes ses forces vers les escaliers. Elle aurait l'avantage de la surprise sur son assaillant. Le temps qu'il réagisse, ça pouvait marcher.

Silencieusement, elle se leva de sa chaise. Tendit l'oreille. Rien. Plus un bruit. Ni bruissement de tissu, ni respiration. L'homme était peut-être parti. Peut-être avait-elle rêvé, après tout.

Elle n'en croyait rien. Il fallait qu'elle se tire de ce guet-apens.

Retenant son souffle, elle se pencha en avant pour retirer ses escarpins, l'un après l'autre. En collants, sur la pointe des pieds, elle fit quelques pas. Atteignit la porte du bureau d'à côté, posa la main sur la poignée. Ronde et un peu aplatie, à l'ancienne. Elle eut une sueur froide : pourvu que Manuela n'ait pas fermé à clé !

Elle tourna la poignée aussi délicatement que s'il s'était agi d'un minuteur relié à une bombe. Tira tout doucement la porte vers elle. Ne sentit aucune résistance. Elle n'était pas verrouillée. Alessandra adressa un merci muet à son assistante.

Centimètre par centimètre, priant pour que les gonds ne grincent pas, elle entrebâilla la porte. Juste l'espace nécessaire pour qu'elle puisse se faufiler de l'autre côté de la cloison.

Avec pour tout éclairage un clair de lune à travers la fenêtre, elle s'orienta dans le bureau de Manuela. Il était bien deux fois plus petit que le sien, mais beaucoup mieux rangé. Elle glissa plus qu'elle ne marcha jusqu'au secrétaire.

Elle savait que son assistante gardait un double des clés dans un tiroir. Elle l'ouvrit, trouva un jeu de deux longues clés finement ouvrées, d'apparence identique, reliées par un cordon de soie à une boule en bronze gravée. « Elle pèse son poids », constata Alessandra en s'en emparant.

Quelle clé était la bonne ? Alessandra n'avait pas le temps d'hésiter, en saisit une au hasard entre le pouce et l'index. Gagna à pas de loup la porte sur le couloir.

Millimètre par millimètre, prenant garde à ne rien accrocher pour ne pas faire de bruit, elle enfonçait la clé dans la serrure.

Quand elle entendit la porte voisine, celle de son propre bureau, s'ouvrir d'un coup !

Elle devina l'individu s'introduisant d'un bloc dans le bureau, l'imagina braquant son arme vers le bureau, devant la fenêtre. Et faisant feu dans sa direction.

Au lieu du claquement d'un tir d'arme automatique, elle perçut une exclamation étouffée.

– Merde ! Personne… Putain, où elle est passée ?

À côté, Alessandra sentit instantanément ses pulsations cardiaques grimper à 140 par minute. Elle voyait déjà le type s'avancer dans la pièce, découvrir la porte entrouverte sur le mur de droite, se précipiter dans le bureau de Manuela avant qu'elle n'ait eu le temps d'en sortir.

Elle retint son souffle. Acheva de tourner la clé de la serrure du couloir.

Et là, en une fraction de seconde, elle pressa la poignée, fit valser la porte, se jeta au-dehors et se mit à courir dans l'étroite galerie, à peine éclairée par des lampes veilleuses tous les dix ou douze mètres. Instinctivement, elle avait pris la direction opposée au grand escalier de marbre et aux ascenseurs qui menaient à la sortie du ministère.

Elle ne voulait pas prendre le risque de se heurter au tueur, qui aurait pu ressortir à temps de son bureau à elle, pour lui barrer le chemin.

Elle préférait foncer droit devant elle, elle trouverait bien une autre issue dans cette immense bâtisse pluri-centenaire. Les voies dérobées pour s'échapper vers des rendez-vous discrets, les escaliers de service réservés aux innombrables domestiques, ce n'était pas ce qui manquait.

Après quelques secondes, à peine, Alessandra ne put s'empêcher de se retourner. Avec effroi, elle aperçut le type surgir dans le couloir. Il la repéra aussitôt, se lançait déjà à sa poursuite. Avant de faire volte-face pour filer tête baissée, elle eut le temps de distinguer dans le clair-obscur une haute silhouette, sanglée de cuir à la manière d'un motard. Des sneakers noirs aux pieds. Ça expliquait son approche silencieuse.

Surtout, elle grava sur sa rétine le pistolet qui prolongeait le bras de l'homme, à demi-levé vers le plafond. Le bout du canon semblait renflé. Un silencieux. Une arme de professionnel.

Elle accéléra sa course. Sur ses traces, son poursuivant, véloce dans ses baskets, semblait tout proche. Elle crut presque entendre son souffle dans son cou. Instinctivement, elle baissa la tête, la rentra dans les épaules et inclina le dos comme si elle avait voulu entrer dans une mêlée de rugby.

Ce geste la sauva. À cet instant précis, en effet, un bout de mur vola en éclats, quelques centimètres à droite de son visage. Des petits morceaux de stuc projetés lui piquèrent vivement la joue. L'assassin lui tirait dessus. À coups de pistolet étouffés par le silencieux. Si elle ne s'était pas baissée, c'est sa cervelle qui aurait éclaboussé les murs.

Au prochain coup, le tueur ne la raterait pas.

Alessandra redoubla de vitesse. En d'autres circonstances, elle se serait félicitée de son excellente condition physique. Un froid glacial sous ses plantes de pied lui rappela soudain qu'elle était en collants. Elle faillit valdinguer sur le sol marbré de l'étroit palier où elle venait de débouler.

Le palier se situait à un angle du palais Chigi, était desservi par un escalier et un ascenseur antique. Alessandra en écarta la grille à grand bruit, exprès, appuya sur le bouton rez-de-chaussée. Puis ressortit prestement, au moment où la cabine s'ébranlait.

La fuyarde pria, yeux fermés et poings serrés, pour qu'elle poursuive sa descente, à vide. Miracle, elle entendit la machinerie tourner dans des cliquetis et grincements.

Elle s'engouffra dans l'escalier très raide, le pas aussi leste que silencieux. Grimpa à la hâte trois marches avant de se coller, bras et jambes étirés à lui faire mal, contre la paroi d'une alcôve nichée dans un recoin.

Au même moment, son poursuivant dévalait les marches, cognant rageusement sur le grillage de la cage d'ascenseur.

– *Sgualdrina !* Maudite ! Tu ne m'échapperas pas.

Il effectua toute la descente en jurant de la sorte. Alessandra souffla de soulagement. Sa pauvre ruse avait marché. La hauteur sous plafond était si importante, dans le vieux *Palazzo*, que le temps que son adversaire parcoure les étages, elle bénéficierait d'un certain répit.

Dès qu'elle estima le malfrat assez bas, elle reprit son ascension. Au niveau supérieur, l'escalier devint nettement plus étroit. Elle ouvrit la porte palière donnant sur un nouveau couloir faiblement éclairé, fit mine de s'y engager... Avant de revenir sur ses pas, et de rejoindre l'escalier.

Mais avant son demi-tour, elle avait balancé son téléphone portable par terre. Le professionnel, gardant sur elle son perso, qu'elle glissa entre son chemisier et son pantalon, à même la peau. L'appareil gisait au sol à deux mètres du seuil. Le tueur le verrait forcément, penserait qu'il lui avait échappé de la main, à un moment où elle tentait d'appeler du secours tout en courant. Il s'engagerait sur cette fausse piste. Du moins l'espérait-elle.

Laissant la porte ouverte derrière elle, Alessandra grimpa jusqu'au demi-palier suivant. Il ne restait plus qu'un étage avant les combles. Les splendeurs ornementales du majestueux édifice Renaissance avaient laissé place à des murs et plafonds un peu décatis.

À partir de ce niveau, l'escalier était en colimaçon, aux marches et à la rampe en acier noir. Sans attendre de reprendre son souffle, elle monta encore, atteignit une pièce d'une vingtaine de mètres carrés, qui devait manifestement servir de remise. Des étagères remplies de produits d'entretien, d'ustensiles et outils en tout genre, recouvraient les murs. Une unique porte, dont la partie supérieure était percée d'une vitre arrondie, débouchait sur une loggia. Elle ne fermait pas à clé.

Au sol, une grande bassine en zinc semblait sur le point de déborder. Alessandra entendit le ploc-ploc des gouttes crevant la surface. C'était l'eau de pluie qui s'infiltrait au travers de la terrasse du vieux palais, au toit si mal entretenu, réalisa-t-elle. Dire qu'il s'agissait d'un des joyaux architecturaux de Rome…

Elle ne s'attarda pas à ces considérations sur la grande misère du patrimoine italien.

Juste au-dessous d'elle, l'escalier résonnait des pas de son poursuivant. Elle contint à grand-peine un cri de désespoir. Cette fois, l'homme ne s'était pas laissé prendre. Mais comment avait-il pu remonter si vite ? Il avait pourtant dû descendre tout en bas, constater que l'ascenseur de service était vide avant de reprendre, fou de colère, sa traque impitoyable.

Où fuir ? La loggia ? Mais elle se retrouverait acculée au balcon. Derrière, il n'y avait que le vide. Elle frissonna. À moins qu'elle ne donne sur une terrasse mitoyenne de la piazza Montecitorio, contiguë ? Elle n'en avait pas la moindre idée. Quelle idiote, enragea-t-elle, elle s'était piégée elle-même. Elle pensa à sa petite fille. Il fallait qu'elle en réchappe, pour elle.

Avançant la tête vers le trou ovale de la sortie d'escalier, elle plongea le regard vers le bas des marches. Horreur, l'assassin était tout proche, elle l'entendait ahaner. Il ne prenait même pas la peine de la discrétion, assuré de tenir sa proie. Elle le vit, de haut. Ce n'était pas le même individu ! Celui-ci était en survêtement de sport gris, pistolet au poing droit comme son complice. Elle comprit : ils étaient deux, s'étaient transmis les renseignements par écrans interposés.

La fugitive regardait tout autour d'elle, affolée, à la recherche d'un objet qui pourrait la sauver. Son regard s'arrêta sur la bassine remplie d'eau glacée. Elle la saisit des deux mains, la leva au-dessus d'elle avant de s'approcher de la trappe d'escalier et de la projeter, de toute la force de ses bras, sur le crâne du tueur qui débouchait à l'instant de la dernière marche en colimaçon.

Un bruit sourd résonna.

Surpris, sonné, l'assaillant vacilla, se cramponna de sa main libre à la rampe, pour ne pas basculer en arrière. Il n'avait pas lâché son arme. Alessandra ne lui laissa pas le temps de reprendre ses esprits. Elle prit son élan pour lui décocher un coup de pied en pleine tête.

La douleur fulgurante dans les orteils lui fit regretter d'avoir laissé ses escarpins pointus. Elle aurait aimé les lui planter dans l'œil.

Dans un juron, l'intrus dévissa. Elle entendit le fracas de la chute, le choc sourd de l'atterrissage au bas des marches. Un son métallique retentit à ses oreilles, lui redonnant espoir : cette fois, le tueur avait lâché son arme.

Comme dans un état second, son cerveau en mode survie, Alessandra réagit en une microseconde. Elle se précipita dans l'escalier, pour profiter de la confusion de son agresseur et regagner à toute vitesse le bas de l'immeuble.

L'homme était déjà en train de se relever, se massant d'une main l'arrière du crâne qui avait dû heurter le sol en pierre, tâtonnant de l'autre à la recherche de son automatique. Avec une énergie décuplée par toute l'adrénaline et la peur, la jeune femme, sans ralentir, lui envoya un nouveau coup de pied, au jugé.

L'autre hurla. Elle avait senti du cartilage craquer, elle avait dû lui démettre l'épaule. Elle l'enjamba tel un pantin disloqué. Arrivait presque aux dernières marches, visualisait le trajet qu'il lui restait à accomplir pour atteindre le rez-de-chaussée et prévenir les gardiens.

Soudain elle se figea, glacée. Sur le palier, l'autre assaillant approchait, pointait déjà son calibre dans sa direction.

Elle fit volte-face. Remonta les marches, hors d'haleine. Entendit gueuler, derrière elle.

– Pino, stoppe-la !

Deux marches au-dessus d'elle, son premier agresseur, le corps visiblement endolori sur plusieurs parties, tentait de se relever à grand mal. Alessandra fonça, penchée en avant, sa tête en guise de bélier. Elle percuta l'obstacle humain.

L'homme au survêt' grommela, mais il amortit le choc, manqua de s'étaler à nouveau sur les marches, tenta de ceinturer la fugitive. Celle-ci joua des coudes, cogna de ses poings, de ses épaules, pour se dégager.

Derrière, le deuxième tueur arrivait presque à leur niveau. Il ne pouvait pas faire feu, de crainte de toucher son acolyte.

Dans un ultime sursaut, Alessandra s'arracha de la poigne du dénommé Pino, toujours flageolant. Elle gravissait les marches à la volée, quand elle se sentit happée en arrière. Pino s'agrippait au bas de sa veste de tailleur.

Elle lui flanqua une ruade qui le fit reculer. Mais il se cramponnait toujours d'une main au tissu. Dans un réflexe de survie, Alessandra fit glisser de ses épaules le vêtement, qui s'emmêla sur les bras du truand.

Libérée, elle fila, se retrouva en un éclair dans la pièce qu'elle avait quittée une poignée de minutes plus tôt.

Et maintenant ? D'un coup, une sensation de complète impuissance l'accabla. Elle voulut saisir son téléphone, appeler chez elle, Matteo, qu'il réveille Chiara pour lui parler.

Trop tard. Les deux assassins débouchaient de l'escalier. Sans réfléchir, elle arracha pratiquement la porte de la loggia, se retrouva au-dehors. La froideur humide la fit trembler de tous ses membres.

Désespérée, elle avança jusqu'à la rambarde du balcon. Les lumières de la capitale étaient pâlichonnes sous les gouttes. Quinze à vingt mètres plus bas, les pavés du Corso luisaient vaguement.

Alessandra tourna la tête. Ils étaient là. Braquaient leurs Beretta avec le renflement du silencieux sur le canon.

Ils tenaient le doigt pressé sur la détente.

Même pas un « Haut les mains ! » Ils étaient pressés d'en finir. Elle ne voyait pas les traits de leurs visages, mais devina dans les deux paires d'yeux une même lueur sardonique.

Cette fois, c'était la fin.

* * *

Devant le porche de l'hôtel du Premier ministre, où ils étaient en faction, à minuit passé, les carabiniers Guido Ciampi et Valerio Tarocchi sursautèrent, esquissant le geste-réflexe de dégainer leurs armes de service.

Un cri venait de déchirer la nuit. Aussitôt suivi du son mat, sinistre, du choc d'un corps s'écrasant sur le pavement.

21

France.

AFP.

FLASH… FLASH… FLASH

France. Élection.

Amélie Pasteur est élue à la Présidence de la République (ministère de l'Intérieur à l'AFP).

Leparisien.fr

Historique ! Pour la première fois dans l'histoire de la République, une femme conquiert l'Élysée. Amélie Pasteur, 46 ans, candidate d'En-avant la France !, l'emporte avec 53,5 % des suffrages, selon les estimations Ipsos à 20 h. Il n'y avait certes pas de suspens sur une telle première, les finalistes étant deux femmes, mais c'est désormais officiel. Lors du duel télévisé d'entre-deux-tours, Amélie Pasteur avait indiqué qu'en cas de victoire, elle se ferait appeler Madame LA Présidente, contrairement à sa rivale qui aurait opté, si elle avait été élue, pour Madame LE Président.

Marianne Le Quintrec, candidate de « Notre Patrie », essuie son quatrième échec consécutif à la présidentielle. Son avenir à la tête du parti fondé par son père, Pierre-Marie Le Quintrec, il y a cinquante ans, paraît clairement en jeu. Avec plus de 46 % des voix, la championne de l'extrême droite réalise pourtant cette fois, face à l'ancienne leader syndicale, son meilleur score à l'élection suprême.

Un score aussi serré laisse entrevoir des jours difficiles pour cette présidente qui se veut au-dessus des partis, qui prône une politique rassemblant le meilleur de la gauche de gouvernement d'une part, de la droite républicaine d'autre part. Reste à traduire cette promesse en action, dans une

France toujours plus fracturée. Il ne paraît guère probable que « Madame la Présidente » bénéficie d'un état de grâce.

France 2

Nos reporters ont pu suivre, à moto, le monospace Renault qui emmenait la présidente nouvellement élue de son siège de campagne, tour Montparnasse, rive gauche de Paris, à la place de la République, au centre de la capitale, où est prévu un grand rassemblement de ses supporters. Notre journaliste Bruno Suffren a recueilli les premiers mots d'Amélie Pasteur : « Je souhaite que nous nous mettions, les Françaises, les Français et moi-même, au travail le plus vite possible, tous ensemble », a-t-elle lancé, à travers la vitre ouverte de son véhicule.

Libération.fr

Éditorial (extraits)

Maintenant, le plus dur commence… Amélie Pasteur pourrait reprendre à son compte ces mots du socialiste Léon Blum au soir de la victoire du Front populaire. Non pas que la première femme à la tête de notre vieille République incarne un grand espoir de gauche. Mais celle qui fut une dirigeante syndicale respectée et redoutée en même temps, qui s'est frottée pour de bon à la réalité des classes travailleuses, représente une rupture avec l'ère des politiques professionnels, apparus de plus en plus « hors sol », au fil des crises à répétition.

Cette différence suffira-t-elle à réparer notre démocratie bien malade, à apaiser une société éruptive ? D'ores et déjà, se pose la question de la vraie nature de son futur pouvoir. On a beaucoup glosé, durant la campagne, sur l'inspiration néolibérale d'une partie de son programme. On s'est tout autant interrogé sur l'influence, dans l'entourage de la candidate, de certains cabinets anglo-saxons de conseil en stratégie. Qui gouvernera vraiment le pays ? Question cruciale, car celle qui entre à l'Élysée reste, malgré ses longs mois de rude campagne, une novice en politique. Autant dire que ses premiers pas au pouvoir seront scrutés.

HugoDécrypte – Actus du jour

Bonne nouvelle pour la jeunesse française ! D'abord, le fascisme a été battu. D'accord, on pourra déplorer que, cette fois, c'est passé de justesse.

Notamment, il faut le dire, parce que les jeunes se sont encore abstenus en masse. Et parmi ceux qui sont allés voter, beaucoup l'ont fait pour la candidate d'extrême droite. Mais, justement, la nouvelle présidente – enfin une femme aux commandes ! – a des solutions à nous proposer. Elle s'intéresse à nos problèmes, s'est montrée capable, pendant la campagne, d'écouter ce qu'on a à dire. Juste avant son discours devant ses partisans, place de la République, elle m'a accordé quelques mots pour ma chaîne YouTube. Regardez :

« Cher Hugo, cette victoire, c'est aussi la vôtre, celle de votre génération. Le pays a besoin de jeunesse, de changement et d'énergie ! »

Paris, dimanche soir.

La foule débordait de la place, pourtant l'une des plus vastes de Paris. Et les gens continuaient d'affluer des boulevards adjacents, sortaient par grappes des bouches de métro, emplissant la chaussée vidée de ses véhicules, la préfecture de Police ayant bouclé le quartier peu avant l'annonce du résultat de l'élection. Quentin Marchal avait interrogé « Tonio » Madec, le directeur de campagne, sur ce choix de République pour célébrer la victoire. « Le Trocadéro ou le Champ-de-Mars, c'est trop bourge. La Bastille, c'est culte pour la gauche depuis 1981, mais la deuxième fois, en 2012, ça a franchement déçu, non ? La Concorde, on y a coupé la tête d'un roi et d'une reine... mieux vaut éviter ! La République, ça parle à tout le monde. C'est tout nous, ça. »

Quentin jeta un regard circulaire. Il eut une bouffée de fierté mêlée de joie à l'idée d'avoir contribué à la victoire. La liesse était palpable, le peuple rassemblé là l'exprimait à plein. Certains étaient venus en groupes, tels ces quinquas aux larges sourires, arborant sur leurs habits ou leurs casquettes le sigle de l'UDT, l'ancien syndicat d'Amélie Pasteur. Une banderole flottait, avec écrit en lettres rouges : « Nos 5 000 euros, c'est maintenant ! »

Beaucoup s'étaient déplacés en famille, des gamins sur les épaules, parfois même des bébés dans leurs harnais. Quentin repéra de jeunes parents en rollers, pilotant une poussette à trois roues, affûtée comme une Formule 1. « C'est le grand soir des bobos », s'amusa le consultant. D'autres, juchés sur leurs trottinettes électriques, slalomaient à travers la foule.

Les femmes, remarqua-t-il, étaient plus rayonnantes encore que les hommes. Voir l'une des leurs être choisie par les Français pour les diriger, accéder à la tête de la sixième puissance mondiale, c'était un rêve qui se réalisait ! Pétards, trompettes, tambours, accordéons, cornemuses et autres instruments assuraient l'ambiance sonore, avec les incontournables « ON-A-GA-GNÉ !! ».

Sur la scène dressée au centre de la place, à côté du Monument à la République, un slamer au grand corps et une chanteuse à la voix cristalline, un peu étouffée dans cette arène, chauffaient l'ambiance en attendant l'héroïne du jour. À quelques pas de la tribune, debout dans un carré VIP ceint de barrières réservé aux officiels, Quentin sentit une tape sur son épaule.

– J'aurais préféré Johnny, mais sur ce coup il n'était plus dispo.

– Sacré Tonio, toujours ton humour cynique. Allez, tu peux bien avouer que tu es ému, je ne le répéterai à personne. Moi, en tout cas, ça me fait quelque chose. Je ne me suis jamais trouvé dans un rassemblement avec autant de monde… sauf quand on a gagné la Coupe du monde de foot en 2018.

– Sûr que les grandes manifs, ça ne devait pas être ton truc, Monsieur le consultant. Profite de ce moment, ça ne dure jamais. La prochaine fois qu'ils seront aussi nombreux dans la rue, ils promèneront peut-être la tête d'Amélie au bout d'une pique.

Il s'interrompit, porta la main à son oreille pour la protéger du vacarme ambiant. Se retourna vers son camarade.

– On vient de me prévenir dans l'oreillette, elle arrive.

Une clameur immense salua la montée sur scène de la présidente élue. Quentin fut frappé par l'expression de bonheur intense qui émanait du visage de « sa » candidate, victorieuse. Pour la première fois, il la voyait se départir de cette imperceptible réserve, de ce contrôle d'elle-même, qui la caractérisait.

Le discours d'Amélie Pasteur était assez bref, une quinzaine de minutes, mais elle était contrainte de faire des pauses régulières, sa voix se trouvant couverte par les hourras et les tonnerres d'applaudissements. Elle y répondit au début par des sourires, et aussi un petit air étonné, comme si elle ne réalisait pas encore vraiment ce qui lui arrivait. Puis elle s'enhardit, envoyant des baisers à la foule et faisant de grands V de la victoire avec ses bras, entourée de ceux, cadors comme petites mains, qui avaient travaillé avec elle pour la campagne et l'avaient rejointe sur la scène.

Quentin aurait souhaité monter, lui aussi, mais un regard noir de Tonio le stoppa net dans son élan.

– Dans l'ombre, c'est encore ta place. Patience, ton heure viendra.

– J'y compte bien. Je n'ai pas sacrifié quatre mois de ma vie pour me contenter de jouer les utilités.

Le directeur de campagne, dont la mission s'achevait ce soir même en apothéose, prit un ton patelin.

– Ne t'inquiète pas, les cabinets ministériels ont besoin de bras. Ou plutôt de cerveaux. Et je suis bien certain que tes amis de O'Kelney ont déjà préparé le terrain pour que toi et tes camarades décrochent des postes stratégiques. C'est ce qu'on appelle un retour sur investissement, non ? Mais je te préviens, au gouvernement, c'est le public qui commande au privé, pas le contraire. À la place où je serai désormais, j'y veillerai.

Quentin prit un ton ironique. À son tour de chambrer l'apparatchik blasé.

– On verra ça. De toute façon, je ne suis pas sûr que vous pourrez vous offrir mes services. Je vaux cher sur le marché, figure-toi. Fini le bénévolat de la campagne.

Il ne plaisantait qu'à moitié. Un peu plus tôt dans la soirée, il avait eu Vikas Banerjee au téléphone. Ce dernier lui avait confirmé qu'il attendait encore beaucoup de lui, que sa mission était loin d'être terminée. Mais il n'avait pas précisé les modalités. Garderait-il sa place de partner, à l'intérieur de la Firme ? En serait-il détaché pour infiltrer, d'une manière ou d'une autre, le nouveau pouvoir ?

Son mentor était resté évasif.

– Retrouvons-nous demain matin à mon club, je t'expliquerai mon plan. Ce soir, l'heure est à la fête. On ne gagne pas une présidentielle tous les jours.

Sur la place bondée, la fête s'étirait, un DJ avait succédé aux discours politiques sur la scène, les militants dansaient, la bière et le punch antillais faisaient oublier la fraîcheur de cette soirée d'avril. Le consultant n'avait pas résisté quand Pauline, l'attachée de presse, l'avait invité à la rejoindre sur le dancefloor. Il se déhanchait, enthousiaste, sur *One More Time* des Daft Punk quand son portable vibra dans sa poche de poitrine. Il attendit la fin du morceau pour consulter son message.

Pauline le vit vaciller à la lecture de son écran de téléphone, porter les mains à son front avant de s'appuyer, plié en deux, à une barrière de sécurité. Elle s'approcha, posa doucement la main sur son avant-bras.

– Qu'est-ce qu'il se passe ? Mauvaise nouvelle ?

Il la regarda, l'air perdu. Il tira sa mèche sur ses yeux et plaqua ses mains sur ses deux oreilles, comme s'il avait voulu se cacher, s'abstraire de l'exubérance ambiante. De sinistres sirènes, qu'il était seul à entendre, le harcelaient.

Il finit par répondre.

– Oui. Terrible.

Sans en dire davantage, il tourna le dos à la jeune femme, s'éloigna en forçant le passage, à coups de coudes et d'épaules, pour s'extraire de la foule, et marcher au hasard.

Il venait d'apprendre la mort d'Alessandra. Par un message de Matteo, son mari. C'était arrivé deux jours plus tôt. Un accident ou un suicide, selon les premiers éléments. Matteo ne s'étendait pas, indiquait qu'il rappellerait au plus vite. Cependant, même si son message assez bref manquait de détails, il semblait plutôt croire à un assassinat.

22

Paris, palais de l'Élysée.

– Ce n'est pas parce que j'ai mis un costard et une cravate que je vais te faire le coup du grand ponte confortablement installé à son bureau qui reçoit son apprenti, intimidé avec le cul à moitié en dehors de sa chaise, pour lui octroyer des miettes du gâteau. Tu veux un café, un thé, un jus d'orange ou d'autre chose ?

Quentin Marchal opta pour le café.

– Ta participation à cette campagne blitzkrieg a fait de toi un vrai Jedi de la politique... et a sacrément contribué à nous mener là où nous sommes. Non, mais regarde-moi ça !

Tonio désigna du regard la pièce au mobilier Louis XV et aux moulures dorées. Sur la cheminée en marbre, une pendule Napoléon III faisait un tic-tac d'antan. Clouée à un mur, une tapisserie des Gobelins représentant une scène de chasse à courre aux détails stupéfiants : l'œil effaré du chevreuil mis à mort par les chevaliers et leur meute de chiens paraissait sur le point de gicler dans la pièce. Au sol, d'épais tapis étaient là pour amortir le bruit. Mais il n'y en avait guère à l'Élysée, protégé du tumulte de la ville par les hauts murs et les grilles du palais, par sa cour d'honneur et ses jardins aux grands arbres verdoyants... et plus encore par les policiers et gendarmes qui barraient toute circulation devant le 55, rue du Faubourg-Saint-Honoré.

– Ça fait tout drôle de te voir dans un tel décor, répliqua Quentin. Sapé comme un inspecteur des Finances, en plus... Tu as mis ton cuir au clou ? J'espère que tu as pensé à vider les poches, avant.

– Ah ah, ça t'avait marqué, mon côté Bernard Lavilliers. Qu'est-ce que tu veux, passer de directeur de campagne à secrétaire général de la présidence de la République, ça oblige à des concessions… Bon, juste un café, tu m'as dit ?

À ce poste, qu'il n'occupait que depuis quelques jours à peine – quelques cartons pas encore déballés encombraient les coins de la pièce –, Antoine Madec était le véritable bras droit de la nouvelle – et toute première – présidente de la République, Amélie Pasteur. Poste stratégique, tout autant que l'emplacement de son bureau, au premier étage du « château » (surnom de l'Élysée dans le milieu journalistique et politique). Aucun visiteur ne pouvait gagner le vaste salon doré ou le salon vert attenant, plus modeste, où travaille et reçoit la cheffe de l'État, sans passer devant le bureau du secrétaire général… qui laissait, la plupart du temps, sa porte entrouverte juste ce qu'il fallait pour s'assurer un champ de vision. La tour de contrôle de la présidence, en somme.

Entré silencieusement, un majordome apporta sur un plateau d'argent deux tasses de café et deux verres d'eau, qu'il déposa sur un guéridon. Avant de s'éclipser tout aussi discrètement.

– On est plus sobres que des chameaux… Bon début pour redresser les finances du pays. Il faut dire qu'on a assez dépensé comme ça pour la cérémonie d'investiture d'Amélie. À propos, désolé, je n'ai pas eu de temps pour discuter avec toi, tu as vu que j'étais débordé, entre les invités officiels, les amis. Sans compter ces anciens ministres ou présidents de ci ou de ça, qui s'accrochent au cercle du pouvoir telles des moules à leur rocher et cherchent à se recaser… ah, les « ex » de la République, quelle plaie.

Le secrétaire général invita son hôte à s'asseoir dans une ottomane Pompadour. Lui-même prit place dans une bergère Louis XVI, en velours damassé pourpre. Ce raffinement jurait décidément avec le personnage.

– Pas trop mon style, cette déco. Je vais changer pour du contemporain, il paraît qu'on trouve de tout dans les caves. Ou les greniers, je sais plus. Le Mobilier national est généreux. Bon, parlons bizness. Tu le sais, on aimerait beaucoup t'avoir dans l'équipe des conseillers, ici. De ton côté, tu as eu le temps d'y réfléchir, tu es d'accord pour monter à bord ?

Quentin décolla son dos de l'ottomane, pencha le buste en avant, posa les mains sur ses cuisses. Il s'apprêtait à répondre. Mais quelque chose le tarabustait.

Tonio le devança.

– J'ai bien conscience, et Amélie aussi, que pour toi ce n'est pas une décision facile. Ça t'obligerait à quitter O'Kelney, pas forcément pour toujours, certes. Mais dans tous les cas il faudrait que tu démissionnes, on n'est plus dans la configuration de la campagne. Je sais que c'est un choix lourd, et au plus mauvais...

Il suspendit son propos. S'avança dans son fauteuil pour se rapprocher de son vis-à-vis. Il lui pressa amicalement l'avant-bras.

– Ça tombe dans un moment douloureux pour toi, tu as d'autres choses en tête. J'ai appris la mort de ton amie italienne, c'est terrible. Elle avait l'air d'une femme formidable, quel gâchis...

Quentin lissa ses paupières du pouce et de l'index. Il redressa le front, émergea.

– Je te remercie pour tes paroles. Oui, c'est un choc. D'autant qu'on s'était vus récemment, à un séminaire du groupe. J'ai besoin de comprendre ce qu'il s'est vraiment passé.

Il prit un temps.

– Le plus troublant, c'est qu'Alessandra accomplissait auprès de son gouvernement une tâche qui ressemblait beaucoup à celle qui serait la mienne, ici, si j'acceptais votre proposition. C'est à la fois une motivation et un blocage.

– Pourquoi un blocage ? Au contraire, je parierais qu'elle aurait voulu que tu continues de t'investir dans l'action publique. Je me rappelle une discussion où tu regrettais, dans ton job, de ne jamais pouvoir aller jusqu'au bout de ce que tu entreprenais. Parce que c'est inhérent au métier de conseil. Là, tu participerais à la mise en œuvre concrète des mesures sur lesquelles tu as planché avec ton équipe. Tu seras dans le cœur du réacteur.

À l'évocation de la Squad, Quentin esquissa un sourire. Il avait adoré ces dix ou douze semaines passées à plancher sur le programme présidentiel. Les réunions nocturnes, quasi clandestines, avec ses compagnons. L'engagement, l'enthousiasme qui en émanait. Les idées qui fusaient. Dans toutes ses missions pour la Firme, où la fluidité au sein des équipes était pourtant le point fort, il n'avait jamais constaté une telle densité, une cohésion aussi forte. Ses juniors s'étaient défoncés, n'avaient pas compté leur temps. Et tout ça bénévolement. Mais ça avait payé, puisque leur candidate avait remporté l'élection.

O'Kelney avait incontestablement imprimé sa marque auprès du nouveau pouvoir. Vikas Banerjee, qui ne perdait jamais le nord, avait résumé la situation d'une formule : « Les graines semées vont devoir germer. » En clair, la Firme veillerait à un retour sur son investissement.

Telle était bien la raison de la présence de Quentin dans le bureau de Tonio. Si ce dernier n'était pas le chef d'orchestre de la partition qui allait être jouée sous le quinquennat – ce rôle revenant à la présidente, Amélie Pasteur –, il en serait l'incontournable régisseur. Celui qui veille, contrôle, organise et coordonne l'action de l'exécutif. Depuis le passage du septennat au quinquennat au début des années 2000, l'influence du secrétaire général de l'Élysée – aucune femme n'ayant encore exercé la fonction – pesait parfois davantage que celle du Premier ou de la Première ministre.

Durant sa plongée express dans le chaudron politique, Quentin Marchal avait commencé à se familiariser avec ces subtilités de l'exercice de l'État. Il mesurait tout l'intérêt de travailler aux côtés de Tonio. Donc tout près de Dieu – tiens, comment surnommerait-on la présidente, d'ailleurs ? Les Français avaient eu Dieu, Tonton, Jupiter... et elle, ce serait qui, Athéna ?

Il avait formulé son interrogation tout haut. Le secrétaire général répliqua sur un ton un peu sec.

– Madame la Présidente, ça ira très bien. Les Français en ont assez de cette vision infantilisante de la politique, avec un chef de l'État dont on attend tout en l'élisant, pour s'en détourner aussi vite quand les résultats ne sont pas au rendez-vous.

De la part de celui qui avait collaboré avec des étoiles filantes de la scène politique, ça sentait le vécu.

Tonio se radoucit.

– Ou appelle-la Amélie, quand on se trouve en cercle restreint, les anciens de sa campagne électorale. Bon, entre nous, on dit souvent « la patronne ».

Quentin reprit le fil de la conversation.

– Tu sais que je ne m'étais pas engagé dans ces groupes de travail dans l'optique de me faire une place en politique. Ce n'était pas un plan de carrière. Mais j'ai changé sur bien des points. D'abord, j'ai acquis la conviction qu'on peut vraiment bouger les choses, à condition de ne pas renoncer au premier vent contraire. Amélie Pasteur m'est apparue de plus en plus solide, déterminée. Le simple fait d'avoir fait appel à nous – en toute discrétion, je te l'accorde – prouve qu'elle ne cède pas à la démagogie ambiante, où tout ce qui ressemble à du libéralisme est taxé d'infamie.

– Qu'est-ce que tu te verrais faire ?

– Pffui... beaucoup de choses. Par exemple, je suis persuadé qu'on peut améliorer la gestion de l'État en y appliquant certaines méthodes du privé. Chez O'Kelney, quand on me confie un projet, je dois délivrer, en temps et en heure, et en répondant à la problématique posée par le client. Il devrait en aller de même pour les ministres, les hauts fonctionnaires responsables d'administrations centrales...

– Une feuille de route pour chaque ministre, c'est ça ?

– Non seulement ça, mais un tableau d'indicateurs pour évaluer leur boulot. Avec un satisfecit ou une sanction à la fin du délai imparti. On cocherait des cases : fait, pas fait, en cours. Ça existe dans pas mal de gouvernements étrangers[1]. D'ailleurs, la presse fait de telles évaluations, et le public apprécie, en redemande. Moi-même, chez O'Kelney, je suis évalué chaque année – au

1. Sous le premier quinquennat Macron, McKinsey avait été chargé de mettre en place un tel système et avait proposé un modèle calqué sur celui pratiqué en... Malaisie !

début, c'était même tous les six mois. Tout mon travail, mon relationnel avec mes clients, avec mes équipes, est passé au crible par des partners qui s'y consacrent pendant plusieurs semaines.

– Tu constateras assez tôt que la machine étatique française, avec ses 5,5 millions de fonctionnaires, ne connaît qu'une seule force : la force d'inertie. C'est un Mammouth, comme disait l'autre. Deux de nos prédécesseurs ont voulu se lancer dans un tel système. Avec de gros effets d'annonce, conférences de presse, interviews... En même pas un an ça a fait pschitt.

Marchal ne cacha pas sa déception.

– Alors on baisse les bras, on n'essaie rien ? C'est la prime à l'incompétence. À l'immobilisme. Le pays n'avancera jamais s'il continue d'être géré par une caste d'intouchables. Je me souviens d'une réunion à Bercy, il y a deux ou trois ans. Le ministre de l'Économie avait sollicité nos conseils pour développer l'attractivité de la France pour les investisseurs étrangers. Nous avions proposé un plan parfaitement réalisable pour favoriser l'implantation dans le pays de sièges sociaux de grands groupes étrangers. Parmi les participants, le patron de la direction générale des Entreprises, un quinqua gominé à l'air content de lui, a pris la parole. Il nous a expliqué doctement que ce qu'il voulait, c'étaient des usines, des cols bleus, et surtout pas des sièges sociaux pour les cols blancs. Avec le senior partner responsable du projet, on s'était regardés, consternés : cet imbécile ne comprenait pas que l'un entraînait l'autre. Que ses partis pris plus idéologiques qu'autre chose étaient contre-productifs pour notre pays.

Tonio fixa l'orateur, étonné. Il ne se souvenait pas de l'avoir déjà vu s'échauffer ainsi. Sur sa lancée, Quentin poursuivait.

– Cet énarque qui avait fait toute sa carrière dans le cocon de la haute administration ne possédait pas une once de culture industrielle. Mais, pas de problème, il n'en subira aucune conséquence, ira de poste en poste où il continuera de prendre des décisions sans connaître la réalité du terrain.

– Eh beh... tu es remonté. Tu vas tout bousculer, chez nous. J'aime ça.

– Ne compte pas sur moi, si c'est en réalité pour continuer comme avant.

– Bien sûr que non, mon grand. Dans le dispositif gouvernemental, on a prévu un département ministériel pour la transformation publique. La mue vers un État plus moderne, efficace et en même temps plus... modeste. Et j'ai besoin d'un conseiller, ici à l'Élysée, pour suivre ce chantier : toi.

Quentin n'eut pas le temps de répondre. Un huissier en uniforme, sa lourde chaîne barrant la poitrine, fit son entrée et annonça sur un ton martial :

– Madame la présidente de la République.

Les deux hommes se dressèrent d'un bond. Amélie Pasteur apparut. Quentin la trouva transformée. Pas tant la coiffure en carré flou qu'elle avait adopté, ni les lunettes effilées ou le tailleur-pantalon bleu pastel, lui donnant une allure à la fois énergique et empathique – « bannissant la froideur », lui avaient assuré ses conseillers en image. Non, c'était plus intérieur. La flamme parfois brouillonne de la candidate semblait avoir cédé la place à l'assurance absolue de qui détient le pouvoir suprême. « La fonction fait l'homme... ou la femme », songea Quentin.

– Je ne fais que passer une tête, dit la présidente en les saluant d'un grand sourire. Tonio m'avait dit qu'il devait vous recevoir, Quentin, et je tenais à en profiter pour vous remercier une fois encore de votre travail. Remarquable, vraiment. Bon, on va continuer ensemble, non ? C'est maintenant que le plus difficile commence. Et le plus exaltant. Vous ne pouvez pas manquer ça...

– Eh bien, je... je dois encore réfléchir. Mais oui, c'est très tentant, certainement. Je vous remercie de votre confiance.

– Réfléchissez, mais vite ! D'ailleurs, j'en ai parlé avec notre ami commun Vikas Banerjee, il trouve que c'est une très bonne idée de vous nommer conseiller dans mon cabinet. Bon, je file, mon avion pour Berlin m'attend à la base aérienne de Villacoublay. Le premier déjeuner en tête à tête avec le chancelier, ça compte.

Elle tourna les talons, laissant flotter derrière elle le parfum grisant du pouvoir.

Tonio se frottait les mains.

– Alors, tu n'as plus à hésiter. Les désirs de Madame la Présidente sont des ordres.

– Bien joué. Tu avais préparé ton coup ? M'avoir à la flatterie ? Laisse-moi quand même le temps d'y penser… et de faire mes comptes.

Le secrétaire général fit la grimace.

– Ah, tu soulèves un point… délicat. Je ne vais pas te raconter d'histoire : sur le plan financier, tu y perdras forcément. Même si on paye bien par rapport à la fonction publique, on ne peut pas s'aligner sur le salaire d'un consultant O'Kelney…

– Surtout que je suis passé partner. Autant dire que je pourrais espérer, même pour ma première année à ce grade, gagner plus que la présidente ! Ah ah, tu te rends compte du sacrifice que je ferais en démissionnant ?

– D'accord. Mais sur ta carte de visite, ça fera un effet waouh. Après une telle expérience, toutes les portes te seront ouvertes…

– Y compris celles des mines de sel, si Amélie finissait son mandat aussi impopulaire que son prédécesseur, avec du goudron et des plumes. Bon, je t'appelle demain.

* * *

Après avoir rendu son badge de visiteur et récupéré sa carte d'identité à la loge de gendarmerie, Quentin passa le porche de l'Élysée et déboucha sur la rue du Faubourg-Saint-Honoré. Sur le trottoir d'en face, cantonnés derrière les barrières de sécurité, des dizaines de badauds guettaient les entrées et sorties du palais. Certains avaient le dos tourné, et brandissaient devant eux leur téléphone portable pour faire un selfie. Avec un peu de chance, la DS 7 Crossback hybride blindée noire de la présidente, conçue spécialement pour l'Élysée, franchirait la grille d'honneur au moment où ils appuieraient sur le déclencheur.

Comme tous les visiteurs, Quentin dut traverser la rue, le trottoir longeant la présidence étant interdit. Au moment où les agents en faction firent coulisser la barrière pour le laisser passer, il ne put s'empêcher de ressentir un fugace sentiment d'orgueil en lisant l'intense curiosité dans le regard de la petite foule : qui pouvait bien être ce personnage reçu au palais ? Une personnalité importante, forcément. Drôle de pays, se dit-il, où l'on décriait et méprisait tant les politiques tout en restant fasciné par l'apparat du pouvoir.

Son téléphone vibra. C'était Vikas Banerjee.

– Alors, comment s'est passé ton rendez-vous ? Tu as vu Amélie ?

Il était déjà au courant. Sans lui laisser le temps de répondre, Vikas poursuivit, sur un ton pressant.

– C'est une proposition qui ne se refuse pas. Pour ta situation vis-à-vis de O'Kelney, on pourra s'arranger au mieux, tu peux me faire confiance. Je n'ai pas besoin de te rappeler à quel point ta présence à ce poste est importante pour la Firme. Stratégique, je dirais même. Toi et moi, avec les équipes, nous avons donné pour la réussite d'Amélie Pasteur. Maintenant, place aux choses sérieuses. On est dans le money time.

Comment disent les Anglais déjà ? Ah oui, il n'y a jamais de repas gratuit.

23

Château de Versailles.

« Je vois bien dans leur regard que j'ai l'air d'un clown. » Engoncé dans son smoking, Quentin se sentait ridicule. Dans l'ascenseur, le jeune couple de l'appartement du dessous, en jeans et tee-shirt en cette fin d'après-midi printanière, avait émis un petit sifflement admiratif... ou ironique. D'un geste hâtif, il tira sur le nœud papillon ornant son col de chemise, pour dégager son cou. Il avait décidément du mal à s'y faire, c'était la première fois de sa vie qu'il revêtait un smoking.

L'habit, loué une semaine plus tôt dans une boutique spécialisée, le Cor de chasse, lui allait pourtant à merveille. « Qu'est-ce que ça donnera quand j'aurai enfilé ma combinaison par-dessus, il sera tout froissé en arrivant », pesta-t-il en pénétrant dans le parking pour y récupérer sa moto.

De toute façon, il n'avait pas eu le choix du costume. C'était inscrit sur le carton d'invitation, intitulé « A Night at the Palace » : « Cravate noire ».

Lorsqu'il l'avait lu, Quentin, dérouté, s'était enquis auprès de Vikas Banerjee.

– Il faut porter une cravate sombre ? Ce n'est pourtant pas un enterrement.

Son mentor s'était marré.

– Mais non, c'est une façon élégante de donner le *dress code*. Cravate noire, ça veut dire smoking obligatoire. Si tu n'en as pas, comme je le devine, je te recommanderai une boutique spécialisée, dans le 6e arrondissement. Ne tarde pas à le réserver, il y aura foule au mariage de Manfred, et d'autres invités sont peut-être dans ton cas.

Le mariage de Big M et de son compagnon, Marius, un styliste trentenaire déjà renommé. L'évènement s'annonçait comme le mariage, peut-être pas du siècle, en tout cas de la saison mondaine. Le couple avait choisi de recevoir son millier d'invités au château de Versailles, privatisé pour l'occasion. Avant de figurer parmi ces happy few, Quentin ne pensait même pas qu'il était possible de louer ainsi un monument national aussi prestigieux.

« Avec beaucoup d'argent, tout devient possible », avait glissé cyniquement Vikas.

Déboulant sur la Place d'Armes, il faufila la Ducati parmi la noria de limousines stretch qui déversait les invités en fracs et robes longues, devant la grille d'honneur dorée. Un concert infernal de klaxons les saluait. Pas pour fêter le mariage. Pour protester contre ces « sales riches » qui bloquaient la circulation sur toute l'esplanade !

Tapis rouge tout au long du parcours menant de la Cour d'honneur à la Cour de Marbre, photographes qui shootaient les arrivants, dans une symphonie en noir et blanc où brillaient des diadèmes et des colliers de joailliers, et où tranchaient çà et là un dos nu ou un décolleté audacieux, on se serait cru au festival de Cannes.

À mi-chemin, un embouteillage se créait, provoqué par les contrôles de sécurité assurés par des gros-bras d'une agence privée. « Si les portiques bipent à chaque carat, on n'est pas près d'entrer », songea Quentin. Dans la file d'attente, il repéra plusieurs people, artistes, influenceuses, mannequins vedettes… Il identifia aussi, à quelques têtes devant lui, un quinquagénaire aux tempes argentées : un ministre du gouvernement d'Amélie Pasteur, tout juste formé.

Marchant vers le Parterre d'eau où se tenait le cocktail, le conseiller n'en crut pas ses yeux en découvrant la soudaine illumination du château. Du bas du perron au sommet de la majestueuse façade principale, la pierre blonde se nimba d'une lumière mauve électrique. Ambiance plus disco que Grand siècle.

Lorsqu'il déboucha sur la terrasse, il fut saisi par la perspective. Les jardins à la française, illuminés, se succédaient en cascade jusqu'au Grand canal. Il réalisa soudain qu'à part une sortie scolaire en primaire, à sept ou huit ans, il n'était jamais allé à Versailles. Les châteaux, les musées, l'opéra, tout cela n'était pas le fort de Franck et Corinne, ses parents. Ce décor était beaucoup trop solennel pour eux, cette soirée fastueuse leur aurait paru indécente. Les grands bassins reflétant la façade du château à la couleur surréaliste, les colonnes, cariatides et statues par centaines, ce cadre grandiose l'impressionna.

Mais la touche perso apportée par Big M et son époux – leur union avait été célébrée le matin même par la maire du 7e arrondissement, où le couple possédait un vaste appartement donnant sur l'Esplanade des Invalides – était époustouflante.

Les escaliers, les balcons, les bordures des jardins, les pourtours des bassins, les allées conduisant aux galeries d'apparat qui accueilleraient le dîner, dégorgeaient littéralement de bouquets de fleurs. Des roses par milliers, blanches, roses, mauves, violettes, des glycines opulentes débordaient sur les rampes, escamotaient les balustres.

Quentin, qui avançait avec la foule, sentit une pression sur son coude. Une voix connue résonna soudain à son oreille.

– Elles sont très exactement au nombre de 40 000. Soit 2 000 kilos de roses, pour une facture de 100 000 euros. Sans compter la livraison par camions arrivés des Pays-Bas, ce matin à l'aube. Comme il est interdit de les mettre dans de l'eau à l'intérieur du palais, il faut qu'elles tiennent pendant toute la réception sans se faner. Ça te la coupe, non ?

C'était Robert Beard, le partner de Hambourg à côté de qui il avait dîné à Courchevel, quelques semaines plus tôt. Il avait un verre à la main, whisky ou cognac à voir la couleur ambrée.

– Waouhh, il ne se refuse rien, ton vieux pote Big M. J'imagine que cette fois, on va avoir droit à un air d'opéra, plutôt qu'un discours.

– Ha, ha, ha, tu ne te trompes pas. Et pas avec n'importe quelle chanteuse. Il a fait venir Mounah al-Djibraly, la cantatrice libanaise qui a chanté la Marseillaise dans la cour du Louvre, pour l'intronisation de la présidente.

Quentin releva le message subliminal envoyé par le patron de O'Kelney.

– Il ne sera pas dit que Manfred n'a pas droit lui aussi à un traitement présidentiel.

– S'il peut se l'offrir, pourquoi s'en priver ? Allez, viens, essayons de retrouver nos camarades dans tout ce monde.

Quittant la terrasse, les deux hommes gagnèrent l'intérieur du palais. Ils parcoururent la mythique galerie des Glaces. Là au moins, Big M avait respecté l'intégrité des lieux créés par le roi Soleil. L'effet des miroirs réfléchissant à l'infini les lumières et les robes chatoyantes, était magique.

Mais en pénétrant dans un salon au plafond peint représentant un gigantesque Hercule, un détail sauta immédiatement aux yeux de Quentin. Les grandes peintures sur les murs, joyeuses, colorées, modernes, ne cadraient pas avec le décor doré et empesé.

Cette fois encore, Bob éclaira sa lanterne.

– Des toiles de Damien Hirst, les « Cerisiers », dont plusieurs ont été commandées spécialement pour le mariage. Manfred est un collectionneur de cet artiste. Un gugusse, si tu veux mon avis. Là, c'est joli tout plein, mais il peut être carrément provoc. Suis-moi, je vais te montrer. D'après ce qu'on m'a raconté des préparatifs, tu ne vas pas être déçu.

Ils entrèrent dans une vaste rotonde, où des escouades de serveurs en livrée de valets de l'Ancien régime se glissaient parmi les invités, tenant en équilibre instable leurs plateaux chargés de coupes de champagne.

Au centre de la pièce, un groupe faisait masse autour d'un objet totalement incongru : un énorme aquarium, à l'intérieur duquel se pavanait... un requin à la mâchoire grande ouverte. Incrédule, Quentin approcha. Le prédateur marin était en fait momifié, le réservoir rempli non pas d'eau mais de formol. Une des œuvres fétiches du plasticien favori de Big M.

– C'est d'un goût exquis, vraiment. Je suppose que là aussi, il y a un message ?

Bob lui adressa un clin d'œil.

– Un requin, c'est explicite, tu ne trouves pas ? Surtout que dans le salon voisin, il y a une autre installation de Hirst : avec un mouton dans le formol.

– Des requins et des moutons... belle allégorie de la société. Inutile de demander de quel côté il vaut mieux se trouver.

Parmi l'assemblée, certains – les étrangers, surtout – s'extasiaient de la trouvaille. D'autres, en Parisiens blasés, arboraient un sourire entendu. Façon de signifier qu'il n'y avait aucun doute sur l'animal dans lequel ils se retrouvaient. Et se revendiquaient.

Mais ce n'était pas cela qui chiffonnait Quentin.

– Il est quand même gonflé, Manfred. Il se paye le plus beau décor du monde et il change tout pour mettre le sien à la place. Il n'aurait pas un problème d'ego ?

– Ah, tu as remarqué ? Sans doute, oui, mais c'est aussi ce qui fait sa force. Il pose sa marque là où il passe, toujours. Tiens, je vais te raconter ce qu'il a fait dans son village en Provence...

Son interlocuteur l'interrompit. Il questionna, ironique.

– « Son » village ? Manfred est provençal ? Je n'aurais pas deviné.

– Tu n'aurais pas un côté petit coq français, toi ? Le « son » est une façon de parler, bien sûr. Quoi que... Montmignac, un charmant village typique où il investit énormément. Une bastide ancestrale pour Marius et lui-même, un ancien relais de poste qu'il a transformé en relais-château avec restaurant gastronomique, des hectares de vignes qui produisent un fameux rosé, et même un musée d'art contemporain. Ça attire les touristes haut de gamme.

– D'accord. C'est le seigneur du château, quoi...

– Oui, il ne lui manque plus que la mairie. Mais justement, il avait proposé à la cité, lors d'une réunion du conseil municipal, de confier à l'un des artistes qu'il collectionne le remplacement de la sculpture ornant la fontaine, sur la place du marché. Une vieillerie qui tombe en ruine. Entouré de ses adjoints, le maire a refusé tout net : trop moderne, ses administrés ne l'admettraient pas. Big M lui a dit ok, je comprends très bien. À la fin de la réunion, il l'a pris à part et lui a rappelé entre quatre-z-yeux, avec délicatesse mais fermeté, que c'était lui le principal contributeur des finances de la commune. Sans son obole, le bourg était bon pour retourner à l'âge de pierre.

– Et alors, ça s'est terminé comment ?

– Si tu passes à Montmignac, tu pourras admirer une rutilante fontaine, à côté de laquelle celle de Nikki de Saint-Phalle à Beaubourg ferait figure de vulgaire robinetterie. Ah ah, ça, c'est vraiment Manfred !

Quentin rit de l'anecdote. Mais au fond elle le mettait mal à l'aise. Ajoutée à la munificence de cette noce, à cet étalage, cette ostentation, elle révélait un personnage empli d'orgueil, obnubilé par la soif de tout contrôler. Aux antipodes des valeurs de service et de discrétion revendiquées par O'Kelney.

Il aborda le sujet par une voie détournée.

– Dis donc, Bob, Big M n'a pas peur d'énerver les collaborateurs de la Firme, avec une fête pareille ? Les images vont circuler partout, sur les réseaux sociaux.

– Mais non, les gens sont capables de faire la part des choses. C'est son mariage, avec son argent, normal qu'il en profite. En plus, chez O'Kelney on sait aussi faire la fête : les séminaires annuels dans des coins paradisiaques, c'est quand même pas mal. Et puis, il a invité pas mal de partners…

– Oui, enfin, disons… le haut du panier. Et pour les séminaires, je te rappelle que pour le bureau parisien, on a été privé de Marrakech ou d'Acapulco. On a dû se contenter d'un club Med près de Nice. Justement, parce qu'on nous a dit qu'il fallait faire profil bas, que les médias s'intéressaient d'un peu trop près à la Firme. Crois-moi, les consultants ont fait la tronche.

Bob haussa les épaules, l'air blasé.

– Ils font la gueule aujourd'hui. Mais demain, quand ce sera leur tour d'arriver au sommet, je parie qu'ils ne perdront pas leur temps à se pencher vers le bas pour vérifier si tout le monde est satisfait.

L'Américain déposa son verre vide sur le plateau d'un serveur, tira l'élastique de son nœud pap' et le fit claquer.

– J'ai constaté ça quand j'étais opérationnel à la CIA. Ce qui motive les gars, c'est de bien bosser pour pouvoir clamer, à la fin de la journée : mission accomplie. Mais il est tout aussi important de te dire que, mission après mission, tes chefs t'apprécient et te font progresser dans la carrière. Le reste n'est que littérature, comme vous dites, vous les Français...

Il rafla deux coupes de champagne à un nouveau passage, en tendit une à Quentin. Il désigna du regard le décor qui les entourait.

– Toi-même, tu n'étais pas prédestiné à évoluer dans un tel milieu ni à côtoyer des gens si importants. Si Manfred a choisi de miser sur toi, c'est parce qu'il a compris que tes origines t'imposent de prendre une revanche. Ça te stimule, on voit bien que tu ne ménages pas ton énergie pour y parvenir.

Bob suspendit sa tirade, avança sa coupe pour trinquer avec son interlocuteur, les yeux dans les yeux. Son expression avait changé, n'avait plus rien du grand gars sympa à l'américaine.

– Reste à savoir si pour toi tous les moyens seront bons. C'est qu'une sacrée bataille nous attend. Il n'y a pas de place pour ceux qui se posent trop de questions.

– Eh ben, je n'aurais pas cru que vous étiez si bien renseignés sur moi, rétorqua Quentin, étonné mais flatté que Big M accorde autant d'attention à son parcours.

Il fit tinter son verre contre celui de l'Américain. Prit un air malicieux.

– Je présume que tu as effectué une plongée dans la tête de Quentin Marchal, pour vérifier si ce petit gars pourra faire un bon soldat. Un peu à la façon dont tu procédais quand tu collaborais avec le département Psy Ops de la CIA, non ?

Bob faillit recracher son champagne. La guerre psychologique, les manipulations du cerveau d'un adversaire ou d'un allié, était une des armes redoutables des renseignements américains. Un des secrets les mieux gardés aussi, y compris par les anciens de la maison.

Quentin n'était pas mécontent de son effet.

– Tu vois, moi aussi je me suis renseigné.

* * *

Ils furent interrompus par des huissiers qui battaient le rappel, tels des aboyeurs dans une réception royale. Le spectacle allait commencer.

Dans les froufrous des étoffes, le brouhaha des conversations et des rires, le tintement des coupes que nombre de convives gardaient à la main, l'assistance convergea vers la galerie des Batailles. Le dîner allait être servi.

Une haie d'honneur de petits rats de l'opéra (Manfred était un mécène de l'Opéra Garnier), sourires et poses gracieuses, formait une rampe vaporeuse de tulle blanc, menant à la tribune dressée au milieu de cette salle longue de cent vingt mètres. Tout autour, veillaient les bustes de marbre des prestigieuses figures de l'histoire de France.

Les mariés se tenaient là, contemplant la masse des invités.

Manfred et Marius, tous deux vêtus d'un smoking blanc, avec un gilet doré accordé à la blondeur du premier, un gilet argenté mettant en valeur la peau brunâtre du second, rayonnaient sous les lustres opulents. « Beaux, grands, altiers, des demi-dieux », glissa Quentin. « Pourquoi demi ? », rétorqua Bob, sur un ton qui n'était pas forcément celui de la plaisanterie.

24

Château de Versailles.

La réception s'étirait. La chanteuse lyrique avait cédé la place au rappeur… Soprano. Louis XIV devait se boucher les oreilles dans sa tombe. Puis un DJ avait occupé la scène, et les espaces du palais s'étaient transformés en dancefloors pour les uns, en salons propices aux discussions pour les autres. Quentin surprit ainsi le ministre, qu'il avait croisé en arrivant, en train de se déhancher sur la piste de danse au son assourdissant d'un morceau de techno. « Le meilleur refuge pour échapper aux innombrables fâcheux qui le sollicitent déjà », se dit-il.

Quentin se dirigea vers un salon où il devait rejoindre Vikas Banerjee, qui lui avait envoyé un message Signal. Quand il entra dans la pièce, les têtes se retournèrent vers lui. Il reconnut plusieurs visages croisés à Courchevel. Les participants au séminaire s'étaient regroupés là, devisant entre eux. Élégamment habillés, aussi à l'aise dans ces mondanités que le reste des invités, ils donnaient cependant l'impression de faire bande à part. De ne pas partager la légèreté ambiante. Il avait d'ailleurs eu le sentiment fugace, à son arrivée, d'interrompre leur conciliabule. Vikas avait pourtant dû les prévenir.

Une femme en robe fourreau Chanel en cuir argenté, la quarantaine élancée, s'approcha. C'était Cécile Spaak, la directrice-associée du bureau de Bruxelles. Elle posa ses deux mains sur ses épaules, planta ses yeux droit dans les siens et prit un ton chaleureux.

– Je suis tellement triste et désolée pour la disparition d'Alessandra. J'ai bien vu que vous étiez proches. Nous avons tous été choqués, mais pour toi cela doit être encore plus dur. C'était une fille si brillante, à l'énergie tellement communicative. Dire qu'il y a quelques semaines à peine nous étions tous ensemble à Courchevel pour bâtir l'avenir. Alessandra était la benjamine de notre groupe, ce qui ne l'empêchait pas d'être déjà presque au sommet, avec sa mission auprès du Premier ministre à Rome. Nous l'admirions... et nous l'aimions tant.

Quelque chose dans son regard gênait Quentin. Il ne cillait pas, reflétait une dureté qui démentait la compassion du propos.

Elle poursuivit.

– Je ne comprends pas. Elle qui était si belle, si pleine de vie, comment a-t-elle pu faire ça ?

– Ça quoi ?

Quentin avait répliqué un peu trop vivement. Il sentit les doigts de Cécile se crisper légèrement sur ses clavicules.

– Eh bien... se jeter du haut de... se suicider, quoi.

– Rien ne prouve qu'il s'agisse d'un suicide. Il y a une enquête en cours de la police italienne. Elle a pu être poussée, ou forcée, d'une manière ou d'une autre.

– Ah oui. C'est logique, une enquête. Étant donné... les circonstances, le lieu. Ce doit être avant tout pour la forme, pour couper court aux rumeurs.

Quentin eut du mal à contenir son agacement.

– La conseillère du président du Conseil qui s'écrase sur le pavé sous son bureau, non, ça n'a rien de banal. Et l'enquête est tout sauf de routine. Il y a des doutes. Alessandra avait reçu des menaces.

– Des doutes ? Des menaces ? Curieux, Manfred ne nous a fait part de rien de tel dans son message. Il nous a bien parlé de surmenage, de la rude période qu'elle traversait dans ce tumulte politique, mais...

Son vis-à-vis l'interrompit, étonné.

– Un message de Manfred ? De quand date-t-il ? Je suis certain de n'avoir rien reçu.

Cécile souleva un sourcil et précisa.

– Le mail qu'il nous a envoyés, après son… Pour nous informer de ce drame. Et nous inviter à avoir une prière pour elle et sa famille, son mari et sa fillette. Pauvre petite, elle ne verra plus jamais sa maman. C'est terrible, j'imagine la détresse du père.

Quentin coupa court à ce numéro d'apitoiement.

– Et ce mail, qui en était destinataire ? Tous les partners O'Kelney ?

Son interlocutrice parut se plonger dans la réflexion. Manifestement, elle se demandait si c'était à elle d'aller plus loin. Elle tourna la tête de gauche à droite. Pour chercher de l'aide ? Ou s'assurer que personne d'autre n'écouterait ses paroles ? Ou accrocher du regard Vikas, qui était accaparé par un petit groupe, alors qu'il pourrait prendre le relais de ses explications ? Elle émit un gloussement.

– Bien sûr que non. Tu imagines, il y en a des milliers dans le monde. Non, uniquement à ceux du pacte, enfin, du séminaire de Courchevel.

– Alors pourquoi pas moi ? J'y étais aussi, je te rappelle.

Il avait adopté un ton pressant, ne voulait pas lâcher la Belge.

– Soit tu l'as loupé, soit Manfred estime que c'est encore trop tôt. Mais tu fais naturellement partie du comité des 33.

– Le comité des 33 ? Qu'est-ce que c'est que ce truc, encore ?

D'un geste machinal, Cécile glissa les mains sur son fourreau, faisant crisser imperceptiblement le cuir sur ses flancs. Elle prit son temps pour répondre, cherchant une contenance plus assurée. Retrouva son aplomb d'*executive woman* en Chanel.

– Bon, je suppose que Big M n'a pas encore eu le temps de t'introniser officiellement. Les trente-trois, ce sont les participants au séminaire. Tu n'avais pas remarqué que c'était notre nombre ? À l'époque, tu n'étais encore qu'observateur, si je puis dire. Mais là, tu es visiblement monté en grade.

Quentin était abasourdi.

– Me voilà donc chevalier d'un ordre dont j'ignorais l'existence il y a encore cinq minutes !? Eh bien, je suis ravi de l'apprendre, je n'ai pas perdu ma soirée.

Cécile se rendit compte qu'elle avait gaffé dans les grandes largeurs. Avec un soulagement intense, elle vit arriver, enfin, Vikas Banerjee. Son smoking à lui ne venait pas d'une boutique de location, il avait visiblement été taillé sur mesure. Le vêtement était parfait, mais pas au point de faire totalement disparaître sous la coupe le léger embonpoint de son propriétaire.

Jovial, le senior partner apostropha le duo.

– Vous avez des vraies mines de conspirateurs, lança-t-il. Allez, on se détend, ce n'est ni l'endroit ni le moment de parler boulot.

Il tapota le revers de la veste de Quentin.

– Tu as fière allure en smoking. Tu devrais t'en acheter un, maintenant que tu vas travailler à l'Élysée. Avec tous ces dîners officiels, tu auras plein d'occasions de le porter. Bon, et si on allait retrouver Manfred ? Il doit être en pleine démonstration de valse ou de samba avec Marius.

N'attendant que cela, Cécile lui emboîta le pas. Quentin n'insista pas et en fit de même, il avait sa dose pour ce soir. Mais il était bien décidé à vite tirer l'histoire au clair. La conversation avec Bob résonna dans son esprit. Il en comprenait mieux le sens à présent.

Il quitta la pièce, mettant ses pas dans ceux de son mentor qui ouvrait la marche. Au moment où ce dernier se tourna de profil, le regard noir qu'il lança fugitivement à Cécile n'échappa pas à Quentin. Manifestement, la Belge aurait dû tenir sa langue…

* * *

Vikas ouvrant la marche, le trio traversa une enfilade de salles, vestibules et galeries, passant de l'éclat des lustres en cristal à la pénombre striée de rayons lasers de la discothèque improvisée, les glaces, miroirs et lustres remplaçant avec splendeur les boules à facettes. L'assistance avait diminué, mais les fêtards qui restaient se déchaînaient sur la piste de danse ou raflaient sur les buffets les dernières mignardises.

Ils pénétrèrent dans un salon en forme de rotonde. Ils touchaient au but.

À l'intérieur de la pièce, Big M se tenait devant une haute sculpture en bronze de Giacometti, *Homme qui marche*, qu'il avait fait installer pour la cérémonie. Le marié était presqu'aussi mince, et aussi grand que la longue statue effilée, malgré le socle qui la réhaussait encore. Au bout d'une journée si chargée, il avait le teint frais, le maintien droit dans son habit à l'impeccable élégance. Ce n'était pas le cas de certains des invités qui défilaient pour le saluer avant de prendre congé, dans une mise en scène soignée. « Ce type, c'est Michael Corleone version scandinave », jaugea Quentin.

Manfred se trouvait en conversation animée avec un quinquagénaire rougeaud et corpulent, au nœud pap défait, des pans de sa chemise blanche débordant de son pantalon. À sa tignasse blond-paille ébouriffée, Quentin reconnut un ancien Premier ministre britannique, Stanley Lamb. L'homme, une rousse pulpeuse agrippée à son bras, semblait à tu et à toi avec le boss de la Firme. D'un brusque mouvement du coude, Stanley écarta la créature, ouvrit grand ses bras et se mit à déclamer, éméché et grandiloquent, des vers de Shakespeare.

« Les yeux de mon amour n'ont rien du soleil/ le corail rouge est plus rouge que ses lèvres/ si la neige est blanche sa poitrine est sale/ j'ai vu des roses damassées rouges blanches/ mais aucune rose je n'ai vu sur ses joues/ et je connais tant de parfums plus subtils/ que l'haleine puante de mon amour. »

Haleine puante… Piquant, mais peut-être pas le sonnet le plus approprié à dédier à des époux venant de célébrer leurs noces… Marius, qui se tenait au côté de son mari, afficha une mine perplexe. Big M déploya un sourire conquérant.

– Tu es unique, Stan', le plus grand. Vivement que mes amis et moi te réinstallions au 10 Downing Street. Et que tu achèves la purge dans ton vieux pays.

L'Anglais tourna les talons, se dirigea d'un pas tanguant vers le perron, bras dessus bras dessous avec sa compagne qui le soutenait, telle une canne de boiteux, pour l'empêcher de s'étaler sur les marches.

Manfred avisa le trio de consultants O'Kelney qui patientait près de l'entrée, leur fit signe d'approcher. Abrégeant les effusions et félicitations d'usage, il pria ses subordonnés de l'accompagner un instant dans un cabinet-bibliothèque attenant au salon, laissant les invités aux mains de Marius.

L'intimité soudaine de la pièce capitonnée offrait un répit inattendu après des heures de fête bruyante. Big M fixa son regard d'aigle dans les yeux de Quentin.

– Toi aussi, tu as des motifs de félicitations, dit-il. Je n'ai pas encore eu l'occasion de te le dire de vive voix : bravo, bravissimo pour ton intégration au service de la présidente de la République. Tiens, Vikas, essaye d'attraper un serveur, et fais-nous servir des coupes. Notre homme à l'Élysée, il faut célébrer ça dignement !

– Merci, je suis sensible à tes paroles, et très flatté. C'est toute mon équipe qui a contribué à cette réussite... et le savoir-faire O'Kelney. D'ailleurs, deux membres de la Squad s'apprêtent à entrer dans des cabinets ministériels, à Matignon et à Bercy. Maintenant...

Il suspendit sa phrase, parut hésiter.

Manfred le relança, incisif.

– Maintenant ?

Le jeune consultant cherchait la bonne formulation. Il sentait qu'il avançait en terrain délicat.

– Disons que si je suis heureux de cette nouvelle orientation en travaillant avec le gouvernement, ça me coûte tout de même de devoir dire adieu à la Firme.

Son interlocuteur se raidit dans son frac, qui lui donnait un vague air d'officier de la *Kriegsmarine* à la parade. Un éclat de dureté perça dans son regard.

Puis il éclata d'un grand rire, un brin forcé.

– Enfin, mon garçon, tu plaisantes. Il n'est pas question que tu nous quittes. Tout cela n'est qu'une pure formalité. Histoire de donner le change. Tu pars pour un autre employeur – et pas n'importe quel employeur ! Mais, en réalité, au fond de ton cœur, si tu m'autorises ce trait sentimental, tu restes avec nous. Dévoué à la Firme. Comme tant d'autres qui t'ont précédé. Eux aussi sont partis – je préfère dire qu'ils ont transité – vers d'autres horizons. Mais tous, dans les hautes fonctions qu'ils occupent, continuent de servir avant tout la maison qui leur a permis de grandir. C'est-à-dire la nôtre, O'Kelney.

Quentin Marchal était troublé par le ton du big boss, mais pas si surpris. Il avait déjà eu cette discussion avec son mentor, Banerjee. Un nombre considérable de dirigeants des plus grands groupes de la planète, P.-D.G. et CEO de multinationales dans tous les secteurs industriels, de ministres voire présidents de nombreux pays, avaient accompli une partie de leur carrière chez O'Kelney. Ils formaient un club aussi informel qu'efficace, dont la Firme se flattait de l'existence. La fidélité et la complicité de ces « anciens » garantissaient au cabinet la signature de juteux contrats, à travers la planète. Et confortait son pouvoir d'influence.

Mais ce tableau n'emballait pas Quentin. Il le jugeait daté, estimait que ce système des réseaux et des services rendus devait changer. Surtout, il se voyait mal faire allégeance à Amélie Pasteur, si son véritable patron devait rester O'Kelney. Big M, en l'occurrence. Cela aurait été duper la présidente.

Son cerveau tournait à toute allure pour chercher la meilleure façon de présenter la chose.

Von Richter ne lui en laissa pas le temps.

– Quand on fait partie des meilleurs, on ne quitte jamais O'Kelney. Et toi, tu es doublement lié…

Quentin le coupa dans son élan, interloqué.

– Comment cela ?

– Ne joue pas les naïfs, tu comprends très bien. Tu fais partie du pacte de Courchevel, comme j'appelle notre groupe de consultants d'élite, ha ha !

Encadrant leur chef charismatique, Vikas et Cécile fixaient le jeune homme avec un air bizarre, mélange d'inquiétude et d'attente complice. Ils paraissaient suspendus à sa réaction. Ce gamin n'allait quand même pas les lâcher, ou se rebeller !

– Justement, je n'ai pas oublié ton discours, ce soir-là. Tu as insisté sur notre rôle pour amener les pouvoirs à faire les bons choix, prendre les bonnes décisions. Rationnelles, pas démagogiques ni précipitées. Pour agir, pas subir au gré des évènements et des sondages. C'est bien pour ça que je m'engage.

– À la bonne heure, j'aime entendre ça. Les bonnes décisions, oui. Pour le pays… et pour O'Kelney. Te voilà dans la place, dans le saint des saints, à la droite de la présidente. Notre plan se déroule de façon nominale, comme disent les militaires.

À cet instant un serveur entra, portant un plateau chargé de coupes.

– Voilà le champagne, j'espère que vous n'êtes pas tous déjà ivres ? Allez, on parlera des choses sérieuses plus tard, ce soir trinquons à la réussite de notre nouveau compagnon !

Machinalement, Quentin fit tinter son verre, nota que leur hôte se bornait à humecter ses lèvres, se gardant d'avaler une goutte supplémentaire d'alcool.

La nuit était bien avancée quand il quitta le château, songeur. « Notre plan » ? Qu'avait voulu dire Manfred exactement ?

25

Enquête Alessandra, Rome.

Repubblica.it

Deux semaines après les faits, la mort tragique de la conseillère du président du Conseil, Alessandra Altieri-Luccelli, reste inexpliquée. Le corps de la jeune femme, âgée de 32 ans, avait été découvert par deux carabiniers de faction devant le Palazzo Chigi, dans la nuit du 29 avril dernier. La jeune femme venait de chuter du dernier étage du siège du chef du gouvernement. Accident ? Suicide ? Meurtre ? L'hypothèse du suicide serait la plus probable, selon les rares informations données par les enquêteurs de la questure de Rome (la police nationale), chargés du dossier. Selon les premiers éléments divulgués, l'entourage de la victime aurait indiqué que l'intéressée paraissait « profondément stressée et perturbée », dans les semaines qui ont précédé le drame. Mais la questure précise néanmoins que les autres pistes sont explorées très sérieusement. Notamment celle d'un crime déguisé en suicide.

Si cette piste criminelle était étayée, quels pourraient être les mobiles ? D'ordre privé ou professionnel ? Selon nos informations, les policiers mèneraient leurs investigations plutôt dans le champ politique, où évoluait Altieri-Luccelli. Le climat est d'une violence inouïe depuis plusieurs mois, marqué par des menaces de mort contre des élus. Les collaborateurs de l'exécutif étaient-ils aussi visés ? C'est une possibilité, confie une source proche de l'enquête, qui rappelle que ce sont les réformes initiées par le Premier ministre, Paolo Streghi, qui ont déclenché la tempête et se trouvent au cœur de toutes les tensions. Or Alessandra Altieri-Luccelli, en tant que consultante de haut niveau du cabinet de conseil stratégique O'Kelney détachée auprès du président du Conseil, jouait un rôle-clé dans le dispositif. Le but serait-il alors de contraindre Streghi à stopper ses réformes, fortement inspirées par Bruxelles et par le cabinet anglo-saxon ultralibéral ?

Selon la même source, les enquêteurs concentreraient leurs efforts en priorité sur les milieux mafieux, auteurs de menaces et de violences avérées contre des responsables politiques. Ils cibleraient aussi la mouvance d'extrême droite, notamment son aile la plus radicale, proche du mouvement CasaPound.

Le Premier ministre n'a pas fait savoir s'il assisterait aux obsèques de sa conseillère – la cérémonie ayant été différée, le temps que le corps soit remis à la famille après l'autopsie. Le cabinet de Paolo Streghi fera connaître sa décision en temps voulu, indique le Palazzo Chigi. Cette incertitude entretenue dénote une fois de plus l'opacité qui entoure cette affaire, manifestement ultra-sensible pour le pouvoir.

Ilfattoquotidiano.it

Fidèles à notre devise, nous révélons ce que les autres ne disent pas. L'affaire de la « suicidée » du palazzo Chigi est décidément couverte par l'omerta. Notre journal est en mesure d'affirmer que le gouvernement fait pression sur Matteo, le mari d'Alessandra Altieri-Luccelli, pour qu'il se taise. C'est un scandale ! Le malheureux veuf ne croit absolument pas à la thèse du suicide. « Pourquoi aurait-elle fait cela, abandonnant notre petite Chiaretta de 3 ans, plongeant toute notre famille dans le désespoir ? Pas elle, jamais. Oui, elle était préoccupée par son travail et ses responsabilités. Mais c'est une battante, elle a une force de caractère exceptionnelle », nous confie celui qui ne se résout pas à parler de sa femme au passé. Pour lui, il est évident qu'il s'agit d'un meurtre. Et qu'il faudrait aller chercher du côté de ses propres « amis », plutôt qu'à l'extrême droite.

Il semblerait que l'ex-conseillère ait découvert un scandale d'État, et qu'elle s'apprêtait à dénoncer ces agissements. Son mari détient-il des preuves ? Pourquoi l'a-t-on empêché de récupérer le corps d'Alessandra afin de pouvoir l'enterrer dignement ? Pourquoi le système de vidéosurveillance du siège du gouvernement ne fournit-il aucun indice ? À moins qu'on ne les cache au public ? Pourquoi le président du Conseil redoute-t-il tellement de se montrer à la cérémonie, quand elle pourra enfin avoir lieu ? Comment est-il concevable qu'un cabinet comme O'Kelney exerce une influence aussi grande au cœur de l'État ?

Le service investigation de notre journal répondra très bientôt à toutes ces questions. Suivez-nous, au kiosque et sur YouTube. Les Italiens ont le droit de savoir !

Questure de Rome, via San Vitale.

D'un geste rageur, le commissaire Cosimo Grattani, de la *polizia di Stato* – la police nationale –, envoya valser en direction de la fenêtre les journaux étalés sur son bureau. « Nous sommes devenus la risée de l'Italie entière, lança-t-il à son adjoint, l'inspecteur Flavio Salva. On meurt au Palazzo Chigi, le bureau le plus sûr du pays, à part le cabinet du pape au Vatican, et la police ne sait pas ce qu'il s'est passé. Au mieux, on nous traite d'incapables, au pire de complices des assassins... si assassinat il y a. Et le préfet de police qui me confie ce bâton merdeux, à moi, à trois mois de la retraite. *Porca miseria !* (Malédiction) ».

Le commissaire balaya d'un revers de la main des miettes de panini et tenta vainement d'effacer de la manche les auréoles de sa tasse de capuccino, apparues sur la surface du meuble métallique, une fois les gazettes volatilisées. Il soupira, souleva sa large carcasse de son fauteuil à roulettes et vint se planter devant l'inspecteur, debout au milieu de la pièce. Flavio Salva était aussi petit et sec que son supérieur était enrobé et imposant. Mais l'un comme l'autre figurait parmi les meilleurs flics de la Questure, siège de la police nationale.

Grattani passa la paume de la main sur son crâne lisse, plissa les paupières et fit une moue résignée.

– Bon, résumons. Qu'est-ce que nous avons ? Un cadavre, une femme brillante, à la carrière fulgurante, un pied dans le privé, l'autre dans le public, une vie familiale *a priori* heureuse. Pourquoi se supprimer ? Elle avait tout l'avenir devant elle.

– En plus, elle était de la haute, intervint Salva : une famille d'aristos et d'industriels. Elle aurait dû se sentir protégée dans ce cocon.

Le commissaire jeta un œil ironique à son adjoint.

– Ça, ça n'empêche rien. L'argent ne fait pas le bonheur, tu ne savais pas ça ? En revanche, ce statut pouvait faire d'elle une cible symbolique, politiquement.

L'inspecteur Salva grommela.

– La politique, c'est bien le problème. Avec son patron, le président du Conseil, on n'a vraiment eu droit qu'au service minimum. Son témoignage ne nous a rien appris, sinon qu'à son avis Alessandra Altieri-Luccelli se sentait personnellement visée par les menaces contre le pouvoir. Il jugeait sa collaboratrice troublée, déstabilisée... au point qu'il envisageait de se séparer d'elle, prétendait-il. Il n'en aura pas eu le temps. Ou plutôt si, mais pas de la façon qu'il envisageait... du moins j'espère.

– Mmouais... En tout cas, lui, il croit au suicide... ou veut y croire. Et j'ai bien compris qu'il aimerait qu'on y croie aussi. Se défenestrer du siège du pouvoir, ça fait pourtant désordre...

– Tu as noté comme il a insisté sur l'existence de précédents ? Ce proche conseiller du président Mitterrand, en France, qui s'était tiré une balle dans la tête dans son bureau de l'Élysée[1]. Mais lui, c'était un vieux monsieur un peu zinzin, je me suis renseigné.

– Aux yeux de Streghi et de sa clique, tous les moyens sont bons pour nous écarter de la piste d'un meurtre. Le problème, c'est que trop d'éléments ne collent pas à une mort volontaire.

Le commissaire, front baissé, ruminant ses pensées, marcha vers la fenêtre. Elle donnait sur la cour intérieure de la Questure, qui occupait un pâté d'immeubles anciens, aux épais murs en moellons de travertin, dans le centre historique de la capitale. Dans ce dédale où des salles équipées en technologie dernier cri

1. François de Grossouvre, ami et conseiller de François Mitterrand, s'est suicidé dans son bureau au palais présidentiel en 1994.

jouxtaient des bureaux vétustes, s'affairaient des milliers d'agents du ministère de l'Intérieur.

Chassant ses idées sombres, il retourna s'asseoir à son bureau et poussa des pieds sur le parquet pour faire rouler sa chaise, se calant pile devant son ordinateur. Mais, au lieu de consulter l'écran, il saisit un calepin posé à côté. Un objet à l'ancienne pour un flic à l'ancienne. Il ouvrit le carnet, le feuilleta tout en récapitulant à voix haute.

– Voyons ça. Ah, la secrétaire de la victime, Manuela. D'accord, sa patronne était surmenée. Elle l'a reconnu. Mais elle a insisté, répété que c'était quelqu'un de fort, plein d'énergie, qui n'avait pas froid aux yeux quand elle devait défendre les projets de réforme. Elle ne l'accompagnait pas dans les réunions, bien sûr, mais elle en avait forcément des échos, les deux femmes se parlaient. Ce qui me chiffonne surtout, c'est ce qu'elle nous a raconté à propos de ses ordinateurs.

– Celui qui aurait disparu ?

– Oui, elle est formelle : Alessandra en avait deux, un professionnel et un perso. Celui-là, elle ne l'amenait pas en permanence au bureau, mais le jour de sa mort, si. La secrétaire l'avait même vue à plusieurs reprises plongée dedans, l'après-midi fatidique. Or, on a bien retrouvé la bécane pro, mais pas l'autre. Et il n'est pas davantage à son domicile. Notre équipe est allée sur place et… rien. Pffuiit, envolé. Ça aussi, ça étonne le mari, l'*avvocato* Matteo di Bagni…

L'inspecteur Salva connaissait bien son chef et savait que lorsqu'il démarrait dans de tels soliloques, coutumiers en pleine enquête, son rôle, à lui, se bornait à conforter son raisonnement par de menues interventions, anodines. Ainsi, il questionna :

– Di Bagni ? Ah oui, c'est vrai que sa femme avait gardé le nom de sa famille. Ça aussi, c'est ce qui se pratique « dans la haute », je présume…

Le commissaire approuva. Il appréciait son adjoint, efficace, vif et dévoué. Il se disait qu'il regretterait ce tandem, à sa retraite.

– Tout juste, inspecteur, répondit-il. Revenons à nos moutons. Même mystère pour les téléphones : où est passé le portable perso de la conseillère ? Pourquoi ne l'aurait-elle pas jeté dans le couloir, comme elle l'a fait avec celui de sa boîte, O'Kelney ? Elle l'avait forcément avec elle, puisqu'elle a passé des appels ce soir-là : à sa nounou, son mari… Elle a peut-être aussi envoyé des mails, qui sait ?

– Et s'il avait été projeté loin d'elle quand elle est tombée ? Les carabiniers et les pompiers ne l'auraient pas vu quand ils sont intervenus, la priorité était ailleurs. Et un passant aurait pu le trouver et s'en emparer, plus tard…

– Récupérer un *telefonino* en mille morceaux, comme il se serait retrouvé immanquablement après une chute de 10 mètres sur les pavés, quel intérêt ? Bonne déduction, Salva, bravo et merci. Non, il s'est passé autre chose. Et puis, si elle avait sauté volontairement, pourquoi aurait-elle hurlé d'effroi ? Les carabiniers ont bien entendu un cri. « Un hurlement déchirant la nuit », a même rapporté le brigadier-chef.

Il ricana :

– Belle formule, il devrait se mettre à l'écriture de *giallo*[2], celui-là…

L'inspecteur eut un sourire contrit. Il interrogea son boss.

– Quelle est ton hypothèse, alors ? Elle aurait pu être poussée du balcon de la loggia par un assassin ? Qui aurait ensuite pris le temps d'effacer toutes ses traces, de rafler certaines affaires – comme l'ordinateur – dans son bureau. Ou même deux intrus : un tueur et un « nettoyeur »… Pourquoi pas, après tout ? Mais comment ont-ils franchi les portails de sécurité ? Même si elle est allégée la nuit, quand l'immeuble s'est vidé, il reste des gardes…

Il s'arrêta net, fixa le commissaire, qui lui rendit son regard. Les deux hommes pensaient à la même chose. Un ou des complices ? Certes, le rare personnel présent avait été interrogé, mais le commissaire et ses hommes avaient pu laisser des failles. Il faudrait tout reprendre.

Grattani se dressa derrière son bureau.

---

2. Roman noir, polar.

– Bon, je réfléchis en marchant. Si c'est le bon scénario, ça signifierait qu'on a affaire à des professionnels. Des hommes de main de la mafia. Mais là aussi, pour l'instant, les vérifications n'ont rien donné de convaincant. Et je dois dire qu'autant je vois l'ombre de Cosa Nostra derrière les menaces et intimidations à l'endroit des responsables politiques, autant je la vois mal dans ce cas-là. S'ils avaient voulu frapper pour faire un exemple, ils auraient visé plus haut. Un député, un ministre, une personnalité connue du grand public.

– L'extrême droite, alors ? Ces tarés de CasaPound en seraient capables.

– Sur le papier, oui. Tuer ne leur ferait pas peur, j'en suis aussi certain que toi. Mais le mode opératoire – s'il s'agit bien d'un crime – est trop sophistiqué pour eux. Tu l'as dit, ce sont des malades, des excités qui foncent sans réfléchir.

Le commissaire fit une pause. Eructa soudain.

– Et cette putain de télésurveillance qui est tombée en panne justement ce soir-là ! Quand on a voulu visionner la bande, il n'y avait que des points gris sur l'écran, on aurait dit la télé italienne avant Berlusconi !

– Sauf que ce n'était pas la première panne. Le palazzo Chigi était d'ailleurs en négociation pour changer de prestataire. Et le labo scientifique n'a pas trouvé trace de sabotage…

– S'il y a eu des complicités, la coupure a pu se faire proprement.

Le commissaire passa à nouveau la main sur son crâne. Il paraissait découragé. Puis il redressa le buste et tapa du poing sur la table.

– Allez, on n'en a pas fini avec cette enquête. On va reprendre élément par élément. Et auditionner à nouveau les témoins. Tiens, dès demain à la première heure, prends un avion ou la Frecciarossa[3] pour Milan et file voir le big boss de O'Kelney Italia. Je suis sûr qu'il a encore des choses à nous dire. Il faut les réinterroger.

– Déjà fait, chef. Giancarlo Forti, je l'ai rappelé hier. Je voulais vérifier quelque chose dont m'avait parlé l'*avvocato* à propos d'un

3. Le TGV italien.

évènement récent dans la société, qui avait beaucoup affecté sa femme.

– Et donc ?

– Figure-toi que le responsable de leur département d'Intelligence artificielle, un petit génie du nom de Fred Parish, un Canadien, a trouvé la mort à Paris il y a un mois.

– Trouvé la mort... comment ?

– Là aussi, mystère : noyé dans les catacombes. J'ai eu les collègues français. L'enquête est menée par une capitaine de la PJ de Paris, Alice Menuet. Elle penche pour un jeu de rôles qui aurait mal tourné, recherche toujours des témoins. Les auditions qu'elle a menées – discrètement, a-t-elle insisté – chez O'Kelney n'ont rien donné. Elle m'a confié qu'elle était à deux doigts de classer le dossier, mais que mon coup de fil a changé la donne. Elle non plus n'exclut pas un homicide.

Deux morts violentes dans la même société en si peu de temps, ça faisait beaucoup, statistiquement.

L'œil du commissaire pétilla. La chance du limier était peut-être bien en train de pointer le bout de son nez.

26

Paris.

L'appartement respirait le luxe paisible. Profonds canapés cuir, mobilier design, tentures murales couleur taupe réhaussées de tableaux contemporains apportant une touche dorée lumineuse, vaste table laquée basse aux multiples plateaux coulissants, comme un cabinet à secrets, offrant armagnacs et whiskies hors d'âge, boîtes à cigares laissant apparaître de somptueux « puros » (Havane)... Il recélait sa touche de magie, que Manfred von Richter fit découvrir à Quentin Marchal, le conduisant, à travers la salle à manger à la longue table Art déco, vers l'immense cuisine digne d'un restaurant étoilé, aux batteries d'ustensiles rutilantes qui n'attendaient que le chef et son équipe pour remplir leur mission, régaler les invités de marque. Puis un large couloir parqueté, soudain obstrué par un monolithe transparent, haut du sol au plafond.

Comme si la cage d'ascenseur s'était transportée à l'intérieur de l'appartement... sauf qu'il n'y avait ni cabine sentant l'encaustique ni mécanique grinçante derrière les parois de verre, mais des bouteilles de vin et de champagne, magnums, jéroboams, flasques, carafes scellées. Des grands crus à l'infini, couchés sur de fines lamelles, dans une lumière tamisée. Tout proches mais intouchables. Pour pénétrer dans cette extraordinaire cave à vin, il fallait pianoter sur un clavier un code dont un sommelier en gants blancs détenait le secret, afin de faire coulisser les épais battants vitrés.

L'intérieur était spacieux, un autre cube transparent tout autant gorgé de flacons succédait au premier. Le jeu des reflets donnait l'impression qu'ils se prolongeaient encore et encore, un tunnel de lumière et d'ivresse. C'est le P.-D.G. du premier groupe mondial du luxe, possédant les plus beaux vignobles de la planète, de la Bourgogne à la Napa Valley, qui avait suggéré cette installation à ses fidèles consultants. « Effet bœuf garanti », avait promis le patriarche.

Big M s'amusa de la surprise de son invité.

– Tu n'imaginais pas que la Firme cachait un tel trésor, non ? Tu n'es pas partner depuis assez longtemps, l'endroit est réservé aux directeurs-associés seniors. C'est ici qu'on cajole les clients les plus importants, ceux auxquels on facture des honoraires annuels à sept ou huit chiffres. Un gros contrat, cela mérite d'être arrosé au Château Petrus !

Au soir même de sa fête de mariage, Manfred avait envoyé un message à Quentin, le conviant à petit-déjeuner le surlendemain dans cet immeuble haussmannien proche du parc Monceau. Nulle plaque à l'entrée ne mentionnait O'Kelney. L'adresse, très privée, n'était connue que des initiés. Outre les repas partagés avec les (très) gros clients, les top-partners de passage à Paris s'y retrouvaient parfois pour un déjeuner ou un dîner exclusif. À cet horaire matinal, les deux hommes étaient seuls dans les lieux, hormis un majordome au pas furtif.

Cette invitation dans un endroit lié à la Firme rassurait Marchal. La scène à Versailles, entre les conciliabules et les mines de conspirateurs de Vikas et des autres, l'avait mis mal à l'aise. Il commençait à les soupçonner d'entretenir un réseau clandestin. Que complotaient-ils, la mise sur pied d'un cabinet concurrent, qui mettrait en œuvre la vision de Big M ? Ils piochaient dans ce but les meilleurs consultants, et l'avaient pris dans leurs filets ? Mais dans ce cas, il lui aurait donné rendez-vous ailleurs.

Ils retournèrent dans le salon, s'installèrent autour d'un brunch dressé sur la table basse.

– L'autre soir, tu as parlé d'un pacte, attaqua Quentin. Le pacte de Courchevel. Qu'entends-tu par là, au juste ? Et ce chiffre, trente-trois, qu'est-ce qu'il signifie ?

Manfred ne se départit pas de ce mince sourire qui, ajouté à un regard scrutateur, lui donnait un air plus énigmatique qu'aimable. Il vous faisait l'impression d'être face à un chirurgien esthétique se demandant comment il allait arranger tel défaut sur votre visage, songea Quentin. Ou d'un mentaliste s'échinant à fouiller dans les recoins de votre cerveau.

En se rendant à ce tête-à-tête, il était résolu à le cerner complètement, à le laisser parler et dévoiler son jeu, tout en en disant lui-même le moins possible. Gardant enfouis ses doutes et ses soupçons.

– Oh, c'est peut-être un grand mot. Mais il dit bien ce qu'il veut dire. Un pacte, parce que c'est ce qui nous lie au service d'une même cause. Et que nous ne pouvons pas nous permettre de nous ouvrir au tout-venant, sous peine d'être gênés dans notre mission. C'est pourquoi je te demande, comme à chacun de nos camarades, d'être d'une discrétion absolue.

Quentin se retint de réagir, mais son mouvement imperceptible n'échappa pas à Big M.

– Tranquillise-toi, je n'ai pas prévu de rituel initiatique, on n'est pas chez les francs-maçons. Ou alors, considère que l'initiation, c'était notre séminaire de Courchevel. On a connu pire, non ?

Son hôte acquiesça.

– Quant à notre nombre, trente-trois, il ne correspond pas à l'âge du Christ mais... aux chambres disponibles à l'hôtel au moment de la réservation pour le séminaire. Ha, ha. Non, trêve de plaisanterie. Au long de ma carrière, j'ai constaté que c'est le nombre parfait pour gérer un groupe de choc : en dessous, on manquerait d'efficacité et de puissance d'impact ; au-dessus, on perdrait en homogénéité, en confidentialité.

L'air satisfait, il remplit sa tasse de thé et prit une coupelle de salade de fruits exotiques, délaissant les mets variés abondants sur le plateau.

Sa petite blague avait glacé Quentin. Quoi, il avait oublié qu'Alessandra était du nombre, à Courchevel ? S'ils étaient désormais trente-trois, et pas trente-quatre, c'est parce qu'elle était morte ! Il réalisait que dans le cerveau manipulateur de Manfred, il avait tout simplement pris la place de l'absente. Pas d'états d'âme, pourvu qu'il arrive à son chiffre fétiche.

Marchal sentit tous ses muscles se crisper, ses nerfs se contracter. Une envie irrésistible d'attraper au collet ce gourou démoniaque. Il parvint à se contenir. Avant tout, le faire parler, le laisser abattre ses cartes. Et ne rien laisser paraître de la tempête sous son crâne.

Indifférent, comme s'il n'avait effectivement rien remarqué, Von Richter poursuivit.

– Je vous avais alors exposé mon programme, et demandé de réfléchir, chacun à votre niveau, aux chances de le réaliser, afin d'adhérer à ce grand dessein. Tu as répondu de la meilleure façon possible. D'abord par la victoire d'Amélie Pasteur à la présidentielle, ensuite par ton entrée à l'Élysée. À ses côtés, te voilà à la place idéale pour infuser nos idées et faire avancer notre projet.

– Tu ne surestimerais pas mon influence ? Elle est modeste, ma place, je ne suis qu'un conseiller technique, de surcroît débutant.

– Pourquoi pas un stagiaire, tant que tu y es ! C'est toi qui te méprends. Dans la machine du pouvoir, chaque rouage compte. Et tu es loin d'être isolé. Tu m'as rappelé toi-même que des membres de ta dream team ont été recrutés dans des cabinets ministériels. N'oublie pas Vikas, son lien direct avec la présidente, et son réseau incomparable. Imagine...

Il dessina dans l'air avec sa fourchette.

– Imagine-toi le pouvoir comme une pyramide. Plus on grimpe et moins il y a de monde. Tout en bas, le peuple. Au-dessus, les corps intermédiaires, syndicats, maires, autorités civiles... Encore au-dessus, l'Assemblée nationale et le Sénat. Puis on monte à l'étage des ministres. Au sommet, enfin, celui de la présidence. On infiltre les deux étages du haut. Le plus beau est que cela ne se sait pas, ou si peu.

Infiltrer. Influencer. Tirer les ficelles. C'est ainsi que Big M tissait sa toile. D'accord, l'emprise des cabinets de conseil en stratégie n'était pas une nouveauté, elle s'était considérablement renforcée sous les quinquennats précédents, tout devenant si complexe. Mais l'objet du pacte de Courchevel allait bien plus loin que l'échange de services rendus. Manfred ne se contentait pas de « tenir » les dirigeants politiques : il voulait contrôler leurs cerveaux.

Pour sortir le monde de ses ornières, ses guerres, ses inégalités anarchiques, ses désastres climatiques, il fallait un autre leadership que ce manège de pantins obnubilés par la prochaine élection.

Il suspendit le vol de sa fourchette, pointée sur la poitrine de Quentin.

– Il existe un mot pour désigner cela : épistocratie[1].

Quentin Marchal haussa un sourcil perplexe. Épistoquoi ? semblait-il dire.

– Ah, les ravages de l'enseignement dans vos grandes écoles. On néglige les humanités, quelle misère... Un terme rare, je te l'accorde, qui désigne un système où le pouvoir serait détenu par des savants, des experts, par ceux qui ont une véritable connaissance des sujets sur lesquels il faut prendre des décisions. Une aristocratie du mérite, si tu préfères.

Le jeune consultant était plus agacé par les postures théâtrales qu'affectionnait Big M que vexé de sa propre ignorance. Il répliqua sur un ton ironique.

– Tu veux dire que les affaires du monde sont une chose trop grave pour les confier à des politiques ? Je crois avoir déjà entendu ça quelque part.

Par cette allusion à la formule de Clemenceau sur la guerre qui est une « chose trop grave pour la confier à des militaires », Quentin signifiait à son interlocuteur qu'il n'était pas complètement inculte.

– Touché, je prends ton point.

Manfred s'avança dans son fauteuil, posa une main amicale sur le genou de Quentin, sur le mode d'une camaraderie de vestiaire.

– C'est important qu'on soit en phase, 100 % d'accord sur l'analyse, le diagnostic, et sur la solution. On fait équipe, de grandes choses sont devant nous.

1. Épistocratie, ou épistémocratie.

* * *

Quentin ne connaissait peut-être pas le terme savant, mais l'histoire, si. Il avait toujours curieux de la mécanique du pouvoir, de ses transformations selon les lieux et les périodes.

Le gouvernement des meilleurs et des plus intelligents, c'est ce qu'avait voulu réunir autour de lui John F. Kennedy à la Maison Blanche au début des années 1960. Des cerveaux frais émoulus des plus prestigieuses universités américaines – Harvard, MIT, Stanford, Berkeley, etc. – ou des transfuges des entreprises les plus performantes. Ils allaient transformer le pays, faire de l'Amérique un modèle de bien-être et de prospérité, un phare pour l'univers, et même envoyer un homme sur la Lune avant la fin de la décennie. Robert McNamara était leur figure emblématique. Ce brillant quadra avait été débauché de la présidence du géant de l'automobile Ford par les frères Kennedy, Jack et Bob, pour prendre la tête du Pentagone[2], mettre au pas les généraux et les amiraux aux poitrails bardés de médailles, élaborer de nouveaux concepts géostratégiques et réorganiser le tout-puissant complexe militaro-industriel.

Au crépuscule de sa vie, revenant sur toutes ses années au service de la présidence des États-Unis (d'abord du charismatique Kennedy puis de son terne successeur Lyndon Johnson) et ensuite à la direction de la Banque mondiale, un McNamara nonagénaire dressa un bilan quelque peu désabusé de son action. Il reconnut notamment que la guerre du Vietnam, dont il avait été l'un des principaux architectes, avec le Dr Kissinger – « Dear Henry » –, aurait pu, et dû, être arrêtée beaucoup plus tôt par les Américains. Terrible aveu. Il avoua aussi que les potions amères imposées aux pays endettés par l'institution financière qu'il présidait avaient favorisé l'installation ou la consolidation de nombre de dictatures dans l'hémisphère Sud. Au bout du

2. Ministère de la Défense américain.

compte, la coalition des cerveaux n'avait pas sauvé le monde. Sur bien des plans, elle avait même aggravé les choses.

La France aussi a connu sa tentation épistocratique. Au début des troubles années 1930, une douzaine de polytechniciens exaspérés par l'impuissance et l'incompétence des gouvernements qui se succédaient sous la chaotique IIIe République, créèrent un groupe baptisé X-Crise. Ce cercle de réflexion – on ne disait pas encore think thank – rassembla bientôt plusieurs dizaines d'économistes, d'ingénieurs, d'industriels et de hauts fonctionnaires, qui entendaient planifier les politiques publiques, influer sur l'action de ministres ineptes à prendre les bonnes décisions pour sortir de l'ornière de la Grande dépression de 1929.

Ni cabalistes ni cagoulards rêvant d'abattre la « gueuse » (comme l'extrême droite appelait la République), les X-Crise n'ont pas fomenté de putsch. N'auraient-ils pas, toutefois, cherché à exercer un pouvoir occulte, instaurant une forme d'emprise des technocrates sur le politique ? Dans cet entre-deux-guerres instable, entre chien et loup, le fantasme d'un grand complot de la synarchie, mêlant des élites technocratiques, des grands patrons et des puissances d'argent – le « grand capital cosmopolite » – prospérait dans la presse nationaliste et antisémite.

Pourtant, dans la réalité, ce club de polytechniciens, qui ne tarda d'ailleurs pas à ouvrir ses rangs à des participants d'autres origines, n'avait rien de clandestin. Il dispensait son influence à travers l'organisation de conférences auxquelles étaient invités des élus et des ministres, et publiait même sa revue. Dès sa formation, il avait rassemblé aussi bien des hommes de droite que de gauche – l'un d'entre eux entra même dans le gouvernement de Front populaire de Léon Blum[3]. Simplement, la règle du club exigeait qu'on laisse la politique au vestiaire. Le savoir, la rationalité, devaient prévaloir.

3. Jules Moch (1893-1985).

La guerre et la défaite de 1940 mirent fin à l'existence du groupe X-Crise. Certains de ses membres s'engagèrent dans la Résistance, d'autres se perdirent dans la collaboration.

* * *

– Mais il y a ici, en France, un exemple tout récent d'épistocratie, reprit soudain Manfred. On a juste omis d'en prononcer le nom, voilà tout.

– Comment cela ? Tu ne fais pas allusion au discours des gauchistes ou des fachos qui prétendent qu'Amélie Pasteur ne serait qu'une marionnette dont les technos de Bruxelles et les cabinets ultra-libéraux anglo-saxons tireraient les ficelles ? C'est carrément délicat, parce que c'est nous aussi qui sommes visés par ces élucubrations.

– Non, rassure-toi. C'est à son prédécesseur que je pensais, figure-toi. Marc Cardignac, pendant la pandémie de Covid.

Quentin se remémora l'arrivée aussi soudaine que brutale du virus à l'hiver 2019-2020, qui avait saisi d'effroi le pays entier, après avoir causé des ravages en Italie. Le monde entier, et peut-être plus encore l'Occident pourtant campé sur son rationalisme, s'était retrouvé désemparé face à cette menace inconnue venue de Chine, digne des grandes pestes du Moyen Âge. La peur se répandait à la vitesse de l'éclair parmi les populations, la colère des gens envers des autorités publiques incapables de les protéger montait. Mais que venait faire l'épistocratie là-dedans ?

– Tu te rappelles ce conseil scientifique qui avait été instauré au bout de quelques jours, après l'annonce de premières victimes ? Essentiellement des médecins de renom, des chercheurs, épidémiologistes… En un temps record, cet aréopage de sachants a pris le pouvoir. Annulation des élections municipales à cause du risque de contagion dans les bureaux de vote, confinement généralisé, tests et pass sanitaire obligatoires pour pouvoir se déplacer… Pas une décision n'était annoncée sans l'aval de ce conseil. Il était d'ailleurs l'instigateur des mesures en question.

Quentin n'avait bien sûr pas oublié cette période. D'autant moins que O'Kelney avait été associé à la gestion de la crise, chargé d'organiser la vaccination massive de la population.

– C'est vrai. C'était incroyable de voir Cardignac, le président le plus vertical de l'histoire de la Vᵉ République, Jupiter en personne, s'en remettre à ce conseil pour chaque annonce stratégique. Comme s'il s'abritait derrière ces experts, au nom de leur compétence scientifique. Ou plutôt, comme s'il leur confiait les clés du pouvoir. La vraie autorité, aux yeux de la majorité des Français, c'était d'eux qu'elle émanait. Il y a bien eu des râleurs, des Gaulois réfractaires, comme disait ce président. Et aussi des contestataires, complotistes ou non. Mais globalement, l'ensemble du pays a suivi les règles, ça n'allait pourtant pas de soi.

Il prit son menton entre le pouce et l'index, méditatif. Il se rendit compte que malgré ses résolutions de parler peu, il était embarqué par la détermination de Big M et commençait à trop dévoiler ses réticences. Il poursuivit néanmoins.

– Belle démonstration de ta théorie, je te l'accorde. Voilà la preuve qu'il peut être préférable, pour le bien commun, que le savoir prenne le pas sur l'idéologie, le politique. Du moins...

– Du moins ? coupa Manfred.

– Du moins tant qu'il reste dans son rôle.

– Que veux-tu dire ?

– Qu'il leur est arrivé par moments à eux aussi de tenir un discours de politique et non de sages.

Pour contenir la panique qui gagnait, ces scientifiques ne s'étaient pas gênés pour mener les gens en bateau. Ainsi avaient-ils prétendu, aux premières alertes sanitaires, que les masques étaient inutiles : les porter ne suffirait pas à protéger du virus. Les médias avaient vite découvert qu'ils disaient ça uniquement parce qu'il n'y en avait pas assez, les stocks étaient périmés ! Ils ont tenu ensuite le même discours sur les retards de tests, par rapport aux pays voisins. En vérité, c'était uniquement un moyen de « couvrir » la pénurie. Or, assumer la mauvaise gestion publique aurait dû être le rôle exclusif des politiques. En portant leur discours, le conseil risquait de se discréditer. D'ailleurs, au bout de quelques mois, lorsque la peur a commencé à diminuer, l'opinion commençant à s'accoutumer à l'épidémie, les polémiques ont refleuri. Par exemple sur le rejet par les scientifiques officiels de recourir à l'hydroxychloroquine pour soigner les malades du Covid. Aussitôt le soupçon de règlements de comptes personnels avec le découvreur de ce remède s'était répandu. L'autorité des sages s'en était trouvée amoindrie.

Ces légers ratés n'ébranlaient pas la foi de Manfred.

– Aujourd'hui, on a en main des outils prédictifs qui permettent d'anticiper les réactions de l'opinion, de les désamorcer en évitant d'offrir le flanc aux doutes. L'intelligence artificielle progresse à une vitesse fulgurante, grâce à elle on peut projeter les conséquences des différentes options, et donc montrer qu'on choisit la meilleure.

– Le public ne veut pas toujours la meilleure solution, mais celle qui lui convient le mieux...

Un éclair de triomphe illumina les pupilles de Big M.

– Vrai, et par démagogie, manque de courage ou les deux à la fois, les politiques cèdent à ses caprices. Et on n'avance pas.

– Mais que préconises-tu alors ?

Au lieu de répondre, Manfred se leva, déployant sa carcasse longiligne. Il balaya la pièce d'un geste du bras, tel un orateur qui s'adresserait à un large auditoire.

– Un conseil suprême du savoir et de la raison, informel et permanent. Pas limité aux crises comme le Covid. Ce serait le gage de la gouvernance optimale. Dans tous les domaines, en s'appuyant sur l'IA prédictive. Sécurité, santé publique, environnement... les gains d'efficacité sont multipliés par dix, cent. Grâce aux logiciels de police prédictive, les flics de Chicago, Philadelphie ou Baltimore prévoient les crimes une semaine à l'avance. Pour arrêter les criminels avant qu'ils n'agissent, bien sûr.

Il effleura du doigt le rebord d'un tableau inspiré de la calligraphie chinoise.

– En Chine, on utilise ces algorithmes pour prévenir les pics de pollution à Pékin ou Shanghai, en identifiant les usines à fermer par avance. J'ai des connexions dans cet empire. Tiens, je pourrais te parler des prodiges de la reconnaissance faciale. Tracer les délinquants, détecter des symptômes de maladies, déceler une envie d'achat sur le visage des clients dans un magasin, identifier le métier ou les études les plus adaptées à un jeune… tout est possible !

L'emballement de Manfred laissa Quentin interdit. Il avait en tête le fiasco de la police prédictive à Los Angeles. Le célèbre LAPD des films et séries, le département de police de la cité des anges, avait été obligé de revoir à la baisse ses ambitions en matière d'IA, les associations de défense des droits civiques ayant mis en évidence les données biaisées et racistes nourrissant les algorithmes. Au bout du compte, l'innovation scientifique la plus bluffante n'avait abouti qu'à perpétuer des comportements aussi anciens que détestables. Et la Chine… sérieusement ?

À sa sortie de l'immeuble, il se mit à réfléchir à sa stratégie. Big M lui avait dit qu'il lui communiquerait ses instructions, au fur et à mesure qu'il déroulerait son plan. Quentin avait acquiescé, gardant pour lui ses doutes. Mais il avait rappelé qu'il devrait agir en souplesse : en politique, on avance en terrain miné. Contourner les obstacles peut prendre du temps, même avec une présidente « amie ».

– Je m'en remets à ta sagacité… mais je ne lâcherai pas le contrôle. Chaque minute compte pour notre opération, conclut Manfred, tranchant comme un Katana de samouraï.

Pour découvrir jusqu'où ce dernier voulait aller, et comment il comptait y arriver, il devait jouer le jeu, se comporter en bon soldat. Il aurait besoin de sang-froid, patience et détermination, à la Michael Corleone.

Il se mit à marcher d'un pas vif, rembobinant la scène dans sa tête. Épistocratie. Au moins, il avait appris un mot.

27

Paris, 8e arrondissement.

Trois semaines s'étaient écoulées depuis l'installation de Quentin Marchal dans un bureau de taille modeste, à la peinture tout juste rafraîchie, au deuxième étage du palais présidentiel. Et guère plus d'un mois depuis l'arrivée d'Amélie Pasteur à l'Élysée. Mais sa présidence battait déjà son plein. Elle n'avait pas eu droit à la moindre minute d'état de grâce, les problèmes et les mécontentements fusaient de partout.

Le jeune conseiller à la transformation de l'État – le titre volontairement ambitieux que lui avait dégotté Tonio, dûment publié dans l'incontournable *Journal officiel* (*JO*) – bouillait d'impatience, bouclant et débouclant sa ceinture de sécurité à l'arrière de la voiture de fonction avec chauffeur, une Renault Captur hybride. Alors que la réunion « top top level » – le double top signifiant : en présence de la cheffe de l'État en personne – à laquelle il était convoqué devait commencer dans vingt minutes, son véhicule était bloqué rue de Miromesnil (8e) derrière des manifestants qui barraient l'accès au 55, rue du Faubourg-Saint-Honoré.

Pas des manifestants comme les autres. Beaucoup d'hommes en veston et cravate, la plupart des femmes vêtues de robes de printemps ou en tailleur clair, l'ambiance avait peu à voir avec les défilés houleux, criards, fébriles, enragés du mouvement des Gilets jaunes, sous le quinquennat précédent. La foule avançait en rangs ordonnés sur le pavé ensoleillé, suivant une poignée de meneurs qui ouvraient la marche et, porte-voix à la bouche, scandaient leurs slogans.

– « Serviteurs de l'État, ça ne veut pas dire esclaves du Calife ! »

– « Ni ringards, ni tocards, ni tricards, les fonctionnaires ne sont pas des petits pois ! »

– « C'est le service public qu'on assassine, O'Kelney go home ! »

– « O'Kelney, rends l'argent ! »

– « Dégagez, les Mac-qui-sait et les Au-cœur-sec ! »

Mac-qui-sait, allusion à un cabinet de conseil concurrent de O'Kelney, qui avait lui aussi été impliqué dans des polémiques liées à des contrats gouvernementaux. Quant à O'Kelney/Au-cœur-sec, la rime n'était pas très riche, jugea Quentin.

Ces gens en colère étaient pour la plupart des fonctionnaires de catégorie A. Chefs de bureau, chefs de service, secrétaires généraux de préfectures ou de collectivités locales, cadres hospitaliers, statisticiens, informaticiens... Bref, des agents bien au-dessus de la masse immense des catégories B et C, et plus encore du prolétariat des contractuels. Mais pas tout à fait au niveau des « vrais » hauts fonctionnaires, les hors-échelons, ces énarques, normaliens ou polytechniciens qui voletaient avec aisance de direction centrale en cabinet ministériel, avant de pantoufler avantageusement dans le privé.

Les « catégorie A » protestaient contre le grand chamboulement des services de l'État décidé par le nouvel exécutif. Et orchestré par O'Kelney, ainsi que l'avait révélé une lettre confidentielle très bien informée sur les coulisses du pouvoir. Dans toutes les administrations, Budget, Impôts, Affaires sociales, culturelles, éducatives, sportives, etc., etc., le mot d'ordre était : réorganisation. Avec ses déclinaisons : restructuration, rationalisation, externalisation au profit du privé, évaluation des fonctionnaires, sur le modèle des grandes entreprises...

Dans la foule, Quentin avisa une banderole, brandie par une jeune femme, sac élégant en bandoulière.

« En France on n'a pas de pétrole, mais des bons diplomates. »

« On dirait bien que j'ai déclenché un sacré bordel... », souffla-t-il. Il défit pour de bon sa ceinture de sécurité.

Le chauffeur retourna la tête vers son passager.

– Vous avez de la chance dans votre malheur. Ceux-là ne vont pas mettre notre SUV sur le toit, c'est pas comme avec les Gilets jaunes ou les black bloc. Il faut juste attendre que ça se passe…

Quentin avait déjà la main sur la poignée de la portière.

– Merci, mais je vais continuer à pied, on n'est à même pas 500 mètres du château. Et, vous avez raison, j'ai peu de chances de finir au bout d'une fourche.

Il sortit de la voiture, huma la douceur tiède de l'air de la capitale. Marcher lui ferait du bien. Ce n'était pas un hasard si mai était le mois favori à Paris pour les manifs. Même si la colère des Français, éternels « Gaulois réfractaires », comme les appelait le prédécesseur d'Amélie Pasteur, était devenue une maladie chronique, leur faisant désormais battre le pavé, brûler les voitures et le mobilier urbain, taguer les monuments et bien pire encore, tout au long de l'année. Sauf en périodes de fêtes.

Longtemps, Quentin n'y avait pas prêté plus d'attention que cela, y voyant avant tout un signe supplémentaire de l'exception culturelle du peuple héritier de la Révolution de 1789. D'accord, du point de vue de ses clients investisseurs étrangers, ce n'était pas très bon pour les affaires. Mais après tout, c'était aussi une preuve de vitalité du vieux pays.

Cette fois, c'était différent. Il se sentait concerné au premier chef. Visé personnellement. Il se félicita que les visages des conseillers de l'ombre soient, par définition, inconnus du public. Et s'apprêta à traverser la foule contestataire pour gagner l'autre rive. Celle du pouvoir.

Tenant ferme sa sacoche avec son ordinateur et ses documents contre son flanc, jouant avec souplesse des épaules et des coudes, il se faufila à travers le cortège, l'air de rien. Il ne lui manquait qu'une pancarte à la main pour se confondre avec les manifestants.

Plus que quelques mètres à remonter avant d'atteindre la place Beauvau. Là, il ne lui resterait plus qu'à montrer sa carte d'identité aux policiers pour qu'ils lui laissent franchir les barrières de sécurité. Avant de foncer, chaussée dégagée, vers le porche de l'Élysée. Il regarda sa montre : avec un peu de chance il arriverait même en avance à sa réunion.

Il dépassa un petit groupe compact, bouscula une épaule, frôla une chevelure, accéléra le pas, s'apprêtant déjà à sortir son portefeuille contenant ses papiers.

Une voix aiguë le stoppa dans son élan.

– « Eh, mais je le connais, lui. C'est un conseiller de la présidente, c'est celui qui veut tous nous restructurer. Qu'est-ce qu'il fiche ici ? »

Tournant le regard, Quentin distingua un nez pointu braqué dans sa direction, devançant un visage effilé aux traits juvéniles, durcis par les cheveux auburn tirés en arrière. Il reconnut immédiatement la femme qui le hélait : Julie Hallard, responsable d'un collectif de fonctionnaires, qu'il avait croisée à deux ou trois réunions. Une adversaire coriace, car cette énarque trentenaire était aussi sous-cheffe de service à Bercy et maîtrisait ses dossiers. Pour avoir échangé quelques mots avec elle, il avait immédiatement senti que son engagement au service de l'État était sincère, profond. Indéfectible.

« Comment je vais me sortir de là ? », se demanda Quentin. « Je crois que je peux faire une croix sur ma réunion. » Un attroupement commençait à se former autour de lui.

À nouveau, la femme l'apostropha.

– Vous venez prendre la température, nous espionner ? Ou alors Amélie Pasteur vous envoie déjà pour discuter ? Mais ça, ça m'étonnerait...

L'interpellation avait attiré les curieux. Déjà, certains semblaient décidés à lui demander des comptes.

Un type grisonnant, la cinquantaine, l'air costaud sous ses rondeurs, le prit à partie, lui posant une main sur son épaule gauche.

– Tiens, tiens... et si on inversait les rôles, Monsieur le Mec-qui-sait ? Moi, vos acolytes sont venus dans mon service, à la direction générale de l'Offre de soins. Des jeunots en costard Hugo Boss, propres sur eux, qui n'avaient jamais dû mettre les pieds auparavant dans une administration et qui m'ont cuisiné – c'est le mot – pendant des heures et des heures sur mon travail. Comme si je n'avais rien d'autre à faire. Et en plus, en posant des questions basiques, niveau élémentaire : à quelle heure j'arrivais au bureau le matin et je repartais le soir, combien d'agents étaient absents ce jour-là et pourquoi ils n'étaient pas remplacés, pourquoi avait-on besoin d'autant de monde pour compter des lits d'hôpitaux à l'APHP... Pour un peu ils allaient m'apprendre mon boulot ! Et vous, M. Mec-qui-sait, vous demandez à votre présidente à quelle heure elle arrive au travail ?

Tout à sa tirade, l'homme lui pressait l'omoplate, presque à lui faire mal.

Quentin ne se démonta pas. La situation lui rappelait une bonne mêlée au rugby. Au corps à corps avec les adversaires.

– Elle n'a pas besoin d'y arriver. Elle y habite au bureau, à l'Élysée. Dans ce job, on ne fait plus vraiment de distinguo entre la vie privée et le travail, tellement il y en a. Vous savez, on ne fait pas ça pour emmerder les Français. Le but, c'est de mieux organiser le travail, huiler la chaîne de production, pour que l'État fonctionne mieux.

– Et alors, vous ne croyez pas qu'on pourrait aussi bien y arriver tout seuls ? Pas besoin de cabinets de conseil, l'administration regorge d'experts. On a une Inspection des finances, une inspection de la fonction publique, et comme si ça ne suffisait pas il y a une inspection générale pour chaque ministère ou presque.

L'orateur fut interrompu par un autre manifestant, l'air goguenard avec son collier de barbe et sa casquette Nike jurant avec son costume gris.

– Soyons honnêtes, Sylvain. Il faut bien reconnaître que ces services, c'est le cimetière des éléphants. On y affecte les bras cassés en fin de carrière.

« Ça, les bras cassés, ce n'est pas ce qui manque dans l'administration », songea Quentin. Grâce à l'IA prédictive de la Firme, il avait un chiffrage très précis des montants considérables qu'on pourrait économiser sur les vingt prochaines années en dégraissant ce mammouth : les logiciels et algorithmes capables de faire le job à leur place, mais en infiniment plus rapide et garanti 100 % sans grèves, étaient déjà prêts à tourner. Dans ses cartons, la Firme avait même un projet de « Ministère de l'efficacité gouvernementale ».

Se gardant de partager sa pensée, Quentin dégagea son épaule de l'emprise de son interlocuteur, saisit l'ouverture du barbichu, comme un ballon ovale jaillissant pour une échappée sur le terrain.

– C'est exactement cela, l'intérêt. Faire bénéficier les services publics, qui sont indispensables au pays mais ont parfois tendance à s'encroûter, d'un regard extérieur, d'une vision nouvelle.

Julie Hallard, qui avait suivi l'échange avec un sourire ironique, reprit la main.

– Aucun d'entre nous ne prétend qu'il ne faut rien changer. Mais nous refusons d'être manipulés. Le changement doit avoir du sens. Or ce que vous préparez, en réalité, c'est un grand remplacement du public par le privé. Ça commence à bas bruit, en faisant infuser l'idée que les solutions du privé sont les meilleures, parce que ses acteurs seraient plus agiles, comme on dit dans la novlangue de la com'.

– Agiles, ça veut dire opportunistes et dociles, prêts à tout pour plaire à leur maître suprême, le profit, interrompit le dénommé Sylvain, qui ne lâchait rien.

Julie poursuivit :

– Au nom de cette logique, pendant la pandémie de Covid, on a confié la gestion des vaccinations à un organisme privé, Médilib. Or ce site est alimenté par des serveurs informatiques installés aux États-Unis. Résultat, les renseignements américains avaient les moyens d'en savoir davantage, sur des questions aussi sensibles, que nos agences régionales de santé ! Il faut stopper cette dérive.

* * *

Quentin ouvrait la bouche pour lui répondre, quand il vit approcher un caméraman flanqué d'un reporter qui tendait déjà son micro, attiré par la scène. Il se figea. Une vision de cauchemar lui traversa le cerveau. « Le conseiller de l'ombre filmé par les chaînes info en plein débat avec une syndicaliste au cœur de la manif ! » Pas question qu'il se fasse prendre, il devait s'exfiltrer coûte que coûte.

Il fit riper sa sacoche sur son abdomen, tel un bouclier ventral, ploya le buste et, poussant sur ses cuisses et ses mollets comme s'il entrait dans un maul, le front au niveau des hanches et des postérieurs des manifestants, il fonça dans le tas. Dans son élan, il se tourna un quart de seconde vers Julie et lui lança :

– Obligé de filer, mais on reprendra cette discussion, promis !

Stupéfaits, ses contradicteurs ne songèrent pas à le plaquer. Peut-être aussi manquaient-ils d'entraînement.

28

Palais de l'Élysée.

Trois minutes plus tard, il pénétrait dans le salon vert de l'Élysée.

La quiétude douillette des lieux l'enveloppa. Elle ne dura pas.

Amélie Pasteur, qui rejoignit la réunion à peine avait-il posé ses fesses sur son siège autour de la longue table ovale, le cueillit à froid.

– Vous pouvez vous vanter d'avoir réussi une véritable première : faire descendre dans la rue les cols blancs de Bercy et les collets montés du Quai, je ne crois pas avoir jamais vu ça dans ma vie de syndicaliste, bravo ! Merci de me réserver ce cadeau pour démarrer ma deuxième carrière de politique.

La présidente avait adopté l'ironie grinçante, le ton sifflant du temps de ses joutes serrées avec les dirigeants du Medef.

Fusillant du regard le jeune conseiller à la transformation de l'État, elle poursuivit.

– Et encore, je parierais que nous n'en sommes qu'au début. Aujourd'hui le haut du panier de la fonction publique, mais demain l'ensemble de la machine de l'État s'y mettra, y compris les collectivités publiques et territoriales. Rien de plus contagieux chez les fonctionnaires que la crainte des atteintes à leur statut. On connaît la chanson…

Elle fit mine de s'interroger tout haut.

– C'était lequel de mes prédécesseurs, déjà, qui disait que les merdes volent en escadrille ? Ah oui, Jacques Chirac. Eh ben, je n'aurais pas attendu longtemps avant de le vérifier.

Elle soupira, excédée.

– Le comble, c'est que moi qui passais pour la candidate de l'apaisement, je me retrouve taxée de bouchère ultralibérale remuant les braises de la division des Français. À deux semaines des législatives, je ne pouvais pas rêver mieux, vraiment encore merci.

Secoué par la soufflante, Quentin se demanda s'il devait encaisser sans broncher ou réagir. Une fois de plus, il était frappé par la différence radicale de comportement entre le monde d'où il venait et la politique. Chez O'Kelney, le chef ne se serait pas défaussé de ses responsabilités sur son subordonné, les difficultés et les revers étaient assumés par l'ensemble de l'équipe, du sommet de la hiérarchie à la base.

Il observa les autres participants autour de la table qui assistaient, muets, le nez plongé dans leurs notes, à ce tir nourri. « Tonio » Madec Lui-même semblait en avoir oublié sa désinvolture habituelle.

Étaient présents, outre le secrétaire général de l'Élysée, deux conseillers spéciaux – cet adjectif leur conférant un rang au-dessus des autres –, le « Politique » et sa collègue « Communication et stratégie » ; et trois conseillers techniques, dédiés à des secteurs précis : la conseillère aux affaires sociales, à l'égalité femmes/hommes et à la lutte contre les discriminations, le conseiller macro-économie et politiques publiques, la conseillère intérieur et sécurité.

Tonio finit par sortir de ce silence gêné. Il était urgent de faire retomber la tension. Il rebondit sur l'évocation des élections toute proches.

– Pitié pour les bouchers et les bouchères, Madame la Présidente. Ce sont des artisans honorables, ils ne veulent que le bien de leurs concitoyens, eux, pas comme les énarques ou les consultants. Si seulement on en avait comme candidats à la députation ! Remarquez, on a quelques agriculteurs et un pêcheur…

Amélie Pasteur daigna esquisser un sourire.

– Un ostréiculteur du bassin d'Arcachon, et encore, il est surtout populaire pour avoir joué dans un film à succès, rectifia-t-elle.

– Certes, certes, mais ne pinaillons pas. Allons, les choses ne se présentent pas mal du tout, votre cote de popularité reste plutôt élevée, à 56 % d'opinion positive. Atout essentiel, parce que c'est votre photo sur l'affiche, pas le nom de candidats quasi-inconnus, qui feront l'élection dans chaque circonscription.

– 56 %, hhmmoui... À son premier mandat, au même stade, celle de Cardignac atteignait presque 65 %. J'ai bien étudié les chiffres, moi aussi.

Tonio, qui en public vouvoyait la présidente par respect pour la fonction, n'en démordit pas.

– Dans ce cas, il ne vous aura pas échappé que quelques semaines plus tard, à la rentrée, il était tombé à 40 %. Une chute de 20 points en trois mois à peine au pouvoir.

– Peut-être, mais entre-temps il avait gagné une large majorité à l'Assemblée. Quant au mécontentement général, il était notamment alimenté par les salariés du public, à cause du gel du point d'indice du traitement des fonctionnaires. Et par des coupes budgétaires dans plusieurs ministères. Je vous dis que ce secteur est aussi délicat à manier qu'un bâton de dynamite. Alors, je vous pose la question : comment se sort-on de cette ornière ?

Bien que la demande de la « patronne » s'adressât à tous, les regards des participants convergèrent vers Quentin. Illustration parfaite d'un lâchage en rase campagne. Sentant la colère monter en lui, celui-ci s'apprêtait à répliquer, et à rappeler que si les hommes de la Présidente étaient venus le chercher, c'était bien dans le but de changer les choses. Que Tonio lui avait assuré qu'au cas où il y aurait un peu de casse, l'exécutif tiendrait bon, ne lâcherait pas l'affaire au premier vent contraire. Le secrétaire général du palais avait cité la réplique de Robert de Niro à Al Pacino, dans le film *Heat* : « Quand il pleut, on se mouille. » Sa jeune recrue avait décidé de lui faire confiance. À tort ?

Quentin en était là de ses réflexions quand il fut devancé par la conseillère spéciale communication et stratégie, Laurine

Valbergue. Une jeune femme vive qui s'exprimait dans un style concis, ciselé, sans en faire des tonnes comme certains communicants qui s'écoutent surtout parler.

– Vous vous souvenez de la série *La fièvre*, où le pays entier s'embrase sur une affaire de racisme dans un club de foot ? Ça raconte le combat acharné entre une méchante influenceuse d'extrême droite qui veut provoquer un soulèvement des soi-disant patriotes – les « Français de souche », quoi – et une gentille communicante hyper-fûtée qui fait tout pour empêcher la guerre civile et ramener la concorde nationale.

– Bien sûr, ça avait cartonné, la presse était dithyrambique, un think thank lui a consacré un débat et un livre de chercheurs[1], comme s'il s'était agi d'évènements réels, embraya Tonio.

– Et donc ? s'impatienta la présidente.

– Eh bien, à un moment donné la communicante fait référence à la « fenêtre d'Overton ». Une technique qui consiste à dresser une carte des idées de politiques publiques. En allant des plus radicales voire impensables pour l'opinion, donc en dehors du cadre, jusqu'à celles qui lui paraissent acceptables et pourraient même devenir populaires. L'enjeu pour un gouvernement consiste à ramener au centre de la « fenêtre », là où elles sont perçues comme les plus acceptables, les mesures qu'il veut faire passer. Pour que ça marche, il faut un gros travail de communication et de pédagogie.

Même si Quentin n'était pas sûr de connaître ce nom d'Overton – Joseph P. Overton, un politologue conservateur américain – le concept lui était familier. Cela ressemblait beaucoup, à quelques nuances près, à la manière dont la Squad avait réussi à installer les propositions d'Amélie au cœur du débat présidentiel, quelques mois auparavant. Il commençait à entrevoir où voulait en venir Laurine Valbergue.

Il adressa un clin d'œil à cette dernière.

1. La Fondation Jean-Jaurès a publié « Sur *La Fièvre* : enseignements politiques d'une série ».

– De la pédagogie, par exemple en expliquant que la réforme pourrait être bien plus douloureuse, et que la nôtre est un moindre mal ?

Laurine lui rendit son signe complice.

– Voilà, tu as tout compris. C'est ça, de l'Overton bien appliqué. Rappelez-vous, à l'époque des attentats islamistes de masse il y a dix ans, le gouvernement avait envisagé une loi sur la déchéance de la nationalité française pour les citoyens binationaux impliqués dans des actes terroristes. Dans le sacro-saint « pays des droits de l'homme », émanant de surcroît d'un pouvoir de gauche, le projet déclencha un tollé. Il divisa la majorité présidentielle et ne déboucha finalement nulle part. Imaginez comment les choses auraient pu tourner si on avait suscité en parallèle, par des fuites soigneusement distillées, une réflexion sur la création de petits Guantanamo à la française, avec des techniques d'interrogatoire à la mode CIA. Des camps à Cayenne comme au temps du bagne, par exemple. L'instauration d'un régime spécial, au nom de la raison d'État, en somme. On peut parier que la déchéance de nationalité, bien plus soft, serait alors passée crème…

Amélie Pasteur arqua les sourcils, tapotant des doigts sur la table, à côté de sa tasse de thé à laquelle elle n'avait pas touché.

– Le rapport entre Guantanamo ou Cayenne et notre léger problème ?

– Eh bien, rationaliser le travail des fonctionnaires en évaluant leurs performances et en externalisant des pans entiers de leurs missions pour réduire les coûts, c'est plutôt mal vu dans notre électorat attaché aux services publics. Mais si on fait circuler l'idée, dans des tribunes d'experts, des éditoriaux, des débats dans les chaînes d'info, que la réforme devrait en fait frapper bien plus fort en privatisant toute une partie des mêmes services publics pour être efficace, alors notre projet sera jugé acceptable dans l'opinion. Le peuple de gauche – pour parler comme les sondeurs – se dira que, finalement, grâce à nous il échappe au pire.

Le conseiller spécial politique renchérit, sourire gourmand aux lèvres.

– Et on peut compter sur la droite pour en rajouter une couche : la privatisation totale et l'éradication de l'administration, c'est son cheval de bataille.

Tonio claqua la table de la paume de sa main droite, tandis que de la gauche il relevait ses lunettes fumées sur son front. Signe intense de satisfaction.

– Je crois bien que nous y sommes, là. Maintenant, action, clama-t-il en prononçant le mot à l'anglaise.

Il ajouta sur un ton doucereux

– Si Madame la Présidente est d'accord, bien sûr...

L'intéressée appuya son menton sur ses deux mains jointes, coudes calés sur le plateau. Elle prit le temps de la réflexion, porta pour la première fois sa tasse de thé noir à ses lèvres.

Les conseillers attendaient son verdict.

– *La Fièvre*, c'est bien de ce scénariste qui a aussi écrit la série *Baron noir* ?

La conseillère com' s'empressa de répondre.

– Absolument, le même créateur. Là encore, une description au scalpel des turpitudes de la vie politique. Très réaliste.

Amélie Pasteur fit la moue.

– J'ai moins aimé la fin. Quand la présidente de la série, piégée, cernée par ses échecs et ses propres contradictions, finit par se suicider...

29

Paris, pont Alexandre-III.

Après l'éprouvante réunion avec la présidente, suivie de fastidieux debriefs avec Tonio et des collaborateurs du cabinet élyséen, Quentin décida de rentrer à pied vers son domicile. Marcher lui viderait la tête.

Il se trouvait au milieu du pont Alexandre-III lorsqu'il sentit une main l'alpaguer fermement par l'épaule.

– Monsieur Marchal ?

L'espace d'une demi-seconde, Quentin imagina, accablé, que l'un des manifestants de la matinée l'avait retrouvé. Un acharné qui aurait planqué aux abords du palais présidentiel, patienté des heures jusqu'à sa sortie avant de le pister et de l'interpeller, stoppant brusquement sa marche. Il aurait fallu être sacrément motivé pour passer ainsi sa journée à traquer le conseiller présidentiel, mais les fonctionnaires en colère avaient montré qu'ils l'étaient. D'autant qu'ils avaient une revanche à prendre sur celui qui avait filé à l'anglaise.

– C'est bien vous ? Je dois vous parler de quelque chose d'important.

À première vue, l'homme ne ressemblait pas à un chef de bureau à Bercy, se dit Quentin lorsqu'il se retourna. La trentaine, allure étudiée avec un tee-shirt blanc sous un costume stretch bleu foncé, chevelure mi-longue prématurément poivre et sel, il était surtout trahi par un fort accent italien. Il était chaussé de souples sneakers de marque, ce qui expliquait pourquoi Quentin ne l'avait pas entendu approcher dans son dos, sur le trottoir du pont semi-désert malgré la douceur de ce début de soirée printanier.

À cette sonorité, Quentin se détendit, songea immédiatement à Alessandra. Se pouvait-il que… ?

Semblant lire dans ses pensées, l'inconnu relâcha son étreinte, et reprit.

– Je dois vous transmettre un message de la part d'une amie chère. Un message post-mortem, hélas.

Il le dit avec une rage contenue. Il plantait ses yeux dans ceux du Français, sans ciller.

– Un message d'Alessandra Altieri-Luccelli, c'est bien d'elle que vous parlez ? Mais qui êtes-vous ? Comment m'avez-vous trouvé ?

– C'est une longue histoire. Et nous n'avons pas beaucoup de temps : il faut que vous m'écoutiez, vite. Sinon ils vont nous repérer, c'est dangereux. Je me suis assuré que vous n'étiez pas suivi, mais ça ne garantit rien. Probablement savent-ils qu'il vous arrive de rentrer à pied de l'Élysée, ils pourraient donc se pointer. Pour ma part, j'ai fait le nécessaire pour ne pas être repéré… du moins pour l'instant. Mais ça pourrait changer, ils sont très forts.

L'Italien jeta un coup d'œil par-dessus le parapet, en bas, vers le fleuve où se reflétait le soleil déclinant. Il afficha un sourire cynique.

– Je n'ai pas envie de tester si votre Seine est vraiment devenue baignable.

Quentin sentit une boule se former dans son estomac. La peur. Qu'est-ce que racontait donc ce type ? Qui était-ce « ils » ? Les tueurs d'Alessandra ? Depuis le début, il ressentait la conviction que son amie avait été assassinée. Qu'il ne s'agissait pas d'un accident, encore moins d'un suicide. Son interlocuteur se donnait du mal pour avoir l'air de contrôler la situation, mais sa pâleur et ses cernes marqués exprimaient une tension profonde et permanente.

– Peu importe mon nom, tout ce que vous avez besoin de savoir, c'est qu'avec Alessandra nous étions copains depuis la fac. Elle m'a téléphoné le soir même de sa mort, sans doute une poignée d'heures avant la tragédie. Elle m'appelait en urgence parce qu'elle avait besoin de mes lumières.

Derrière son accent, l'homme parlait un français châtié.

– Vos lumières ?

– J'ai créé une start-up dans le numérique et l'IA, à Milan. Elle voulait que je l'aide à mettre la main sur un message qui lui aurait été envoyé dans le dark net. Un citoyen anonyme censé l'alerter sur un danger, prétendit-elle. Je ne le lui ai pas dit sur le moment, mais je ne croyais guère à ce prétexte. Je sentais qu'elle cachait quelque chose, elle me paraissait fébrile. Ensuite, quand j'ai appris son décès, dans ces circonstances invraisemblables, je m'en suis terriblement voulu de ne pas avoir insisté au téléphone pour qu'elle se confie.

Quentin l'écoutait, bouleversé.

– Mais alors, ce message, comment vous l'êtes-vous procuré ?

Par réflexe, l'étrange messager jeta des regards furtifs à droite et à gauche, vérifiant qu'aucune oreille indiscrète ne pouvait les entendre. Bien qu'il n'y eût personne, il poursuivit en parlant plus bas, l'air un peu embarrassé.

– Disons que sa demande avait piqué ma curiosité, alors je n'ai pas résisté à l'envie d'installer à son insu un logiciel espion sur son ordinateur. Il faut dire que ma boîte est spécialisée dans la cybersécurité.

Il fit une drôle de grimace.

– Déformation professionnelle, si on veut... Ou bonne intuition. La suite a hélas prouvé que j'avais raison de soupçonner quelque chose. Grâce à cette précaution, aujourd'hui je détiens des informations essentielles. Et pour l'instant je suis le seul, dit-il d'un air grave, car j'ai lu dans les journaux que la police n'a retrouvé ni son ordinateur ni son portable. Le seul... en dehors de ceux qui lui voulaient du mal.

À ces derniers mots, il ne put s'empêcher de jeter un nouveau coup d'œil, inquiet ou vigilant, par-dessus son épaule.

À la fois abasourdi et perplexe, Quentin hésitait, se demandait s'il pouvait se fier vraiment à cet inconnu. Quelque chose le chiffonnait.

– Pourquoi n'avez-vous pas raconté tout ça à la police, à Rome ?

L'autre émit un ricanement désabusé et montra des signes d'impatience.

– La police d'État ? Je vais vous dire, je n'ai pas confiance. C'est une affaire politique, c'est évident que le pouvoir a des choses à cacher. Sinon, pourquoi insisterait-il autant pour faire croire à un suicide ? Non, je veux d'abord m'assurer que la vérité pourra vraiment éclater, que les politicards et leur clique ne m'empêcheront pas de révéler ce qu'Alessandra avait découvert. C'est pour ça que je suis venu vous rencontrer.

– Alors pourquoi avoir tant attendu ? Sa mort remonte à plusieurs semaines. Et vous n'avez pas répondu à ma question : qu'est-ce qui vous a mis sur ma piste ?

L'Italien se tourna vers la Seine, appuya ses coudes sur le parapet, mira un instant le léger tourbillon des eaux autour des piliers. Il se redressa, se rapprocha de Quentin et lui prit le bras.

– Marchons, voulez-vous. Ce n'est pas bon de rester statiques… comme des cibles.

Décidément, pour angoisser son entourage le geek milanais n'avait pas son pareil. Toutefois Quentin bouillait d'en savoir plus, il lui emboîta le pas.

– Voilà comment les choses se sont passées. Lors de notre échange au téléphone ce soir maudit, j'ai transféré à Alessandra un logiciel spécial de navigation dans le dark net, dénommé Tor. Mais un navigateur amélioré par mes soins.

– Comment cela, amélioré ? demanda Quentin, qui devait tendre l'oreille car son interlocuteur s'obstinait à parler bas tout en marchant.

– Hum, hum… on va dire, pour simplifier, que celui-ci contenait un logiciel espion de la maison. À l'annonce du soi-disant accident, j'ai été choqué, j'ai connu un moment de grand vide. Comme si je flairais un danger, quelque chose de beaucoup trop gros pour moi. Mais je me suis ressaisi, je le devais à Alessandra. Et j'ai utilisé mon logiciel fantôme pour fouiller son ordinateur et ses dernières recherches. Il fallait agir sans tarder, avant que quelqu'un ne récupère l'appareil et découvre ma petite manip. Difficile à déceler, mais pas impossible pour des pros. Enquêteurs ou… assassins.

– Et alors, qu'avez-vous découvert ?

– En remontant dans son historique à la période d'utilisation qui suivait notre coup de fil, j'ai pu retracer son parcours sur le web, et j'ai retrouvé le forum sur le dark net qu'elle avait consulté. Un forum de discussion intitulé « Marylin » – un nom qui doit vous dire quelque chose, je présume ?

Quentin se borna à opiner dans un grognement : le logiciel d'IA générative de O'Kelney. Il avait hâte d'entendre la suite.

– C'est là que vous avez découvert le fameux message ?

– Pas si simple. L'accès au doc nécessitait un mot de passe. Même les hackers ont leurs limites. Heureusement que mon logiciel contenait un « sniffer » qui lit et enregistre les frappes clavier. En tâtonnant, et avec un peu de chances, j'ai pu effectivement retrouver le bon mot de passe.

– Et alors ?

Le Français crevait d'envie de secouer son interlocuteur par le col pour le faire accoucher.

– Alors, oui, il y avait un message. De la part d'un certain Fred Parish.

Quentin accusa le coup.

– Fred Parish, bien sûr. L'informaticien canadien, concepteur de l'IA Marylin. Mort, lui aussi. Alessandra m'avait confié, lorsque nous nous étions retrouvés au séminaire O'Kelney à Courchevel peu de temps avant sa disparition, que le malheureux avait cherché à la contacter, en effet. Elle était désespérée de l'avoir loupé. Finalement, ça aura été un message posthume…

Il s'interrompit, réalisant soudain la signification de ses paroles.

– Comme pour Alessandra à travers vous, aujourd'hui. Quelle sinistre ironie.

– Oui, une troublante similitude. Mais avant de vous le confier, je devais être certain que je ne me jetais pas dans la gueule du loup. C'est en « explorant » la boîte mail d'Alessandra que je vous ai repéré. J'ai bien vu à vos échanges que vous étiez amis, complices. Mais on ne sait jamais. Vu votre rôle chez O'Kelney, et votre position actuelle à la présidence française, il paraissait normal que je me méfie. Alors je vous ai observé – en toute discrétion, rassurez-vous – avant de me décider à prendre contact.

– Quoi, vous n'avez quand même pas piraté mon ordinateur à la Firme ? Ou à l'Élysée, encore pire ? Nos systèmes sont ultra protégés.

Cette fois, l'Italien ne fit même pas semblant d'être gêné.

– Vous avez compris que j'ai un certain savoir-faire en matière de renseignement électronique. Et c'est tellement rapide et riche en information !

Pour quelqu'un d'impatient et d'inquiet, il savait ménager ses effets, sans doute pour bien faire ressentir la gravité des menaces autour de ces découvertes.

* * *

Tout à leur conversation, les deux hommes avaient dépassé le pont, franchi machinalement l'avenue bordant la Seine. Ils cheminaient maintenant le long de l'esplanade des Invalides. Tout à coup, l'image de Michael Corleone, son personnage fétiche de cinéma, vint à l'esprit de Quentin. Qu'aurait pensé le « Don » de cet endroit, pour une rencontre incertaine ? Inconvénient, les protagonistes étaient à découvert sur cette étendue plate comme la main. Mais ils avaient du coup l'avantage de voir arriver de loin un adversaire potentiel, ou un espion cherchant à les écouter. Oui, mais si la menace était interne, si l'interlocuteur de Quentin/Corleone s'avérait être un traître déterminé à l'éliminer ? Dans ce cas, il l'aurait entraîné vers une porte cochère au fond d'une impasse, pas au milieu d'une esplanade. Quoique la pénombre commençait à envelopper les lieux…

L'Italien ralentit le pas, attrapa le coude de son compagnon pour qu'il en fît de même. Il porta la main à la poche intérieure de sa veste, tout en pivotant le buste vers Quentin. D'instinct, celui-ci recula.

L'autre leva les bras, soudain hilare. Il brandit son portable.

– Eh, tranquille, qu'est-ce que vous vous imaginiez ? Que j'allais sortir un flingue ? Ha, ha, vous auriez vu votre tête !

– Franchement, vous savez choisir votre moment pour rigoler, vous… bougonna le Français, vexé.

– Pffhh… Et on prétend que les Milanais n'ont aucun humour… Bon, il est temps que je vous montre le message de Fred Parish.

Il tendit la main à son vis-à-vis.

– Au fait, mon nom est Fabrizio Romagna.

30

Message posthume.

Suivant les recommandations de Fabrizio, Quentin cliqua directement sur l'élément intitulé : COMMENT O'K VEUT CONTRÔLER LA PLANÈTE.

Un texte apparut. Il scrolla rapidement, doigt sur son écran, constata qu'il faisait plusieurs pages. Revenant au début, il se lança avidement dans sa lecture. Le testament du lanceur d'alerte.

Si le titre était soigné, le texte était haché, raturé. Manifestement rédigé à la hâte. Ou plutôt dans l'urgence, la crainte d'un danger imminent.

~~*Je lance ce message comme une bouteille à la mer*~~

Je réserve ce message à une poignée de destinataires.

À toi, d'abord, Alessandra. Rappelle-toi notre conversation à Milan. Je t'ai dit que tu avais vu juste quand tu t'étais interrogée, devant moi et tes collègues, ~~*sur les limites*~~ *sur un possible contrôle no limit de Marylin sur l'action des gouvernements.*

Je vais expliquer ici ce qui se trame au cœur de la Firme. Je soupçonne que ce soit à son insu. ~~*Seuls quelques-uns*~~ *sont Je crois qu'un seul homme est à la manœuvre, avec l'aide de quelques complices qu'il manipule.*

Faut que j'aille vite. La menace est là. J'ai conscience que ça sonne parano, mais c'est bien réel. Hélas.

Je suis à Paris, j'espère avoir un répit, mais pendant mon voyage il est arrivé un incident étrange. En embarquant dans l'Eurostar à Londres j'ai été pris dans une bousculade. Personne n'a compris ce qui l'a déclenchée, mais à un moment un homme s'est retrouvé projeté sur la voie opposée, à l'instant où le train arrivait ! Deux agents l'ont tiré de là in extremis, un miracle. Le type a dit qu'il a bien senti que quelqu'un l'avait poussé, mais dans l'affolement il était incapable de l'identifier. Entre-temps le pousseur avait filé, bien sûr. Le gars sur la voie, il avait exactement ma corpulence, un sac à l'épaule et une casquette écossaise, comme moi ! Je suis sûr que c'est moi qui étais visé. Peut-être que je me fais des idées, après tout. ~~*Et puis personne n'est mort.*~~

Je résume l'histoire.

Mes ennuis ont commencé quand Manfred von Richter m'a demandé de développer une version encore plus poussée de Marylin. Un Méta Marylin, en quelque sorte. Un logiciel qui irait beaucoup plus loin que le rôle de super-consultant capable de répondre à toutes les questions qu'on lui pose, de résoudre tous les problèmes qu'on lui soumet, en déterminant les modèles et en dressant les plans pour y parvenir. Cela, en vrai, c'est le job des CEO, des DG, dans les entreprises. Ou des ministres dans le secteur public... et c'est ce que fait Marylin. C'est déjà un pas énorme dans l'utilisation de l'IA. c'est fascinant mais ça pourrait devenir effrayant si on ne s'assurait pas d'en garder le contrôle.

Mais ça ne suffit pas à Big M, justement. Il veut jouer les visionnaires se prend pour Dieu.

Son objectif, c'est d'aller au-delà, de franchir la limite de la programmation. Il veut arriver à créer une super Intelligence artificielle.-Une IA « créative », dotée de libre arbitre, une sorte d'oracle qui saurait tout et serait capable de prendre des initiatives, et que nous soyons les premiers à développer et à utiliser.

Le texte était devenu plus construit, le style posé, constata Quentin. Comme si l'informaticien, pris par ce sujet qui représentait toute son expertise, son talent, en oubliait les menaces qu'il sentait peser sur lui.

Il poursuivit sa lecture.

Au début, je me suis montré intéressé par le projet. Une IA créative, une super IA – ou super Marylin, pour ce qui m'était demandé –, c'est un défi formidable pour les scientifiques et les ingénieurs. Mon équipe était très motivée.

Pour rendre cette utopie possible, Big M m'avait promis des moyens considérables. Comment résister ?! Cependant une disposition nouvelle m'alerta. Un changement par rapport au processus suivi pour l'IA Marylin. Cette dernière a été conçue pour être accessible, au fil d'étapes successives, par tous les employés confirmés de O'Kelney. Son développement a été suivi et validé par un comité de partners, mes interlocuteurs directs de bout en bout. Subitement, Manfred a exigé une confidentialité totale : je ne devais plus traiter qu'avec lui, et lui seul. Pour être efficace, et compte tenu de l'enjeu, il lui fallait la chaîne la plus courte possible.

Assez vite, au cours de nos réunions virtuelles, ses mobiles me sont apparus. S'il tenait à travailler à l'écart de la Firme, c'est parce que le logiciel dont il rêvait allait impliquer, pour ceux qui l'utiliseraient, d'outrepasser très largement le rôle d'un consultant. Cette Meta Marylin ne serait pas au service du client ; elle remplacerait le client. Que celui-ci soit chef d'entreprise ou chef d'État. Dans les propos de Manfred, c'était bien ça qui s'élaborait : puisque les politiques sont incapables de diriger le monde correctement, confions le job à la super IA. Elle gérerait les choses mieux que les gouvernements. Dans ces moments-là, sous son apparente froideur, il était exalté. Il ne tenait aucun compte de mes objections et mises en garde, notamment sur ce « détail » qui clochait dans son scénario : à la fin des fins, lequel des deux superviserait l'autre, l'homme ou la machine ? Il paraissait bien décidé à rester le maître. Une super IA, mais à sa botte. Qui lui permette de réaliser son rêve : devenir un Big M « augmenté » !

Du rêve au cauchemar, il n'y a qu'un pas. Je ne suis plus du tout certain de vouloir contribuer à la création d'un tel système véritablement monstrueux. Le secteur est déjà secoué par les controverses. Des magnats de la Silicon Valley[1] *et des experts réclament un moratoire sur la recherche autour de l'IA, l'Union européenne se dote d'un arsenal juridique pour la contenir le plus possible, certains dirigeants internationaux*[2] *alertant même sur un risque d'extinction de l'espèce humaine ! Je ne suis naturellement*

1. Lettre ouverte d'Elon Musk et de centaines d'experts en 2023.
2. La présidente de la Commission européenne, Ursula von der Leyen.

pas 100 % d'accord avec ces prises de position, en partie opportunistes ou politiques. Elles soulèvent néanmoins de vraies questions.

J'ai alors décidé de prendre mes distances avec Big M. Œuvrer à un projet aussi gigantesque dans la clandestinité, c'est pour moi hors de question. Devant mes réticences, son attitude a changé : de parano il est devenu carrément menaçant. Je ne reconnais plus le partner réfléchi et audacieux à la fois qui avait été un mentor essentiel dans la mise en service de Marylin. Lors d'une de nos dernières séances en visio, il s'est mis à hurler, jurant que je paierais très cher ma « trahison » si je quittais le projet et plus encore si je révélais quoi que ce soit. « Très cher », que voulait-il dire exactement ? Jusqu'où ?

Comme il voulait éviter un clash public dans la société, il n'a pas demandé ma démission, dont il aurait eu du mal à expliquer les raisons, compte tenu du succès de Marylin. Mais il me tient à l'écart du projet super IA, il a recruté un cerveau dissident d'OpenAI pour superviser mon équipe. J'ai bien envisagé de m'en ouvrir à d'autres responsables de la firme, mais je marche sur des œufs. Quelque part, Manfred me tient. De fait, j'ai bel et bien amorcé ce chantier super Marylin, sous sa direction. Sans en référer au fameux comité. Que je le veuille ou non, je suis donc complice.

De plus, Big M a un poids considérable chez O'Kelney, il m'est impossible de l'attaquer frontalement sans conséquences néfastes pour moi, sauf à avoir des cartes solides dans la main. Enfin, je sais qu'il n'agit pas tout à fait seul, qu'il possède son réseau d'inconditionnels, des gens à lui disséminés au sein de la pieuvre O'Kelney. Qui sont-ils, et combien ? Vers qui me tourner sans risquer de me faire démasquer ?

J'ai sondé le terrain, le plus discrètement possible. Et identifié une poignée de contacts, de membres de la firme auxquels je crois pouvoir me fier. Ils ne se comptent même pas sur les doigts d'une main. J'ai fait en sorte qu'ils puissent accéder à ce message, si jamais il m'arrive malheur. Ces derniers temps, en effet, j'ai découvert que j'étais épié, surveillé, peut-être même suivi. Par Big M et ses sbires, sans aucun doute. Mais que cherche-t-il ? M'impressionner pour que je rentre dans le rang, et que notre collaboration reprenne comme avant ? Ou au contraire me faire taire ? Me pousser à stopper mes investigations ?

Au moment où je rédige ce message, j'ai la certitude qu'il poursuit, grâce à la collaboration du transfuge d'OpenAI, le programme entamé avec moi. Pour en avoir la preuve, il faut que j'accède aux serveurs où sont hébergées les données et les algorithmes de la super IA. Je suis sur la trace d'un centre de stockage en Suisse, dans une région de lacs. Mais j'ai aussi des soupçons sur un vaste entrepôt anonyme en banlieue nord parisienne.

Il faut que j'aille vérifier sur place. Je pourrais profiter de ma tournée des sièges européens de la Firme pour pousser dans ~~le Tyrol~~ le Valais et en Seine-Saint-Denis près de Paris.

Je vois bien que mon message ressemble à un scénario délirant, que ~~décidément~~ peut-être je tourne parano.

J'ai besoin ~~de respirer~~ de penser à autre chose. Ce soir je vais me changer les idées. Je vais faire une escapade dont je rêve depuis longtemps, une expédition dans les catacombes de Paris. C'est Vincenzo qui m'a donné l'idée, on a même projeté d'y aller ensemble.

D'ailleurs, je vais lui envoyer aussi ce message, Alessandra. Il me paraît un homme de confiance. Tu me diras ce que tu en penses, tu as travaillé avec lui à la Firme. Il faut que je puisse compter sur des alliés, tout ça est trop lourd pour moi tout seul.

L'enjeu est tellement incroyable : Manfred est en train de bâtir un système caché, un O'Kelney parallèle, une main invisible dont la force secrète, irrésistible, résiderait dans une super IA sous ses ordres. Dans le but de diriger le monde.

31

Le Bastion.

– Qui cherche à vous éliminer ? Et pourquoi ?

Tassé sur sa chaise, tête penchée sur la poitrine, épaules rentrées, visage hagard, l'homme, volubile et désordonné l'instant d'avant, ne proférait plus un mot.

La capitaine Alice Menuet reformula sa question.

– Vous dites que ce n'était pas un accident. Alors si c'était une tentative d'assassinat, quel serait le mobile ?

Le grand échalas voûté finit par balbutier.

– Monsieur le... euh, Madame la commissaire, je... je veux appeler mon avocat. Plutôt, non, emmenez-moi d'abord à l'hôpital, je... j'ai mal, partout...

Il replongea dans le silence.

– Capitaine, appelez-moi capitaine. C'est mon grade.

Menuet, drôle de nom pour une flic. Menue, peut-être, mais plus dans le style boxeuse poids léger que ballerine de l'opéra. Cheffe de groupe à la Brigade criminelle, la jeune femme avait vite gagné le respect de la dizaine de policiers sous ses ordres. Il leur avait suffi de la voir aligner les cibles avec son Sig-Sauer P 2022, dans un rare sans-fautes lors d'un exercice en conditions extrêmes – sirènes hurlantes, gyrophare, flash stroboscopiques... – au stand de tir ultra-moderne installé au sous-sol du « Bastion », pour calmer, une bonne fois pour toutes, les grognements des machos de la Crim' qui se seraient bien vus à sa place.

L'individu qu'elle interrogeait était passé, entre le cœur de la nuit et l'aube, du statut de victime à celui de suspect. Quelques heures plus tôt, il était entré au 36, rue du Bastion (Paris 17e), le siège de la direction régionale de la police judiciaire, par l'immense hall à colonnades, encadré de deux pompiers. Le détail avait son importance. S'il avait été interpellé par des agents, pour un flag' ou tout autre délit, c'est par les sous-sols qu'il aurait été embarqué. Le nouveau quartier général de la police parisienne, dans un immeuble flambant neuf truffé de technologie sécuritaire, à la façade ondoyante recouverte de panneaux de verre aux nuances de gris, bleu et crème, était spécialement aménagé pour que les victimes ou les témoins ne croisent jamais les potentiels agresseurs. Histoire d'écarter le risque de voir les premiers intimidés ou même menacés par les seconds – comme cela arrivait parfois dans le labyrinthe des bureaux vétustes de l'antique 36 Quai des Orfèvres, sur l'île de la Cité au cœur de la capitale.

Pour cultiver la tradition, la haute hiérarchie avait obtenu de la mairie de Paris l'autorisation d'accoler au bâtiment le mythique numéro 36 dans cette rue taillée de toutes pièces sur une ex-emprise ferroviaire, aux confins du quartier des Batignolles, entre le périphérique et le boulevard Berthier. Voilà pour la nostalgie. Côté efficacité, le siège de la PJ, où s'activaient nuit et jour 1 700 enquêteurs, jouxtait le tout aussi neuf tribunal de justice de Paris, les deux immeubles se trouvant reliés par un tunnel.

La camionnette des pompiers avait déposé peu après minuit l'intéressé, un grand gars maigre au jean et blouson noirs aux pans déchirés, après lui avoir administré à bord des soins d'urgence. Ils l'avaient ramassé sur la chaussée d'une ruelle étroite de Belleville, après avoir été alertés par deux passants qui étaient tombés sur un homme gisant à même le sol, venant apparemment d'être renversé par une voiture. Le chauffard avait pris la fuite. Pas de témoin pour noter la plaque.

La victime gémissait sur l'asphalte, confuse mais consciente.

– C'est pas un accident. Le 4 × 4 m'a foncé dessus, regardez il m'a... aarrgh, j'ai mal, aidez-moi. Il était dans le noir, il a brusquement démarré derrière moi à mon passage. J'ai juste eu le temps de faire un bond de côté, mais je me suis pris le coin du pare-chocs dans le buffet. Aaah, mes côtes, mes jambes, je sens plus rien...

– Calmez-vous, Monsieur, respirez, dit un sauveteur en lui tendant le masque relié à un respirateur. On s'occupe de vous.

Déjà, ses collègues descendaient la civière, plaçaient précautionneusement l'accidenté en PLS. L'un d'eux se livra à un examen rapide.

– Ça n'a pas l'air trop grave, de sérieuses contusions. Mais vous êtes en état de choc. Le temps que vous récupériez et puis on vous conduit aux urgences, à l'hôpital Tenon.

Le blessé écarta le masque, se redressa soudain à moitié, la douleur apparemment évanouie. Ou surmontée par une autre sensation. La peur.

– Non, non, ça va aller. Pas le temps pour l'hôpital, je veux aller à la police, tout de suite. On essaie de me tuer, ça fait deux fois que j'y échappe de justesse. La police. Je veux parler à la police. Je dirai tout !

* * *

Devant les policiers qui enregistraient sa plainte, la victime s'était épanchée. Une logorrhée brouillonne, souvent incompréhensible, entrecoupée de hoquets de douleurs qui firent hésiter les agents à envoyer illico le plaignant à l'hôpital se faire soigner. Ce dernier leur paraissait davantage souffrir de confusion mentale, encore sous le choc, que de séquelles physiques.

Mais dans son discours décousu, émergèrent des paroles qui tiltèrent aux oreilles des limiers.

« Catacombes »

« Assassinat »

« Noyé »

« Commanditaires »

« Menaces »

Le lieutenant de permanence interrogea son collègue.

– Dis donc, il ne nous parlerait pas du cadavre qu'on a découvert dans les catacombes, il y a quelques semaines ? L'enquête est toujours plus ou moins au point mort, sauf erreur.

L'autre acquiesça.

– Tu as raison, ça y ressemblerait beaucoup. Le proc a ouvert une enquête préliminaire. C'est la capitaine Menuet qui est en charge, faudrait l'alerter. M'est avis qu'on tient une piste, là.

L'OPJ s'adressa au plaignant, qui faisait de moins en moins victime.

– Ce noyé, c'était un Canadien ? Vous le connaissiez ? Qu'est-ce que vous avez à voir avec cette affaire ? La police est sur la piste d'un meurtre, vous êtes au courant ? On va reprendre les choses calmement. Vous tenez le coup, c'est sûr ?

L'interpellé opina dans un hoquet.

L'un des deux flics, un baraqué au cheveu ras pas mécontent de sortir de la routine de cette permanence aux dépôts de plaintes, fouilla le portefeuille du « client » et en extirpa sa carte d'identité.

– Bochko Jovanovic. Vous êtes d'origine serbe ? C'est quoi, ces papiers ? Vous êtes intermittent du spectacle, c'est bien ça ?

– Oui. Je suis régisseur, manutentionnaire, éclairagiste, comédien, un peu tout... théâtre, cinéma ou télé. Dans le milieu on me connaît plutôt par mon surnom...

– Qui est ?

– Lucifer.

* * *

À ce stade, un transfert s'imposait. Les policiers avaient emmené Bochko alias Lucifer au 5e étage, celui des enquêteurs. Dans un bureau de bonne taille, fonctionnel, éclairé par des plafonniers modulables atmosphère aseptisée, grandes fenêtres teintées donnant sur l'obscurité en cette heure matinale. Celui de la capitaine Menuet, qui avait été tirée du lit aux aurores par un coup de fil des collègues. Ils avaient entre les mains, comprit-elle entre deux bâillements, un individu qui paraissait impliqué dans l'affaire

Fred Parish, cet informaticien canadien retrouvé noyé dans les catacombes.

Dossier potentiellement sensible, compte tenu des liens du disparu avec le cabinet O'Kelney : on baignait dans les hautes sphères de la politique et du business. Aussi le procureur de la République avait directement confié une enquête préliminaire à la PJ, évitant ainsi de mettre un juge dans le coup, au moins dans un premier temps.

Alice détailla la mine du suspect, « Lucifer ».

« C'est vrai qu'il a quelque chose de diabolique », songea-t-elle. À la réflexion, il lui semblait avoir déjà vu ces yeux charbon enfoncés dans les orbites, le teint blanchâtre de l'étroite figure au nez effilé, le haut front surmonté d'une chevelure noir de jais rasée sur les côtés avec une grande mèche plaquée en arrière. Une telle allure ne s'oubliait pas facilement. L'acteur de seconde zone était abonné aux petits rôles de Nosferatu et autres vampires dans des téléfilms ou sur scène. Avec de la teinture rouge sang aux commissures des lèvres et une cape noire, il faisait indéniablement son effet.

Pour joindre les deux bouts quand il n'était pas engagé sur une production, ce qui était fréquent, il faisait de la figuration pour des soirées à thème ou des évènements privés dans des lieux insolites, en particulier les catacombes dont « Lucifer » était devenu un spécialiste. En outre, il se livrait à tout un tas d'activités plus ou moins honnêtes. Plutôt moins, d'ailleurs. Cela allait du repérage d'appartements cossus et du fourgue d'objets volés jusqu'à la participation à des opérations de racket, pour le compte d'une bande de malfrats franco-serbes.

Peu après son arrivée dans les locaux, les agents n'avaient pas tardé à découvrir que le casier judiciaire du dénommé Bochko Jovanovic n'était plus vierge depuis longtemps. Des condamnations légères, toutefois, pas de peines de prison.

– Bon, résumons, reprit patiemment la capitaine Menuet.

Elle repoussa son séant dans son fauteuil, avant de saisir une chemise cartonnée dont elle sortit quelques feuilles. Elle y jeta un coup d'œil, tout en se concentrant sur son écran d'ordinateur. Elle commença à détailler, comme si elle traduisait tout haut ce qui était écrit.

– Voilà, nous y sommes. Nous avons un Monsieur Parish, petit génie de l'intelligence artificielle, collaborateur d'un des plus grands cabinets de conseil mondiaux, qui a été, selon toute vraisemblance, assassiné dans les catacombes. L'autopsie a établi que la noyade est la cause du décès, mais on a aussi décelé dans son corps des traces de psychotrope : la victime a été droguée. On peut supposer que le but était d'altérer son jugement et ses facultés de réaction, pour l'amener dans ce caveau inondable au tréfonds des catacombes, où le cadavre a été découvert. Le jeu immersif dans lequel il était plongé grâce à son équipement de vision virtuelle avait déjà fait l'essentiel pour le distraire. Au fond, il était comme un pantin dont on tire les ficelles. Reste à trouver le marionnettiste.

Elle leva les yeux vers son vis-à-vis. Le transperça du regard. Volontairement oublieuse de sa posture de victime bien amochée.

– Vous avez une idée de qui il pourrait s'agir ? D'après ce que vous avez raconté à mes collègues, en bas, vous en savez beaucoup sur cette affaire. Peut-être trop. C'est pour ça qu'on chercherait à vous régler votre compte ? Le marionnettiste, ce ne serait pas vous ?

Mutisme de l'interpellé.

Silencieux jusque-là, l'adjoint de la capitaine Menuet, le lieutenant de police Kevin Morand, un trentenaire au costume d'une élégance rare pour un flic, surtout à pareille heure, intervint pour la première fois. Tutoyant le suspect, moins élégamment pour le coup.

– Allez, tu ferais mieux de tout nous dire, c'est dans ton intérêt. Après, on te bouclera dans une chambre d'hôpital aménagée par nos soins, tu y seras au chaud et en sécurité.

« Lucifer » se contorsionnait sur sa chaise, l'air de souffrir comme un damné, dans sa chair et son esprit.

– Le Canadien, c'est toi qui l'as refroidi ? siffla Kevin, impitoyable.

– Non, non, j'ai tué personne, j'ai juste... Je l'ai simplement accompagné, dans les souterrains. Je pensais qu'ils voulaient juste lui faire peur, l'impressionner pour lui faire cracher des renseignements. Jamais j'aurais cru que ça finirait comme ça, je le jure. Mais je...

– Qui ça, ils ? Tu t'es laissé embarquer dans une affaire trop grosse pour toi et tu as perdu le contrôle ?

L'homme se raidit imperceptiblement. Alice reprit la main, sentant que c'était le moment de le ferrer.

– Donc vous étiez bien sur place, avec la victime. Et maintenant vous êtes devenu l'homme qui en savait trop. Pour nous, vous êtes le principal suspect. C'est très grave : assassinat, ça va chercher dans les vingt ans de prison incompressibles. Il n'y aura pas foule de réalisateurs pour vous faire jouer la comédie quand vous sortirez. Si vous voulez éviter que votre situation soit pire encore, il faut nous aider à démasquer ce « ils ».

Lucifer prit sa tête dans ses mains. Il n'avait plus rien d'un démon ricanant.

– D'accord, souffla-t-il. Tout ce que je veux c'est sauver ma peau.

32

Le Bastion.

Jovanovic déballa toute son histoire. Sans rien omettre. Il avait été contacté, *via* ses réseaux louches balkaniques, par un certain Aldo. Il se doutait bien que c'était un pseudo, tout ce qu'il pouvait dire c'est que l'homme s'exprimait en français avec un fort accent italien. Il avait tenu à lui donner ses instructions de vive voix, voulant à tout prix éviter de laisser des traces sur un smartphone ou des réseaux sociaux. Rendez-vous avait été fixé… dans un peep-show de Pigalle, où le mystérieux Aldo s'était adressé à lui, dans ce confessionnal d'un genre spécial, à travers un rideau.

Sa mission consistait à conduire dans le secret des catacombes, par les itinéraires interdits qu'il maîtrisait, un client nommé Fred, sur le compte duquel il n'avait pas besoin d'en savoir davantage. Le but à atteindre était une piscine secrète, un de ces bassins inondables des catacombes. Des endroits à très haut risque – danger de noyade en cas de forte pluie sur la capitale ou d'inattention de la part de fêtards éméchés – connus de rares initiés… parmi lesquels Lucifer.

L'idée était de faire peur au client, de lui donner une bonne leçon, avait confié Aldo, sans daigner s'étendre sur les raisons d'un tel traitement. Le Franco-Serbe ne demanda pas de détail, l'important pour lui était le montant du « contrat » : 30 000 euros, une aubaine inespérée. Dont un tiers remis dès le rendez-vous, plus une conséquente avance sur frais.

Pour cette « Opération oubliettes », Bochko devait se procurer quatre jeux de lunettes à réalité augmentée Viz Glass, de casques connectés et de caméras GoPro. Tout un attirail de jeu immersif, dont la police avait récupéré l'exemplaire harnaché au cadavre de Fred Parish. Mais l'examen de la GoPro avait révélé qu'elle était vide de tout enregistrement. Quant à l'équipement hi-tech, l'origine en avait bien été tracée par les enquêteurs, mais le vendeur n'avait pas de souvenir précis de l'acheteur, et la transaction avait été réglée en espèces : ni ticket ou enregistrement de carte bleue ni chèque.

Pour les besoins de sa mise en scène, le comédien recruta des comparses, deux femmes et un homme, tout droit arrivés d'Albanie et d'Ukraine – seule l'Ukrainienne, une blonde pulpeuse, parlait français. Comme aucun d'entre eux n'avait de papiers, et que leur rôle de pure figuration se limitait à un peu plus d'une heure très bien payée en début d'expédition souterraine, ils s'étaient depuis évanouis dans la nature sans demander leur reste.

Dernier point, Aldo intima à l'exécutant l'ordre de droguer son client. Mais en douceur, en prenant du temps, afin de le désorienter, d'inhiber ses réflexes sans l'assommer tout à fait. Une dose raisonnable de benzodiazépines, type Témesta ou Stilnox, instillée dans une boisson à consommer au fil de la balade, ferait l'affaire.

Lucifer suivit à la lettre toutes les instructions, exécuta sa partition à la perfection, jusque dans le dialogue qu'il avait mené par radio avec ledit Fred afin de pousser l'angoisse au paroxysme, comme l'avait ordonné Aldo. Il avait mérité son cachet, qu'il toucha sous forme d'une sacoche bourrée de billets récupérée dans une consigne de la gare Saint-Lazare.

Une seule chose ne s'était pas passée comme prévu, racontait maintenant Bochko Jovanovic aux policiers : quelques jours plus tard, il apprenait par les journaux que son client avait été retrouvé mort dans les catacombes.

* * *

– Faites-nous croire que vous découvrez ça comme ça, sans vous douter de rien, le brusqua le lieutenant Kevin. Enfin, vous avez laissé ce malheureux se noyer.

Bochko roulait des yeux, se tordait les mains.

– Je sais, ça paraît dingue, mais c'est la vérité. Au bout d'un moment, j'ai arrêté de lui parler au micro. Je savais qu'il était arrivé à la piscine, ma mission était terminée, je suis parti sans chercher à en savoir plus. Le type était censé patauger, paniquer un bon coup dans le froid et le noir, mais il n'était pas question de le submerger de flotte glacée. Ce devait être une bonne correction, pas un assassinat. Et pourtant...

– Et pourtant, c'est ce qui est arrivé, compléta Alice Menuet. Qu'est-ce que vous avez fabriqué une fois que vous l'avez appris ?

À cette question, Lucifer pâlit encore un peu plus. Ce qu'il avait fait, c'était la pire bêtise de sa vie, dans un parcours qui en comptait pourtant déjà pas mal. Il regarda la capitaine.

– Au point où j'en suis, autant tout vous dire. De toute façon, c'est soit vous soit eux qui m'auront. Et si c'est eux, je suis mort. Rrrhhaah...

Il se racla la gorge, plissa les paupières, visiblement en proie à la douleur.

– Vous n'auriez pas quelque chose à me donner ? J'ai besoin d'un remontant pour pouvoir poursuivre.

– Et puis quoi encore, t'es pas chez Mère Teresa ici, l'envoya valser Kevin. Allez, finissons-en. C'est cet Aldo qui veut t'éliminer ?

Plus conciliante, Alice Menuet lui fit monter un antalgique et une boisson chaude. Le comprimé avalé et après quelques gorgées de la boisson fumante, Lucifer reprit son récit.

Quand il avait réalisé qu'il se trouvait non seulement impliqué dans un assassinat, mais qu'en plus la victime appartenait à une entreprise à l'influence internationale, Bochko avait d'abord pris peur. Très vite, toutefois, il comprit le parti qu'il pouvait tirer de la situation. « 30 000, pour un coup pareil, c'est un pourboire, raisonna-t-il. Mon silence vaut le double, au minimum. » Il comptait bien réclamer son dû à qui de droit.

Encore fallait-il remonter la piste d'Aldo. Il questionna un par un ses relais habituels dans la mafia serbo-croate, passa des heures à farfouiller sur le web pour dénicher tout ce qui avait un rapport avec l'IA et surtout avec O'Kelney. Il sauta littéralement au plafond quand il tomba sur un article relatant la mort brutale, quelques semaines plus tôt, d'une consultante de la Firme détachée auprès du gouvernement italien. Il était sûr de tenir une piste.

* * *

Il n'eut pas le temps de la creuser. Un soir, alors qu'il sortait de répétition dans un théâtre minuscule du côté du canal de l'Ourcq, dans le 19e, un gros Range Rover couleur anthracite mat aux vitrines teintées, l'allure d'un requin égaré en milieu urbain, bondit sur le trottoir devant lui, se plaçant en travers du passage dans un chuintement de pneus menaçant. Bochko buta sur la portière du conducteur, qui s'ouvrit sous l'effet d'une brusque poussée, découvrant le buste de lutteur et la tronche de tueur de Sergueï Karadzic, dit « La Hache ». Un chef de gang qui terrifiait jusqu'à ses lieutenants, auquel le sans-grade Lucifer n'avait eu à faire que de loin. Il devina une silhouette au fond de l'habitacle.

– Alors te voilà qui fouines partout et poses tout un tas de questions. Tu n'aurais pas été satisfait d'un contrat ? On se serait moqué de toi ? Il y a quelqu'un ici qui est curieux de savoir où tu veux en venir.

Surpris mais à demi-rassuré seulement par le ton doucereux du truand, le comédien à-tout-faire exposa ses griefs, penché vers la portière béante, d'abord hésitant puis revendicatif au fur et à mesure qu'il s'enhardissait. Quoi ! Il avait pris des risques, mettant le pied dans une histoire bien plus importante qu'on ne le lui avait dit, qui déclenchait maintenant un gros barouf. Et il avait idée, confia-t-il bravement à Sergueï et à l'ombre en arrière-plan, que certains chez O'Kelney, notamment dans les bureaux italiens de la firme, seraient prêts à payer encore plus cher ce silence. Alors, il trouvait légitime de réclamer une rallonge à Aldo : 100 000 euros, le prix de son silence face à une histoire aux ramifications insoupçonnées.

À la seconde où il fermait la bouche, il se sentit happé comme par un broyeur à l'intérieur du véhicule. « La Hache », tout en lui plaquant le visage d'une poigne d'acier contre le volant, lui agita sous le nez, de sa main libre, un couteau de boucher serbe de six pouces au manche d'olivier ouvré : l'instrument favori de Sergueï, qui lui servait à trancher avec finesse, l'un après l'autre, les doigts des impudents se mettant en travers de son chemin. Un ou deux doigts, c'était une bonne leçon. Toute la main, et parfois en prime les oreilles et la langue, c'était une sanction.

Il fit courir la lame sur l'index de Bochko, pétrifié de peur.

– Si tu ne te dépêches pas d'oublier tout ça et que tu l'ouvres encore, tu pourras dire adieu à tes dix doigts. Et à ton gagne-pain : on n'a jamais vu des vampires avec des moignons.

– Le contrat qui t'a été confié n'a pas d'avenant, il n'y aura pas d'autre avertissement, dit la silhouette. Ne t'avise pas de jouer les maîtres chanteurs.

Le sang de Bochko se glaça. Il avait reconnu la voix et l'accent d'Aldo. Sur ce, Sergueï le fit gicler hors du 4 × 4, claqua la portière et démarra en trombe.

Lucifer s'était résigné à abandonner sa quête, pas vraiment le choix. Mais quand il manqua de périr quelques jours plus tard, écrasé sous les roues du Range Rover anthracite, il comprit que ses commanditaires avaient changé d'avis.

Le contrat, désormais, était sur sa tête.

33

Banlieue parisienne.

Penché sur son établi, Quentin attaquait à la meuleuse une lame d'acier mal dégrossie, fixée par un étau sur le rebord du plateau. Des étincelles jaillissaient, le bruit stridulait dans les oreilles, obsédant. Ça ne gênait pas l'artisan amateur, au contraire. Lui qui avait la phobie du hurlement des sirènes était curieusement rassuré par ce bruit de l'outil, rappelant pourtant, à la puissance au carré, celui de la fraise du dentiste. Absorbé dans sa tâche, il surveillait l'échauffement du barbecue paternel qui faisait office de forge. Après avoir réalisé les émoutures de sa chute métallique, transformant ainsi une lame rustique en un couteau au tranchant aiguisé, il passerait à l'étape cruciale de la trempe. Il s'agissait de chauffer la pièce d'acier à 800° environ, avant de la tremper dans un bain d'huile. Il obtiendrait alors un couteau inoxydable, d'une pure dureté, qu'il s'appliquerait ensuite à polir.

Il resterait encore à ouvrer le manche, pour parvenir à l'objet parfait à ses yeux. Des heures de labeur. Des heures à fixer son esprit, à concentrer ses efforts, à jouer habilement de ses mains, dans le pavillon familial de Champigny-sur-Marne, sur un projet concret, trivial, à des années-lumière du champ éthéré où évoluaient les consultants.

Bouleversé par la révélation posthume de Fred Parish, Quentin Marchal avait éprouvé le besoin impérieux de se vider la tête. Il avait enfourché sa moto, roulé au crépuscule à travers la banlieue est, dit à peine deux mots à ses parents surpris de le voir débarquer et alarmés par sa mine hâve – « on se parlera plus tard », avait-il promis pour les rassurer –, avant de s'engouffrer dans son atelier refuge, attenant au garage. En entendant le raffut des outils, Franck, le père, avait tenté de passer une tête, cherchant une explication à cette frénésie nocturne. Devant le regard que lui avait jeté son fils, il avait battu en retraite. Après tout, ce n'était pas la première fois que le garçon s'isolait ainsi dans son antre, pour se ressourcer. Mais un air aussi farouche, il ne le lui avait jamais vu.

* * *

Les pensées les plus noires, les théories les plus folles et les hypothèses les plus terrifiantes se bousculaient sous le crâne du jeune homme. Le maniement précis de ses outils de coutellerie, la concentration sur le processus de fabrication, ne parvenaient pas à monopoliser son cerveau. À cet instant, il était redevenu un gamin démuni, désemparé face à la machination abyssale soudainement dévoilée par l'entremise de Fabrizio.

Pas si soudainement, en fait. Quentin avait déjà découvert l'objectif ultime de Manfred von Richter, son ambition d'instaurer ni plus ni moins qu'un monde parfait, grâce à l'avènement de son système épistocratique. Se remémorant la manière dont Big M se gargarisait de ce mot savant, il fit râper d'un geste brusque le tranchant de la lame qu'il peaufinait sur la pierre d'affûtage. Après cette rencontre, le consultant s'était fixé une patiente stratégie pour le démasquer, s'efforçant d'attendre son heure.

D'accord. Sauf que ce n'était plus simplement à un individu machiavélique en proie à la folie des grandeurs qu'il avait affaire, mais aussi, sans doute, à un assassin. La disparition tragique de Parish, dans les heures ou les jours qui avaient suivi son appel à l'aide, n'en fournissait-elle pas la preuve ? Et la mort d'Alessandra à Rome ? À cette pensée une nouvelle poussée de rage lui monta des tripes. Bien sûr qu'il y avait un lien, au fond il l'avait toujours su. L'Italienne aussi avait gêné les plans de Big M. Maintenant ce salopard devait payer. Tout de suite, sans attendre.

Le faire payer, mais comment ? Quentin se retrouvait devant un dilemme infernal. Dénoncer Von Richter, cela éclabousserait forcément la firme entière, un scandale si énorme qu'il y aurait peu de chances qu'elle s'en relève. Pouvait-il se résoudre à provoquer la chute d'une société à laquelle il avait fait allégeance, dont il avait partagé les valeurs ? Mais justement, ces dernières étaient-elles encore en vigueur ? Il n'en était plus du tout sûr. Il n'était pas davantage capable de dire si Manfred était un consultant dévoyé mais isolé, un renégat mégalomane prêt à tout, y compris à tuer des gens pour son projet fou, ou si sa dérive mortelle était partagée par d'autres.

Qui d'autre chez O'Kelney était impliqué dans le complot ? Dans son message, Fred Parish disait qu'il se méfiait de tous, parce qu'il n'avait aucune certitude sur l'existence, et encore moins sur l'identité, d'éventuels complices. Mais, contrairement à Quentin, il n'avait pas connaissance du pacte des 33. Parmi ces « apôtres » de Big M, combien étaient au courant de vraiment tout, savaient pour son projet secret d'IA autonome, et pour les meurtres de collaborateurs ? Son propre mentor, Vikas Banerjee, y était-il mêlé ? Pas sûr, mais pas impossible. Cette idée le fit frissonner de dégoût.

* * *

Le bouillonnement de son esprit ne cessait pas. La nuit était bien avancée, dans l'âcre odeur de charbon et d'huile brûlés, et il n'entrevoyait pas de solution. Il fallait qu'il s'ouvre de ses doutes, de son tourment, mais à qui ? Il avait naturellement songé à Franck et Corinne, ses parents, si ancrés dans une vie « normale », où l'on partait d'un point A – la rudesse de la ferme jurassienne pour son père, d'un foyer urbain défavorisé pour sa mère – pour arriver, à force de travail et sans jamais dévier de la ligne, à un point B. Plus gratifiant et confortable, mais sans rien de mirifique.

Franck n'avait pas caché à son fils son soulagement de le voir quitter O'Kelney, à ses yeux une machine à contenter le capitaliste au détriment du travailleur. Même s'il gardait une méfiance atavique à l'endroit d'un lieu de pouvoir suprême comme l'Élysée, il était satisfait de l'engagement de son « gamin » auprès de cette présidente qui venait du syndicalisme.

Le réveiller ? De toute façon il ne devait pas dormir, pas plus que sa mère, après son arrivée dans un tel état. Mais il ne se sentait pas le cœur de leur balancer une histoire aussi incroyable, comme ça, de but en blanc. En temps normal, tous deux auraient su l'apaiser, lui servir de boussole comme ça avait souvent été le cas. Mais là, ils seraient probablement tellement abasourdis, leur inquiétude ravivée, qu'ils ne pourraient lui être d'aucun secours utile.

Appeler Fabrizio, le messager ? Il était retourné à Milan. Bien sûr il ne lâchait pas l'affaire, s'était dit prêt à aider Quentin. Mais ce dont avait besoin ce dernier, c'était d'une oreille familière, connaissant le monde aux pièges et menaces omniprésents qu'il allait affronter directement.

* * *

Tout en réfléchissant, il palpait machinalement entre ses doigts, sous tous les angles, la forme prometteuse d'un couteau fin et élégant, dont il achevait la fabrication. Il laissa son esprit vagabonder à l'emploi final qu'il lui donnerait. Un couteau d'excursion, façon canif ou opinel ? Ou… couteau suisse ? Tonio, bien sûr ! Antoine Madec, le « couteau suisse » d'Amélie Pasteur, c'est comme ça qu'ils s'étaient liés, au début de la campagne présidentielle.

Il entretenait une complicité réelle avec ce professionnel de la politique, parfait connaisseur des arcanes du pouvoir et rompu aux coups bas inhérents à la survie dans ce milieu tout sauf angélique. Tonio serait sans nul doute surpris par cette histoire incroyable, mais il ne s'attarderait pas à des états d'âme et chercherait vite la parade. D'autant plus efficacement qu'il ne portait déjà pas les consultants dans son cœur.

C'était décidé, il allait parler au bras droit de la présidente.

L'aube pointait à peine. Il lui envoya un message. L'intéressé répondit presque aussitôt. Cela n'étonna qu'à moitié Quentin. Ce type ne dormait jamais.

Quelques minutes plus tard, la Ducati fonçait dans les rues désertes vers la capitale.

* * *

Prévenu de son arrivée, les policiers de faction le laissèrent, exceptionnellement, garer sa moto sous le porche de l'avenue de Marigny, longeant l'Élysée. Il n'était pas encore 6 h du matin, le palais était calme et silencieux. Le secrétaire général lui avait donné rendez-vous ici, sur leur lieu de travail, plutôt que dans le capharnaüm de son loft du 10ᵉ arrondissement. Quentin le soupçonnait en fait de camper dans son bureau.

Quand il l'accueillit, il était déjà en costume et cravate, son uniforme de collaborateur élyséen. Mais il avait sur le crâne son vieux bonnet breton du temps du QG de campagne, incongru en ce printemps. Signe qu'il prenait l'affaire au sérieux.

Il le salua avec sa chaleur habituelle.

– J'ai des syndicalistes paysans remontés comme des coucous contre Bruxelles et une crise diplomatique avec les Israéliens sur le paletot, et tu viens encore charger la barque, merci vraiment ! Bon, ça a l'air grave ton truc, tu vas m'exposer ça en détail. Mais je te préviens : tu as une heure, pas une minute de plus.

– OK, bien compris. Tu verras, dans une heure, tu considéreras les agriculteurs, avec leurs tracteurs et leurs charrettes de fumier, comme un gentil amuse-gueule…

Madec, avisé, avait choisi la discrétion. Délaissant son bureau magistral à proximité de celui d'Amélie Pasteur, il mena Quentin à l'étage supérieur, vers une pièce reculée avec un écriteau sur la porte : « Déposez vos portables ici. » Inscription suivie d'une flèche rouge indiquant la direction d'une boîte, avec ouverture à clapet, posée sur une table. Les deux hommes déposèrent scrupuleusement leurs téléphones. Précaution indispensable : les puissants brouilleurs équipant la salle, hermétique à tout système d'écoute, pouvaient dérégler les systèmes GPS.

* * *

– Eh ben... Je savais que tes petits copains rêvent de balayer l'ancien monde bureaucratique, mais là... C'est Orange mécanique en 3D, la Saint-Barthélemy des cerveaux, qu'il nous promet, ton Big M. Il est plus Ben Laden que Machiavel, il ne fait pas dans le détail pour arriver à ses fins.

La verve de Tonio confirma à Quentin qu'il avait fait le bon choix. Le vieux briscard avait été sidéré par son récit, mais pas déstabilisé au point d'en perdre ses moyens. Il avait instantanément soupesé les avantages et les risques d'une arrestation sans attendre du patron européen d'O'Kelney. La balance penchait nettement du côté des seconds.

D'abord, compte tenu de l'engagement de la Firme auprès de l'exécutif dirigé par Amélie Pasteur, les dégâts politico-médiatiques étaient inévitables. Le scandale d'État serait désastreux. Ensuite, les éléments fournis par Quentin avaient beau être gravissimes – et hautement crédibles – il n'y avait pour l'heure aucune preuve tangible d'un complot contre la République.

– Bref, il faut procéder avec ordre et détermination, comme on sait faire, nous autres dinosaures, lança Tonio. Pour commencer, remonter le maximum d'informations, voir où en sont les flics, chez nous et en Italie, sur les disparitions de Fred Parish et de ton amie Alessandra.

– Tu comptes informer la PR[1] ?

– Pas tout de suite, non. Elle a assez de problèmes à gérer comme ça. En revanche, je vais mettre deux personnes sur le coup, sous le sceau de la confidentialité absolue : l'amiral de Talhouët, le CEMAP (Chef d'état-major particulier du président) et le commissaire divisionnaire Beaufort, patron du GSPR (Groupe de

1. Abréviation couramment utilisée pour désigner le président de la République.

sécurité de la présidence de la République). Il y va de la sécurité de l'État... et de celle d'Amélie.

Quentin approuva. Une question le tarabustait. Il s'en ouvrit à son supérieur.

– Et moi, quel rôle me vois-tu jouer ? Je suis prêt à remettre ma démission, si tu me le demandes. Après tout, c'est bien à l'instigation de la Firme, depuis l'origine, que je me retrouve au cœur de l'Élysée.

– Au contraire, tu restes à ton poste. D'abord, tu l'as amplement gagné par toi-même, et c'est la PR qui t'y a nommé, je te rappelle. Ensuite, j'ai besoin de toi ici, à cette place.

Le numéro 2 de la présidence jugeait que la stratégie initiale de Quentin restait la meilleure : il fallait obliger Big M, et ses complices éventuels, à se découvrir. N'avait-il pas indiqué au jeune conseiller, à leur entrevue au « Foyer » de la Firme, qu'il lui ferait parvenir ses instructions ?

– Vu ce que tu m'apprends sur le personnage, la prochaine mesure qu'il proposera risque d'être gratinée. C'est là qu'il faudra frapper, au besoin en prenant l'opinion à témoin, en dénonçant l'intolérable tentative d'un cabinet anglo-saxon dévoyé d'influencer la puissance publique. La présidente lui tordra le cou publiquement, les gens vont adorer, crois-en mon expérience.

Tonio se frottait les mains. Il retrouvait l'atmosphère des manœuvres de sa jeunesse de trotskard, l'odeur de la castagne.

Il fixa son interlocuteur.

– Mais avant ça, il faut mettre en place un cordon sanitaire entre nous et O'Kelney, s'apprêter à scier les branches pourries.

Quentin avait pâli.

– À part toi, bien sûr. On va trouver une combine, t'inquiète... Un statut de lanceur d'alerte, ça te dirait ?

34

Paris.

– La mission que je vais te confier nous fera rentrer dans l'histoire... si tu la réussis.

Les yeux de Manfred von Richter brûlaient d'une lueur extatique. Le regard d'un illuminé, décrypta intérieurement Quentin Marchal, qui savait que l'homme n'avait pas besoin de drogue ou d'une quelconque substance hallucinogène pour planer à des altitudes hors de portée du commun des mortels. Son esprit exceptionnellement pervers et manipulateur y suffisait.

Après avoir découvert l'incroyable complot en gestation, Quentin n'avait pas eu à attendre longtemps pour avoir des nouvelles de Big M. Ce dernier lui avait à nouveau fixé rendez-vous, le lendemain soir de l'explication à l'Élysée entre Quentin et Tonio, dans l'antre secret de la Firme. Manfred ignorait manifestement que le jeune conseiller l'avait percé à jour. Il était donc à mille lieues de se douter qu'il portait sur lui un micro caché, installé avec le plus grand soin par les spécialistes en barbouzerie de la présidence de la République.

Comme la fois précédente, le vaste appartement du parc Monceau semblait désert, en dehors de la présence discrète du majordome. Lequel déposa devant chaque convive un verre de Château Pétrus, laissant sur la table basse la carafe cristalline contenant le grand cru.

Avec une lenteur étudiée, Manfred glissa sa main sous le revers de son costume, sortit de la poche poitrine un sachet de soie. Il dénoua le fin emballage aussi précautionneusement que s'il recelait une pierre précieuse. Puis tendit le plat de la main vers Quentin.

Sur sa paume, une mince rondelle d'aspect métallique, pas plus grosse qu'une pièce de deux cents.

Son interlocuteur lui adressa un coup d'œil intrigué.

– Cette petite capsule vaut plus qu'un diamant brut, asséna Big M. C'est une puce neuronale, un concentré d'IA qui recèle l'avenir de l'humanité. Je l'ai baptisée Serenity.

Il lut une légère déception dans la moue de Marchal.

– Je devine ce que tu te dis, s'empressa-t-il de le rassurer. Des implants cérébraux pour révolutionner la science, ce n'est pas nouveau. Elon Musk fabrique déjà les siens avec sa société, Neuralink. Et grâce à sa puce Telepathy, il a permis à un tétraplégique de manier un clavier d'ordinateur avec son cerveau. Le patient a pu gagner une partie d'échecs en guidant ses pions, case par case, uniquement par la pensée. L'implant a aussi permis à un aveugle de naissance de voir soudainement le monde qui l'entoure.

– Mmmoui… mais au bout de quelques mois la puce s'est embrouillée, et le malheureux cobaye s'est retrouvé au point de départ, ressentant d'autant plus durement son handicap qu'il avait cru pouvoir le surmonter pour de bon.

– La recherche scientifique n'est pas un long fleuve tranquille, c'est sûr. Mais c'est ainsi qu'on avance, les progrès sont fantastiques.

– Et donc, toi aussi tu détiens la recette de l'homme augmenté ?

Big M fixa son vis-à-vis, imperméable au sarcasme tant il paraissait possédé par son sujet.

– Mieux que ça, beaucoup mieux : la société augmentée !

Il marqua une pause, promena son regard sur la pièce déserte, l'air de s'attendre aux applaudissements d'un public invisible en pâmoison.

Il exposa plus en détail son projet, tenant entre le pouce et l'index sa puce à la hauteur des yeux.

– On en implantera une sous la peau de chaque individu. Une petite opération de rien du tout, trente à quarante minutes tout au plus, nécessitant une simple anesthésie locale. Un désagrément minime pour un bénéfice toute la vie. Au fond, beaucoup de gens sont déjà habitués à des systèmes invasifs pour leur santé, les porteurs de pacemakers, de capteurs d'autosurveillance du taux de glycémie pour les diabétiques... Le logiciel développé par notre fabricant associé, BrainLink, s'adresse à tout le monde. Il permettra d'établir pour chacun un diagnostic prédictif de sa santé pour des décennies.

Tout en parlant, Manfred avait sorti son téléphone de sa poche, qu'il déposa sur la table laquée. Puis il ôta de son poignet sa montre connectée Apple Watch et la plaça à côté de l'iPhone. Il extirpa ensuite de sa sacoche en cuir Paul Smith une sorte de mini-radio, qui rejoignit la panoplie. D'un geste doux, il étala à côté la pochette de soie et posa en son centre la puce en silicium.

– Tu prépares un corner pour le Bon Marché ?

Quentin était soulagé d'arriver à contenir son trouble sous le ton de la plaisanterie.

– Ha ha, très drôle, rétorqua Big M sur un ton cassant. Je vais t'expliquer, et quand j'en aurai fini tu n'auras qu'une hâte : courir à l'Élysée pour convaincre la grande cheffe d'adopter mon plan TCW : Total Control of Wellness. Contrôle total du bien-être, en anglais, c'est plus sexy. Des citoyens en bonne santé pour être productifs et utiles à la société.

* * *

Pris séparément, chaque objet avait déjà une fonction sanitaire. Les gens avaient pris l'habitude d'installer sur leur portable des applis veillant à ce qu'ils accomplissent le nombre requis de pas chaque jour ou qu'ils ne dépassent pas la bonne dose de calories, de télécharger sur leurs portables leurs résultats d'analyses médicales. Les plus futés, ou les plus hypocondriaques, les faisaient examiner par ChatGPT à la recherche d'autres diagnostics, ou d'autres recommandations, que celles de leur médecin. La montre connectée donnait aux joggeurs ou aux nageurs leur rythme cardiaque pour doser au mieux leur effort. Et il existait encore une myriade d'utilisations possibles.

– La puce assurera en permanence la synthèse de ces flux d'informations en continu. Elle les traitera en regard des données recueillies en préalable pour chaque porteur : son patrimoine génétique, ses antécédents familiaux, du grand-père mort d'une cirrhose du foie au petit-cousin terrassé par un AVC en passant par la maman emportée par un cancer du sein. Les prédispositions du client... pardon, du patient à développer telle grave pathologie ou telle maladie chronique seront ciblées au millimètre. D'autant que la puce analysera 24 h sur 24 son état de santé et son comportement. Et puis imagine, en cas de pandémie, cette vision *live* permettrait de suivre la propagation du virus et de contrôler son déploiement.

Quentin avait tiqué.

– Tu as dit client ? Ton système de santé publique sera payant ? Millionnaire ou smicard, tout le monde paierait la même somme ?

Un éclair de triomphe brilla dans les yeux de son interlocuteur.

– Justement non, c'est là que c'est génial. Gratuit pour tous. Ce sera cofinancé par l'État et les mutuelles. Ces dernières ont tout intérêt à la mise en place d'un système qui va considérablement réduire leurs dépenses de remboursement. Plus de diagnostics prédictifs égale moins de maladies et d'hospitalisations. Elles pourront concentrer leurs investissements sur la prévention, les cures thermales, la qualité des établissements, etc. Et qui va les conseiller pour adapter leur stratégie ? O'Kelncy ! N'oublie pas que la plupart des compagnies d'assurances sont nos clientes.

Quentin émit un sifflement admiratif.

– Ah oui, génial. Ce qui est bon pour la santé est bon pour nos clients, donc bon pour la Firme. Mais...

Il marqua un temps.

Et l'industrie pharmaceutique, alors ? Eux aussi, ce sont nos clients, et des gros. Big Pharma pourrait être fâché d'avoir moins de médicaments à produire.

Big M prit un ton commisératif.

– Allons, tu connais parfaitement ce secteur. Tu sais bien que ce qui fait leurs marges colossales, c'est le développement des nouveaux traitements, le focus sur les maux qui ravagent nos pays riches, pleins de malades solvables : cancer, Alzheimer, Charcot, cardiaque… Avec les diagnostics prédictifs, on traitera les gens avant même qu'ils tombent malades ou subissent une attaque. Tiens, je parie que bientôt on changera un cœur faiblard contre un cœur artificiel aussi facilement qu'on change une roue ou une batterie de voiture. Pareil pour les autres organes vitaux.

– Mmouais… la seule chose qu'on ne changera pas, c'est le cerveau, quoi.

– Détrompe-toi, on pourra agir sur lui. Après l'implant Neuralink qui sert d'interface entre le cerveau et la machine, le nôtre pourra détecter les signaux annonciateurs d'une maladie psychiatrique. Par exemple, Serenity pourra empêcher une dépression en stimulant la production des bonnes hormones dans le corps et en bloquant les pensées négatives.

Intarissable, Big M s'empara de la mini radio. Il s'agissait en fait d'une box que tout le monde garderait sur sa table de chevet. Peu encombrante, on la transportait facilement en voyage. Reliée à la puce par un système bluetooth, elle transmettait toutes les données du patient à un organisme centralisateur. Sur le modèle des agences régionales de santé (ARS), mais semi-privatisées et… supervisées par O'Kelney pour être efficaces, précisa Manfred. En bout de chaîne, le gestionnaire du système – probablement le ministre de la Santé lui aussi cornaqué par la Firme, songea Quentin – posséderait toutes les informations vitales de chaque citoyen !

Une question tarabustait le jeune conseiller. Il s'apprêtait à la poser quand un bruit de craquement de parquet le fit sursauter. Ils n'étaient donc pas seuls dans l'appartement ? Il tendit l'oreille, mais plus rien. Ce devait être le majordome, moins silencieux qu'à son habitude. Il passa outre.

– Comment comptes-tu t'y prendre pour convaincre des volontaires de se faire implanter un microprocesseur sous le crâne ?

L'Autrichien afficha un sourire vorace.

– Je n'en aurai pas besoin. C'est toi qui dois convaincre la présidente de rendre la puce obligatoire pour tout le monde. Sinon, pas de couverture sociale. C'est cela, ta mission. Elle n'est pas si compliquée : quel dirigeant ne rêverait pas de détenir le contrôle total du bien-être de son peuple ?

* * *

Le projet TCW. Trifouiller dans le cerveau des Français, dresser une carte interactive de leur santé physique et mentale. Les manipuler, au fond. Le cauchemar de Big Brother deviendrait réalité.

Cet homme était fou.

Marchal ne laissa rien paraître de son effroi, rentra au contraire dans le jeu de son adversaire. La voilà, l'occasion unique de le démasquer au grand jour.

– Pour la présidente, tu as sans doute raison. Mais c'est pour faire passer ça dans l'opinion que ça pourrait se corser. À moins que…

Il fit mine de réfléchir.

– À moins de recourir aux bonnes vieilles méthodes O'Kelney.

– Je t'écoute.

– Oblitérer dans un premier temps l'objectif principal, car il braquerait la plupart des gens. Et tenter une approche en douceur. Ce qu'on va vendre au grand public, c'est qu'avec la puce, l'administration connaîtra la situation de chacun, pas un seul habitant ne passera sous les radars.

– Et c'est censé les rassurer ? Il y a une minute, tu sous-entendais le contraire.

– J'y viens. Qui dit administration dit Sécurité sociale, guichets RSA, RMI, caisses en tout genre qui distribuent un « pognon de dingue », comme disait le prédécesseur d'Amélie Pasteur. Et pourtant, on sait que chaque année 10 milliards d'euros d'aides sociales ne sont pas distribués. Tout simplement parce que les personnes concernées ne savent même pas qu'elles y ont droit, ou renoncent à les demander parce que les démarches sont trop complexes. Nous allons expliquer que, grâce à la puce, tous les bénéficiaires seront identifiés et que leur aide leur sera versée automatiquement, sans qu'ils aient rien à faire. Comme il s'agit souvent de mères célibataires, de personnes âgées isolées, bref d'un public fragile, l'opinion applaudira cette mesure généreuse.

Manfred se caressa le menton de longues secondes. Il finit par lâcher.

– Oui, c'est une bonne stratégie. Mais ne perds pas de vue l'essentiel : constituer une société en bonne santé, enthousiaste et productive. Les alcooliques, les drogués, les obèses, auront intérêt à faire des efforts...

– Et si les gens refusent de se soigner ? On ne va pas leur injecter des traitements de force, ou envoyer les gendarmes pour leur faire avaler des médicaments.

L'objection agaça l'orateur.

– Les réfractaires, il y en a toujours. Il ne faudra pas les laisser prospérer, on doit embarquer tout le monde. Alors on s'occupera d'eux au moment du remplacement de la puce, au bout de deux ou trois ans. On leur implantera un insert neuronal au logiciel encore plus puissant. Le prototype en est encore au stade du développement, mais est très prometteur. Cette puce influera plus finement sur leurs pensées pour les amener à modifier leur comportement. Et si son « hôte » ne change toujours pas, la puce pourra le sanctionner.

– Comment cela ?

– En lui grillant définitivement les neurones, par exemple. La société n'a pas besoin de parasites.

* * *

Quentin était glacé d'horreur. Von Richter venait d'évoquer tranquillement un projet d'eugénisme. Au rebut, ceux qui ne paraîtraient pas conformes à son monde dystopique. Où fixerait-il d'ailleurs les barrières ? Y aurait-il un âge limite, par exemple, au-delà duquel le ticket ne serait plus valable ? Pourquoi n'irait-il pas, dans son délire, jusqu'à planifier la suppression des EHPAD, trop coûteux, et instaurer l'élimination pure et simple des vieillards ?

N'était-il pas déjà en train d'imaginer un système pour débarrasser la société de tous les « gêneurs » et « déviants » à ses yeux ?

Cette idée horrifiait d'autant plus Quentin qu'il savait que parmi les réserves de nombreux experts à l'endroit des puces, figurait leur capacité, à terme, de capter les dialogues des individus. La garantie d'un contrôle total, absolu, de la population.

Un nouveau crissement de parquet le tira de sa sombre réflexion. Il perçut en plus un son étouffé, une espèce de brouhaha de chuchotis, qui lui parvenait à travers les portes closes. Cette fois, plus de doute possible, l'appartement était occupé.

À cet instant, Big M se leva, se dirigea vers la porte, invitant Marchal à le suivre.

– Allons, il est temps de rejoindre nos amis.

Sans répondre à l'étonnement de son hôte, il le guida à travers les couloirs, dépassant l'incroyable cave à vin toute en verre et acier, jusqu'au salon. En ouvrit grand la porte à double-battant.

Dans la pièce illuminée, Quentin vit Cécile Spaak, la partner de Belgique, s'avancer vers lui, souriante, une coupe de champagne à la main.

– Quentin, quelle joie de te voir des nôtres. Félicitations !

Derrière Cécile, se tenait un petit groupe, tous des participants du séminaire de Courchevel. Des templiers du pacte des 33.

Au premier rang, Vikas Banerjee, son mentor, et Bob Beard, l'ancien de la CIA, levèrent leur verre dans sa direction.

– Alors, lança Vikas, ça y est, ton opération est programmée ? Quand est-ce que tu te fais implanter la puce Serenity ?

Il se massa l'arrière du crâne, tourna légèrement la tête.

– Regarde, on a déjà tous la nôtre.

35

Enquête italienne Milan.

La Repubblica

Même Andrea Camilleri[1] *n'aurait pas osé inventer un scénario pareil ! L'affaire de la défenestration mortelle du Palazzo Chigi paraît enfin résolue. En tout cas proche du dénouement, car il reste des zones d'ombre dans les mobiles de ce qui est désormais officiellement qualifié par la police d'homicide volontaire. Ni suicide ni accident donc, comme l'avaient laissé entendre avec insistance des sources proches du pouvoir. Les enquêteurs ont établi qu'Alessandra Altieri-Luccelli, la conseillère spéciale du président du Conseil, Paolo Streghi, était sous la menace de deux poursuivants au moment de sa chute, qui l'ont contrainte à se jeter dans le vide. Et le coupable, comme dans tout bon polar qui se respecte, n'est pas celui que l'on croyait. Ce n'est pas la mafia qui est en cause, mais les milieux d'affaires les plus feutrés.*

Tout s'est joué ce mercredi à Milan, au siège italien de la firme mondiale de conseil stratégique O'Kelney. La matinée est à peine entamée lorsqu'une escouade de policiers, menée par le commissaire Grattani de la Questure de Rome – qui dirige l'enquête puisque le fait initial a eu lieu dans la capitale – débarque dans les bureaux du cabinet, dans le quartier du Duomo. Un premier groupe, dont le commissaire, gagne aussitôt l'étage de direction, tandis que le reste des agents consignent les employés présents, et saisissent tous les ordinateurs, téléphones portables et tablettes disponibles dans les locaux et mettent les serveurs sous séquestre.

1. Écrivain italien de romans policiers, avec son populaire commissaire Montalbano.

Le commissaire Grattani et ses hommes procèdent à l'arrestation de Vincenzo Vitella, directeur-associé, responsable de la « practice » (département, dans le jargon des cabinets de consultants) Technologie et Digital. Le dirigeant aurait un lien direct avec le sort tragique de la conseillère. Madame Altieri-Luccelli, rappelons-le, était elle-même partner chez O'Kelney avant d'être détachée au service de Paolo Streghi, chargée de la mise en œuvre du plan de réformes de l'État.

La police a également interpellé le directeur milanais de la firme, le dottore[2] *Giancarlo Forti. Emmené au commissariat central pour y être entendu, il a toutefois été relâché au bout de quelques heures, apparemment mis hors de cause. À sa sortie, entouré de ses avocats, le dottore s'est refusé à tout commentaire, sur sa propre situation comme à propos de son bras droit Vitella.*

Ilfattoquotidiano.it

Une fois de plus, notre site exclusif, celui qui dit toute la vérité aux Italiens, avait vu juste ! La malheureuse Alessandra Altieri-Luccelli a été purement et simplement éliminée dans le cadre d'un règlement de comptes au sommet du pouvoir, politique et économique. Les policiers et le juge poursuivent leur enquête, mais grâce à nos informations exclusives nous sommes d'ores et déjà en mesure de révéler le scénario qui se dessine.

Les exécutants, d'abord. Le crime aurait été perpétré par deux hommes, dont l'un, un dénommé Branko, est sous les verrous et aurait parlé. Il a été arrêté lors de la récente attaque meurtrière du fourgon blindé à Bologne, son complice ayant lui-même été abattu dans la fusillade. Tous deux sont membres du gang serbo-croate de l'Arbalète noire, très actif en Europe méditerranéenne et aux méthodes proches de celles de notre mafia. L'idéal pour détourner ainsi les soupçons.

Pourtant ce n'est pas du côté de Cosa Nostra qu'il faut chercher le commanditaire, mais dans le haut du panier du big business : le cabinet anglo-saxon O'Kelney. Le cadre dirigeant arrêté, Vincenzo Vitella, 41 ans, aurait embauché les malfrats dans le but de « neutraliser » – ce serait le

---

2. Docteur, au sens universitaire. Titre honorifique très usité en Italie, comme *commendatore, ingegnere, avvocato…*

terme utilisé pour ce « contrat » – son ancienne collègue. Les motifs sont encore obscurs, mais la piste de la vie privée serait écartée. Professionnelle ? Alessandra Altieri-Luccelli entretenait, dans les semaines précédant sa disparition, des relations exécrables avec son ex-employeur, O'Kelney. Elle s'opposait aux mesures édictées par le cabinet, qui avait la haute main, dans l'ombre, sur la mise en œuvre des réformes gouvernementales dans le cadre du plan d'aide européen de 250 Mds d'euros.

Le chef du gouvernement, Paolo Streghi, dont la brillante trentenaire était la conseillère spéciale, a confié « son effroi et sa stupéfaction » devant cette tournure de l'enquête, sans en dire plus pour l'instant. Reste que l'affaire devient clairement politique, et la question de savoir si le gouvernement Streghi survivra au scandale se pose.

Le commissaire Grattani et la juge Maria Stolpa, nommée par le procureur, n'ont pas encore communiqué sur les mobiles précis, mais des pistes se précisent, que nous pourrons vous révéler dans les heures qui viennent.

Exclu//Ilfattoquotidiano.it

Selon des éléments de l'enquête que nous avons pu recouper, Vincenzo Vitella pourrait également être impliqué dans une autre mort mystérieuse liée à la firme multinationale. Celle d'un ressortissant canadien, ingénieur du numérique et spécialiste en intelligence artificielle pour le compte de O'Kelney, Fred Parish, mort noyé à Paris dans les catacombes, quelques semaines avant la chute fatale d'Alessandra Altieri-Luccelli à Rome. Après avoir privilégié là aussi une piste accidentelle, la police française enquête sur un assassinat et vient de procéder à des arrestations. Selon une source proche du dossier, les deux victimes s'étaient rencontrées, peu avant les faits tragiques, lors d'une réunion confidentielle au siège de Milan. À cette occasion, le Canadien aurait pu faire à sa collègue des révélations très gênantes pour la firme.

Pour l'heure, l'enquête progresse, et nous en sommes au stade des hypothèses. Une certitude, néanmoins : Vincenzo Vitali faisait partie des quelques participants – pas plus de quatre – à la fameuse réunion de Milan. Autre point qui intrigue l'équipe du commissaire Grattani : le manager aurait effectué, justement à la période du meurtre de Fred Parish, deux ou trois allers-retours à Paris. Rien que de très normal pour un cadre d'une firme comme O'Kelney, objectera-t-on ? Sans doute... mais voilà, les enquêteurs n'auraient trouvé nulle trace, dans les agendas de l'intéressé comme dans les plannings des sièges milanais et parisiens de la firme, de missions justifiant ces déplacements. Enfin, dernier élément troublant : comme pour Alessandra Altieri-Luccelli à Rome, c'est le milieu du banditisme serbo-croate qui serait impliqué dans le meurtre du consultant canadien dans la capitale française.

* * *

Aéroport de Milan.

Alice Menuet déboucla sa ceinture, étira ses jambes autant que le lui permettait l'étroit espace entre les rangées de fauteuils. Le Boeing 737 de Transavia venait d'atterrir à l'aéroport de Milan. Se massant les mollets, elle songea au temps lointain où, lui avait naguère raconté un commissaire proche de la retraite, les haut gradés de la police avaient droit à de confortables voyages en classe affaires sur Air France. Heureusement, le vol était court.

À côté d'elle, Kevin Morand, son adjoint, s'était déjà levé de son siège. Il défroissait, d'un geste attentionné du plat de la main, sa veste de costume, qu'il avait suspendue au crochet de la tablette, faute de mieux.

Il s'adressa à sa supérieure.

– J'espère que les collègues milanais nous envoient bien une Alfa avec gyrophare, sinon on en a pour des plombes dans les bouchons avant d'arriver au commissariat central.

– C'est bien ce qui est convenu avec le commissaire Grattani, ne t'en fais pas. J'ai même failli piquer un fou rire quand il m'a dit qu'il viendrait me prendre à Silvio Berlusconi...

– En effet, quel rapport ? C'était une proposition de Bunga-bunga ?

– Non, non, on se calme. C'est le nouveau nom de l'aéroport. Tiens, je vais m'assurer que tout roule comme prévu. J'ai hâte de le rejoindre pour cet interrogatoire du sieur Vincenzo... m'est avis que lui et le mystérieux Aldo de Bochko-Lucifer ne font qu'un...

Elle se leva, sortit son portable de son sac, débrancha le mode avion. L'appareil se mit aussitôt à vibrer, annonçant une avalanche de messages. Une bonne dizaine, tout récents, venaient de Cosimo Grattani.

La capitaine pressa son pouce sur l'écran. À peine le texto affiché, elle blêmit.

– Non, c'est pas vrai !

– Quoi, que se passe-t-il ? interrogea son adjoint.

Alice Menuet retomba sur son siège, la mine désemparée.

– C'est le commissaire. Il m'informe que Vincenzo Vitella est mort. Il a été trouvé pendu dans sa cellule il y a une heure.

36

Palais de l'Élysée.

Après sa rencontre avec Big M, Quentin s'était rendu à la présidence, malgré l'heure tardive. Antoine Madec l'attendait, comme convenu, mais il ne put se retenir d'ironiser.

– Décidément, tu as de ces horaires. Tu sais que les fameux « visiteurs du soir » de l'Élysée, ce sont les patrons du CAC 40, les éminences grises qui conseillent dans l'ombre, pas les collaborateurs officiels !

– Ça tombe bien, des conseils, la PR va en avoir besoin. Et des bons, pour se sortir de ce guêpier.

Tonio lui tapa de la main sur l'épaule.

– Allez, installe-toi, on va examiner tout ça. Ton enregistrement, c'est de la bombe ? Beaufort nous rejoint dans une minute.

Le commissaire divisionnaire, qui chapeautait la sécurité du palais présidentiel, avait briefé Marchal sur les méthodes de base pour casser une filature, au cas où Big M l'aurait fait suivre après son départ. Deux précautions valant mieux qu'une, il avait aussi missionné un agent du GSPR pour planquer devant l'immeuble du rendez-vous, et surveiller les arrières du conseiller à sa sortie. Une sur-filature, en somme.

– On a bien fait d'être prudent, lança le flic de l'Élysée en entrant dans le bureau du secrétaire général. Vous avez bel et bien été filé, et par un vrai pro. Mon gars a eu du mal à le stopper sans se faire repérer.

Quentin eut l'air étonné. Il avait changé de ligne de métro plusieurs fois, revenant sur ses pas inopinément dans les couloirs souterrains, s'engouffrant dans le wagon à la dernière seconde, mais il n'avait remarqué personne de suspect.

– Pourtant, vous le connaissez, reprit Beaufort. C'est Robert Beard qui vous a suivi. Sous ses airs de nounours un peu enveloppé, l'homme a gardé de sacrés réflexes, on reconnaît l'ancien des services secrets américains. Mais bon, quand il a voulu attraper la même rame que vous à la station Châtelet, il s'est malencontreusement heurté à un musicien des rues, un géant qui l'a bloqué avec sa contrebasse en lui réclamant des sous. Inutile de préciser que mon agent avait glissé un gros billet au musico en lui désignant Beard.

– Bien joué, apprécia Madec.

Vexé de s'être laissé filer comme un bleu malgré sa séance d'initiation, Quentin était toutefois perplexe.

– Pourquoi fallait-il rompre à tout prix cette filature ? Après tout, il n'y a rien d'anormal à ce que je me rende à mon bureau. J'aurais pu avoir à cœur de remplir sans tarder la mission que vient de me confier Von Richter.

Le commissaire avait son explication.

– À minuit ou presque ? Si, ils auraient pu trouver suspect que vous fonciez illico à l'Élysée. Surtout qu'avec le barouf chez O'Kelney en Italie, ils sont sur les nerfs. Pour déjouer le complot de façon nette et sans bavures, il faut maintenir l'illusion de normalité le plus longtemps possible. Amasser le maximum d'éléments, avant de frapper un grand coup.

– Raison de plus pour se mettre au travail sans tarder, conclut Tonio. On l'écoute, cet enregistrement ?

* * *

Quentin sortit un fin stylo Cross, de couleur mate, et le posa sur le massif bureau du numéro 2 de la présidence. Il tendit des écouteurs bluetooth aux deux autres. Le stylo était le micro espion. Il aurait pu se contenter d'enregistrer la conversation sur son portable, mais ça aurait été courir le risque qu'un Big M, méfiant, lui demande de le déposer à l'entrée. L'officier de sécurité du GSPR avait donc recommandé ce dispositif digne d'un James Bond.

Quand ils ôtèrent leurs oreillettes, l'enregistrement achevé, les hommes de la présidence affichaient une mine tendue. Tonio rompit le silence.

– Il est complètement cinglé, ton Big M. Il veut transformer les Français en deux catégories, soit des Robocop soit des bouts de ferraille bons pour la casse. Comment a-t-il pu imaginer une seule seconde qu'Amélie allait acheter son projet, même avec les précautions d'usage ?

– Ce n'est pas forcément si délirant, nuança le commissaire Beaufort. Pendant le Covid, on les a bien convaincus de se faire inoculer un vaccin sur lequel il n'y avait aucun recul scientifique. Après ça, tout paraît possible.

Antoine Madec tiqua.

– Vous n'allez pas nous faire un numéro d'antivax complotiste, il ne manquerait plus que ça ! Allez, pas de polémique inutile, il faut dresser un plan d'action, et vite. Agir avant que l'enquête en Italie ne fasse apparaître des connexions avec la France, et qu'on découvre que le pouvoir était conseillé par des gens qui font assassiner leurs collaborateurs gênants ! Et d'abord, où en sont-ils les flics italiens, hein ?

À cet instant le portable du patron du GSPR vibra.

– Voilà justement quelqu'un qui va nous le dire. La capitaine Alice Menuet, une éminente collègue qui enquête sur le meurtre de l'ingénieur en IA, Fred Parish. Elle rentre de Milan, je me suis permis de la convier sans attendre à notre réunion de crise. En fait, je n'avais pas vraiment le choix...

Il suspendit son propos et se tourna vers Marchal.

– Elle a hâte de vous rencontrer. Elle m'a dit avoir pas mal de questions à vous poser.

* * *

La femme qui entra d'un pas vif dans la pièce, avec son visage aux traits affirmés mais harmonieux, son épaisse frange brune et son regard franc, prit un ascendant immédiat sur les personnes présentes dans la pièce. Son énergie palpable, même à cette heure tardive et au bout d'une longue journée entre la France et l'Italie, impressionna Quentin. Qui ressentit en même temps monter en lui une vague d'inquiétude : et si la policière était là pour l'interroger, en raison de ses liens avec la Firme ? Il pouvait faire partie des suspects.

Elle lui tendit une main ferme tout en lui décochant un sourire chaleureux.

– Je crois qu'ensemble nous pouvons trouver le moyen de coincer le meurtrier de votre amie Alessandra. Je parle du vrai responsable, pas des exécutants.

À ces mots, Quentin éprouva un mélange bizarre de poussée d'adrénaline et de relâchement total de tous ses muscles. Toute la tension accumulée dans sa partie d'échecs fatidique avec Big M, sa rage contenue depuis la nouvelle de la mort de son ancienne amante, son déchirement intérieur à voir ses engagements de toujours anéantis par la folle trahison de consultants dévoyés, allaient enfin aboutir en un affrontement décisif ? L'heure de régler les comptes, comme l'aurait fait Michael Corleone, était venue ? Vraiment ?

L'OPJ[1] était là à titre officieux, expliqua-t-elle en préalable. Non pas pour mener un interrogatoire de Quentin Marchal ni pour procéder à une perquisition dans son bureau. Il lui aurait fallu pour cela un mandat en bonne et due forme. Ce n'était pas une descente de police. Elle agissait plutôt, en tout cas à ce stade, comme une consultante – elle sourit en employant ce terme – qui aiderait à débroussailler un dossier épineux.

Néanmoins, dans un lieu aussi sensible que celui de l'Élysée, le formalisme juridique avait bien sûr été scrupuleusement respecté. Dès son atterrissage à Orly, Alice Menuet avait appelé le procureur de la République de Paris afin qu'il valide cette visite au palais, son enquête touchant à la sécurité nationale. Le divisionnaire

1. Officier de police judiciaire.

Beaufort avait aussitôt été mis dans le coup, et l'avait accueillie à l'entrée, plus discrète que le porche officiel, de la Grille du Coq, en passant par les jardins.

– Ceci posé, faisons le point sur l'enquête et voyons comment nous pouvons coopérer.

* * *

La nuit s'annonçait longue, le bras droit de la présidente avait fait apporter dans son salon-bureau des plateaux de mini-sandwichs, boissons fraîches et, surtout, des litres de café.

La capitaine de police résuma le bilan de sa virée chez ses collègues à Milan. L'auditoire étant informé de ce qui était déjà sorti dans les médias, transalpins mais aussi français, elle en vint rapidement aux points encore obscurs. À commencer par le rôle exact joué par Vincenzo Vitella, le partner O'Kelney opportunément « suicidé » dans sa geôle le lendemain de son arrestation. Avec le commissaire Grattani, son homologue, elle partageait la conviction que l'homme n'était en fait que l'exécutant des basses œuvres aux ordres d'un « cerveau » plus haut placé. Et que ce « cerveau » se trouvait dans la sphère de la Firme.

Elle était persuadée, en outre, que c'était encore Vincenzo qui était à la manœuvre dans l'élimination du « Monsieur IA » de O'Kelney, le canadien Fred Parish. En se rendant à Milan, elle comptait le confondre sur ses liens avec Lucifer, l'homme des catacombes, et avec le mafieux serbe Sergueï Karadzic, dit « la Hache ». Auprès du premier comme du second, poursuivit-elle, Vincenzo s'était présenté comme un certain « Aldo » pour brouiller les pistes. En outre, il s'était arrangé pour toujours dissimuler son visage à Lucifer, et sans doute avait-il aussi déguisé sa voix.

Le truand serbe en savait probablement davantage, mais il avait décampé du territoire français. Le procureur avait lancé un mandat d'arrêt Interpol, mais l'homme restait introuvable. Pas franchement étonnant : le gang auquel il appartenait, l'Arbalète noire, possédait de puissantes ramifications internationales.

À ce stade de son récit, Tonio l'interrompit.

– Comment un ponte de O'Kelney pouvait-il avoir de telles connexions avec les milieux du grand banditisme ? D'accord, en Italie la mafia n'est jamais très loin, mais quand même…

– Ah bravo les clichés, sourit Menuet. Mais vous n'avez pas tort, les exemples de collusion ne manquent pas. Il n'y a d'ailleurs pas qu'en Italie. Suivez mon regard…

– Oui ?

– Il me semble que le rang de la France dans les classements internationaux des pays corrompus n'est franchement pas glorieux, non ?

Le secrétaire général de l'Élysée grommela.

– Bon, bon, revenons au sujet.

Charitable, Alice n'insista pas.

– Vincenzo était addict au poker. Il jouait des sommes considérables, en perdait encore plus. Pour éponger ses dettes, il avait pris langue avec des personnages peu recommandables, rencontrés aux tables de jeu. Il s'est servi de ces relations.

Cette fois c'est Quentin qui s'étonna.

– Avec toutes les procédures d'évaluations, croisées et recroisées, qui nous sont imposées chaque année, la Firme n'aurait rien détecté ? J'ai du mal à le concevoir.

– L'homme était habile pour donner le change, il y allait de sa survie. Et puis, peut-être que si, justement. Il a pu être repéré, en tout cas par certains dans le groupe, qui ont profité de sa vulnérabilité pour le placer sous leur coupe. C'est même l'hypothèse que je privilégie. Et…

Elle but une gorgée de jus d'orange, joignit ses mains et pointa ses deux index entremêlés en direction de Marchal.

– Et c'est là que je vais avoir besoin de votre coopération.

* * *

– Qu'attendez-vous de moi exactement ?

– D'après mon collègue Grattani, Alessandra Altieri-Luccelli avait des informations sur un complot impliquant O'Kelney. Pas forcément la société en tant que telle, mais au moins certains de ses responsables. D'après son mari, qu'il a interrogé, Alessandra s'en serait ouverte auprès de vous. Vous étiez proches, votre nom apparaît souvent dans ses correspondances... du moins celles qui ont été retrouvées, ses deux portables et son ordi perso ayant disparu.

Le conseiller baissa le front, accablé comme à chaque fois qu'il pensait à ce gâchis.

– Oui, elle m'avait parlé de ces soupçons. Sur le moment, j'ai pensé qu'elle exagérait, que le stress la rendait parano. Mais depuis sa mort suspecte, et encore plus maintenant...

Il dirigea son regard vers Tonio, qui cligna des paupières en signe d'acquiescement.

– Je vais vous parler du cerveau que vous cherchez. Je le connais.

Durant un long moment, comme il l'avait fait auprès du secrétaire général, Quentin déballa tout ce qu'il savait sur Big M, souligna aussi les zones d'ombre qu'il restait à éclaircir.

Son témoignage terminé, Alice Menuet resta silencieuse, tournant et retournant les hypothèses dans sa tête. Machinalement, elle jouait avec les objets sur le plateau, avançant une soucoupe pour la mettre à la place du sucrier, intervertissant une fourchette et une petite cuiller. « Un général qui prépare mentalement son plan de bataille », pensa Quentin.

Elle leva les yeux vers lui.

– Ce que je vais vous demander comporte des risques, et je n'ai pas à vous imposer une mission, vous êtes libre de refuser. Mais vous êtes notre meilleur atout, car il vous fait visiblement toute confiance. En tout cas pour l'instant. Si vous l'y amenez habilement, il existe une chance pour qu'il se dévoile.

– Vous me demandez de jouer les infiltrés, comme dans les films, quoi. Problème, c'est que souvent le héros se retrouve lâché en rase campagne face aux méchants, parce que les collègues ne sont pas arrivés à temps. Et puis, je ne suis pas sûr d'être taillé pour le rôle.

– Rien ne vous y oblige, je vous le répète, dit doucement Alice.

Quentin l'ignora. Ruminant encore, il désigna du menton le commissaire Beaufort.

– Je n'ai même pas été fichu d'éviter de me faire filer en sortant du rendez-vous, tout à l'heure.

Il s'était levé, arpentait la pièce à pas nerveux. Il sentait que la détermination qu'il avait affichée, bravache, au début de l'entretien, flageolait maintenant que l'épreuve arrivait pour de bon. Les autres le regardaient, mutiques. Il revint s'asseoir, posa les deux coudes sur la table. Rejeta sa mèche en arrière.

– Je ne suis pas une balance, même si j'ai autant envie que vous de mettre Big M hors d'état de nuire.

– Je n'emploierais pas le terme de balance. Plutôt de lanceur d'alerte.

Quentin n'était pas convaincu. Piéger ainsi son ancien mentor était une insulte à l'intelligence de ce dernier.

– C'est pourtant le seul moyen d'arrêter le meurtrier de Fred Parish et de votre ancienne petite amie italienne, insista la capitaine.

Le jeune consultant hésita de longues secondes. Elle se trompait, il y avait une autre manière. La sienne. Il prit sa décision. Le visage de Michael Corleone apparut dans son esprit. Le Don avait toujours réglé ses comptes à sa façon.

– Pas question de jouer les mouchards. Si je dois régler mes comptes je n'ai pas besoin de vous.

– C'est stupide, répliqua la capitaine sur un ton cinglant.

– Il y a tant de choses qui sont stupides…

37

Banlieue nord de Paris.

La Ducati Streetfighter avait avalé poussivement les kilomètres, freins serrés tous les 200 m pour rester sous la toise impitoyable des nouvelles limitations de vitesse. Une drôle de conduite en à-coups, si peu dans le style de Quentin Marchal, qui ne s'expliquait pas seulement par la crainte des radars. Le conseiller ne pouvait s'empêcher de relever régulièrement la tête du guidon pour se retourner et vérifier, d'un coup d'œil à travers la visière de son casque, s'il était suivi.

La moto traversait une alternance de friches industrielles et d'immeubles de verre et d'acier, dépassa l'immense nef de béton lépreux d'une cité du cinéma naguère ambitieuse mais désormais abandonnée, stoppa devant un énorme cube de béton gris foncé, haut d'une vingtaine de mètres et ceint d'une armature métallique. L'apparence banale d'un entrepôt dans cette zone industrielle de La Courneuve, n'était le dispositif sophistiqué de protection qui l'entourait. Caméras de surveillance sur la façade et le grillage, portail défendu par des plots escamotables pour filtrer les voitures, portique piéton avec double-sas, agents de sécurité équipés de pistolets Taser, etc.

Quand Manfred von Richter lui avait indiqué le lieu de leur rencontre, dans cette cité de la banlieue nord de Paris, Marchal avait été surpris. C'était donc là, dans ce data center hébergeant les serveurs de plusieurs banques, assurances, industries de défense et d'aviation, que son redoutable adversaire planquait son IA secrète ? Certes, O'Kelney faisait aussi partie des clients.

Mais la Firme, obsédée par la sécurité et la confidentialité, gérait en fait ses données les plus sensibles *via* un « cloud privé[1] », et disposait de plusieurs data centers à travers le monde, plus grands ou impressionnants que celui-ci. Les plus stratégiques, connus seulement d'une poignée de hauts partners, étaient nichés dans des pays réputés pour leur stabilité politique et, surtout, leur strict respect du secret des affaires, comme la Suisse ou le Luxembourg. Un site dans les montagnes et les lacs helvètes, avec leur parfum de mystère, était d'ailleurs mentionné dans le message de Fred Parish, et semblait sa piste privilégiée.

À bien y réfléchir, pourtant, le choix d'une banlieue ordinaire, d'un centre où se côtoyaient les données de sociétés d'un classicisme absolu, était habile. Qui irait chercher là le cœur d'une IA machiavélique ? Quentin se souvint que la Bourse de Paris était hébergée, loin du palais Brongniart, dans un entrepôt anonyme aux environs de Londres, à Basildon[2]. Peu importe les distances, quand les milliards et les milliards de données font le tour de la Terre en moins de deux secondes.

Le premier barrage franchi, Quentin gara sa moto, ôta son casque et se dirigea vers l'entrée aux étroites vitres blindées, affronta une nouvelle série de sas et de scanners. L'un des gardes tenait même en laisse un berger malinois au flair incomparable pour détecter les explosifs.

Il présenta son badge O'Kelney, qui avait été réactivé sur l'ordre de Big M. Comme les autres clients, la Firme disposait de bureaux dans le centre de données.

Quentin avait adressé à Manfred un message calibré pour l'appâter.

« La présidente est très intéressée par ton système de Wellness. Mais elle voudrait que j'en sache plus sur la puce Serenity, et la

1. Dans un cloud privé, une seule organisation gère les ressources informationnelles numériques, pour des raisons de sécurité.

2. Basildon, à 40 km de Londres, abritait les principaux serveurs d'Euronext (Bourses de Paris, Amsterdam, Milan…) jusqu'à leur récent déménagement à Bergame (Italie).

manière de la superviser. Il faudrait que tu me fasses une démonstration, et me briefes plus précisément sur le logiciel BrainLink ».

En guise de réponse, Manfred lui avait aussitôt fixé rendez-vous au data center, en précisant : « Tu ne seras pas déçu, tu découvriras le cœur du réacteur ». Il avait ajouté : « Reste discret sur ta destination ».

* * *

Une fois à l'intérieur du bâtiment, il eut la sensation de se retrouver dans le ventre d'un immense cachalot inspirant et soufflant en permanence. Le vrombissement des milliers de ventilateurs, chargés de maintenir une température de 21° vitale pour le refroidissement des serveurs énergivores, était omniprésent, enveloppant. Le poumon de la machine.

La sensation visuelle, elle, n'avait rien des entrailles d'un animal. Les interminables couloirs dallés de blanc, les armoires métalliques noires ou gris foncé, alignées avec une rigueur militaire, les innombrables câbles bleus, jaunes ou verts impeccablement rangés dans des faisceaux qui couraient au plafond et s'entrecroisaient parfois dans des carrefours gainés ou descendaient le long des racks, comme un système nerveux labyrinthique reliant les ordinateurs... l'endroit baignait dans une ambiance totalement aseptisée.

La lumière crue, intense, diffusée par les LED blancs dans les allées désertes accentuait cet aspect un brin irréel. En dehors du technicien, portant badge et polo de l'entreprise, qui le guidait vers le bureau où l'attendait Manfred, Quentin n'avait pas croisé âme qui vive depuis son entrée dans le centre. Il se serait attendu à un personnel plus nombreux, pour un bâtiment aussi vaste, assurant une fonction aussi cruciale. Qu'il y ait une panne brutale de courant, et des milliers d'entreprises plongeraient en black-out, des centaines de milliers d'usagers seraient instantanément stoppés dans leurs consultations ou leurs achats en ligne.

– Ça ne peut pas arriver, des générateurs de secours autonomes plus de 72 heures sont installés sur le toit, expliqua le guide. Et ce département possède les plus puissants réseaux d'électricité et de télécom du pays.

Bien sûr, pensa Quentin, Big M ne prendrait jamais le risque d'être entravé par une vulgaire panne d'électricité, les dégâts d'une tempête ou une grève plus appuyée que les autres.

Ils s'arrêtèrent devant un ascenseur, faisant plus penser à un monte-charge. L'espace réservé à O'Kelney était au dernier étage. L'employé laissa le visiteur y monter seul.

* * *

La porte était ouverte. La pièce était de dimensions modestes, vide de tout ornement, mais le mur principal, face à l'entrée, était presque entièrement recouvert par un écran géant numérique.

Assis derrière un sobre bureau blanc, au plateau lisse où figurait juste un ordinateur portable à l'écran relevé, Manfred l'attendait, arborant cette expression de bouillonnement intense qui avait frappé Quentin à leur dernière entrevue.

L'arrivant riva son regard sur l'écran mural, divisé en plusieurs fenêtres, comme une mosaïque d'informations en mouvement perpétuel. Dans la partie supérieure, une sorte de tableau de bord affichait des graphiques aux courbes ondulant tels des cardiogrammes, des chiffres, des pourcentages, des degrés et autres symboles changeant et se superposant à la manière des tableaux d'aéroport, mais infiniment plus vite, au rythme frénétique des neurones artificiels.

Sur la gauche de l'écran, une fenêtre classique de dialogue, texte vert sur fond noir, au curseur clignotant pour inciter l'utilisateur à inscrire sa prochaine requête. Dans un coin de la fenêtre, défilait l'historique des questions et des réponses, horodatées, nota d'un coup d'œil Quentin, à la milliseconde près.

À droite, une série de fenêtres plus petites présentait, sous forme de textes, de tableaux de chiffres et d'images, les données que la machine était en train d'analyser, mettre en forme, avant de les recracher. Le tout à une vitesse d'exécution telle qu'il semblait impossible à un cerveau humain de suivre et encore moins d'assimiler, sauf à ordonner au robot de se mettre en pause.

C'est le centre de l'écran qui captiva le visiteur. Cette fenêtre plus grande que les autres éclatait du visage animé, coloré et stylisé à la manière de l'icône d'Andy Warhol, de Marilyn Monroe. Au-dessus de sa chevelure blonde une constellation de milliers de points lumineux, parcourue en tous sens d'éclairs successifs, figurait son cerveau artificiel.

– Je te présente Marylin, dit Manfred.

L'image animée façon pop'art avait cédé la place au vrai visage, filmé au temps de sa splendeur.

– Cher Quentin, je suis ravie de faire ta connaissance, dit la bouche souriante sur l'écran, avec la voix authentique de l'actrice disparue il y a plus de soixante ans.

Le consultant prit un air blasé.

– Passons les préliminaires, plus besoin de chercher à m'impressionner. Moi, et surtout ma patronne, Amélie Pasteur, attendons beaucoup de ce rendez-vous. Elle veut savoir à qui elle confierait vraiment la vie de ses concitoyens.

– Toujours aussi impatient, hein, jeune homme. Je sais bien que tu connais notre IA maison, et que tu as déjà eu affaire à elle. Mais tu as raison, elle appartient déjà au passé...

Big M pianota sur son clavier.

Marylin disparut de la fenêtre centrale. À la place, s'afficha le visage de Manfred.

– L'avenir, le voilà, lança celui-ci, triomphal.

Prenant le relais, son avatar se lança dans une explication.

– J'ai donné vie à une technologie consciente, capable de ressentir les émotions, à l'image des humains, d'avoir un sens des nuances, une capacité de jugement, de se tracer des ambitions, des buts, une vision, tout cela de façon autonome. Pour quoi faire ? me demanderas-tu. Pour gérer une entreprise, une ville ou un pays, en prenant les meilleures décisions, puisqu'elles résulteront de la parfaite combinaison des paramètres rationnels et des éléments subjectifs, émotionnels. J'ai atteint mon but, j'ai créé l'humain-robot parfait : le sage, l'expert et le président réunis en une seule et même machine, tel que j'apparais sous tes yeux.

Quentin se remémora le message posthume de Fred Parish. Ainsi donc, Big M avait remporté son défi, dépassé le mythique point de singularité. Tel que théorisé par des savants ou des auteurs de science-fiction[3], le stade où l'IA « penserait » par elle-même, surclasserait de loin l'intelligence humaine.

3. Notamment Isaac Asimov, Vernor Vinge ou Ray Kurzweil.

38

Banlieue nord.

Passé un instant d'ahurissement face à la mégalomanie sans limite de son interlocuteur, Quentin sentit à son ton exalté qu'il n'était plus temps de louvoyer. Il devait attaquer en frontal.

– De quel avenir parles-tu ? D'une société où on trierait les individus, les utiles et les inutiles selon leurs capacités ? On n'est plus très loin de la folie macabre des nazis, *übermensch* et *untermensch* ?

– Quelle sensiblerie mal placée. Alors tu n'as rien compris, rien appris ? Je t'ai pourtant expliqué qu'il est désormais urgent de mettre en place notre monde modèle, sans se perdre dans les détails et les formalités qui minent notre civilisation déclinante. Laisse ce genre de réaction aux médiocres, aux éternels réformateurs immobiles, qui disent beaucoup et ne font jamais rien.

– Si tu parles de réformes qui doivent nous ramener dans les ténèbres, non merci, en effet. Ce que la présidente a besoin de comprendre avant de s'engager, c'est comment le politique garde la maîtrise de ton système « Wellness ». Tel que tu me l'as décrit, il y a un risque de laisser la part trop belle aux logiciels et à celui qui les conçoit. Et d'ailleurs, qui est en charge de son développement, depuis la disparition de Fred Parish ?

Manfred ne cilla pas à l'évocation du Canadien.

– Je me suis arrangé pour mettre rapidement en place une équipe hautement capable, à ma main. Je t'en dirai plus quand nous avancerons dans le concret.

– Si nous avançons... Je te le répète, la présidente veut des garanties de transparence.

Big M se dressa, la mine méprisante. De son bras tendu il indiqua l'écran, où se mêlaient son visage qui s'exprimait en même temps que lui, les graphiques et les images qui défilaient à une allure vertigineuse.

– Enfin, regarde, le savoir, la sagesse suprême, la gestion optimale du monde, c'est là qu'elle se trouve. Là que doit résider le vrai pouvoir, pas chez tes politiques soumis aux changements d'humeur en fonction de leur trouillomètre et de leurs petites ambitions.

Il s'assit, reprit d'un ton radouci.

– Ne passe pas à côté de l'Histoire. Tu peux rester un allié. Je vais t'organiser un rendez-vous pour te faire implanter notre puce, comme tes camarades. Je suis sûr que tu saisiras mieux les bienfaits de notre projet.

Quentin frémit, passa instinctivement la main sur l'arrière de son crâne.

– Et si je décline ? dit-il.

– Alors, tu te rangerais de toi-même dans le camp des saboteurs.

– Les saboteurs ? Tu parles de ceux qui ont vu clair dans ton jeu, comme Alessandra ? Quand je pense que tu l'avais fait venir au séminaire de Courchevel peu de temps avant sa mort. C'est à ce moment-là que tu as planifié son élimination ?

Manfred eut un rictus, répondit sur un ton rageur.

– Cette foutue idiote... dire qu'on tenait tous les leviers, elle était notre courroie de transmission. On était sur le point de nettoyer la pétaudière italienne, le Premier ministre était aligné sur notre réforme mettant tous les moyens sur le Nord en arrêtant de gaspiller des fonds européens au Sud, et il a fallu qu'elle se mette en travers. J'ai pris une décision difficile, je croyais en elle. On aurait fait de ce pays un modèle de bonne gouvernance, les logiciels étaient prêts. Mais rien n'est perdu, on va traverser la tempête, cet imbécile de Vincenzo a été maladroit mais on va rattraper ça...

Quentin sentit ses pulsations cardiaques s'emballer. Ça y est, il le tenait. Son adversaire se laissait emporter, grisé par son grand dessein, sans plus contrôler ses paroles.

– Et Fred Parish, tu lui as réservé le même sort ? Il avait compris tes manigances sur l'IA du groupe ?

Nullement déstabilisé, Big M poursuivit, avec plus de véhémence encore.

– Il m'a trahi, alors que je lui offrais un destin inespéré, une place au sommet à mon côté. Il aurait pu devenir le créateur de la première IA autonome, une intelligence supérieure, unique, qui ne rendrait compte qu'à moi. Hélas, je m'étais lourdement trompé à son sujet, il n'avait pas les épaules, s'est laissé dominer par des scrupules de premier communiant. Il menaçait de dévoiler mon projet secret, il a bien fallu s'occuper de son cas.

* * *

Soudain il cessa net sa diatribe. Jeta un regard noir sur son interlocuteur.

– Tu m'enregistres, c'est ça ? Tu as fait en sorte que je m'auto-incrimine, bien essayé ! Alors, toi aussi tu me trahis.

Quentin n'eut pas le temps de répondre. Manfred avait bondi de son siège et, ployant en avant son mètre quatre-vingt-dix, il saisit un pan du blouson de motard du jeune consultant, lui plaquant la poitrine sur le bureau. Il le palpait en même temps à travers le cuir, à la recherche d'un micro ou de son portable allumé.

Le souffle coupé, Marchal fit mine de se laisser faire. L'espace d'un instant, son assaillant relâcha un peu sa prise, pour contourner la table et venir se positionner derrière lui, en surplomb. Quentin en profita pour faire pivoter son buste et, biceps ramassés, il envoya le poing de son bras libéré dans la mâchoire de Big M.

À son tour, ce dernier suffoqua sous le choc, et reculait, vacillant, vers l'écran mural où apparaissait le visage de Manfred, empourpré. Au-dessus de sa tête, les points lumineux des réseaux neuronaux artificiels dansaient dans tous les sens. Profitant de son avantage, Quentin fonça tête baissée sur lui, le percuta et le colla au mur, comprimant du poing sa trachée et bloquant ses épaules de toute la force de son autre bras, en équerre.

Von Richter, plus grand, soufflait et donnait des coups de pied pour se dégager. Mais son rival ne lâchait pas, accroché de toutes ses forces, comme dans une mêlée de rugby décisive pour le gain du match. Serrant toujours plus fort, il sentait l'autre ramollir. Quand un choc brutal au niveau de la nuque le fit lâcher prise. « Sacré coup de matraque », se dit Quentin, avant d'être happé en arrière et projeté au sol.

À moitié assommé, il lui fallut quelques secondes pour réaliser ce qui lui arrivait.

Bob se tenait debout dans la pièce et braquait sur lui un pistolet. C'est sa crosse qu'il avait prise pour une matraque.

– J'avais raison de me méfier de toi depuis le début, dit l'ancien de la CIA en lui balançant un coup de pied dans les côtes.

Il se tourna vers son chef.

– Qu'est-ce qu'on fait de lui ? Je lui ferais bien passer un interrogatoire façon Guantanamo pour savoir ce qu'il a raconté à ses copains de l'Élysée.

* * *

Quentin avait l'impression que son crâne explosait, ses globes oculaires jaillissant de leurs orbites. Il avait un œil embrouillé par le sang coulant de son arcade sourcilière droite, et il aurait pu numéroter une par une ses côtes, tant elles le faisaient souffrir.

L'Américain le frappait méthodiquement, expert à trouver les zones les plus douloureuses. Ses coups faisaient un bruit étouffé, grâce aux techniques qu'il avait apprises dans ses années d'espion, pour les opérations clandestines. Il avait enfoncé une boule de tissu dans la bouche de Marchal, avant de la museler à l'aide d'un rustique bout de chatterton. De toute façon, entre l'étage désert et le ronflement incessant de la soufflerie, personne ne l'aurait entendu crier.

Combien de temps avait duré son supplice ? Quentin aurait dit une éternité, en réalité la « séance » avait débuté moins de quinze minutes plus tôt. Il savait qu'il ne résisterait plus au prochain coup, redoutait de craquer. Pire encore, il était angoissé à l'idée qu'ils profitent de son état de soumission pour lui implanter la puce cérébrale.

Bob reculait pour armer son bras quand un coup de feu claqua. Il hurla et stoppa net, clavicule pulvérisée.

Alice Menuet, qui venait de tirer, gardait son Sig-Sauer pointé alternativement sur Beard et Manfred.

* * *

Deux policiers, brassard et gilet pare-balles, accompagnaient la capitaine. Ils mirent en joue les deux partners, tandis qu'Alice se penchait sur Quentin.

– Ouh là, ils vous ont sacrément amoché, lâcha-t-elle en défaisant son bâillon tout en essuyant avec un kleenex le sang qui coulait sur sa joue.

Marchal ébaucha un sourire, grimaça sous la douleur.

– Eh ben, heureusement que je suis mauvais pour échapper aux filatures… mais je ne vais pas m'en plaindre.

– Vous ne vous imaginiez quand même pas que j'allais vous laisser vous jeter dans les griffes d'une bande de criminels ? Mon groupe ne vous a pas lâché d'une semelle depuis votre sortie du palais.

– J'ai tout enregistré, on tient un flag', reprit fièrement Quentin. C'est comme ça qu'on dit, non ?

– Qu'est-ce que c'est que ce truc ? demanda l'un des flics en désignant l'écran numérique. C'est notre client, là… Il nous nargue, ma parole !

Sur le mur, dans la fenêtre centrale, un Manfred secoué d'un rire démoniaque, le regard d'un dément, défiait les occupants de la pièce.

– Ha ha ha, vous n'avez rien compris, rien de rien. Vous êtes incapables de voir au-delà des apparences.

Tout autour, les autres fenêtres s'affolaient, passant du kaléidoscope de chiffres et de symboles incompréhensibles au noir total. Sur la partie supérieure, défilaient des images d'Alessandra, bien vivante, semblant apostropher l'assistance depuis son bureau romain, puis à la montagne à Courchevel. Fred Parish lui succéda en gros plan, la tête prise dans un casque spéléo avec de drôles de lunettes.

Tout en bas, la barre d'état, qui indiquait jusqu'ici, en lettres vertes sur un sobre fond noir, « Marylin v6.2 – Statut : Opérationnel », virait au rouge écarlate, se mettant à clignoter et à émettre un son d'alarme stridulent.

L'effet était hypnotique.

Quentin hurla.

– Attention, il va tirer !

Une détonation claqua.

Dans la sidération, profitant de ce que tous avaient les yeux rivés sur l'écran, Bob, qui était resté prostré au sol de douleur et paraissait hors de combat, avait fait une clé de judo à un agent, le faisant chuter et récupérant son pistolet.

Il tira au jugé dans l'assistance, blessant un des hommes de la Crim'. Il faisait barrage de son corps, pour s'interposer entre Big M et les policiers. Alice riposta, le visant cette fois au front.

L'Américain s'écroula sans une plainte.

Quentin s'écria :

– Big M, il a filé…

Il avait profité de la confusion pour se glisser derrière Bob et se ruer au-dehors, à l'instant où celui-ci tombait, foudroyé par la balle 9 mm Parabellum du Sig-Sauer.

Quentin se releva, oublieux de ses blessures, s'engouffra dans le couloir, Alice sur ses pas, à la poursuite du fuyard.

Quelqu'un alerta :

– Il a pris l'escalier de service, il monte sur le toit.

La capitaine Menuet reconnut la voix de Kevin, son adjoint. Comme convenu, celui-ci les avait rejoints, à la tête d'une deuxième équipe en renfort. Mais au moment où ils sortaient du monte-charge, ils étaient tombés nez à nez sur Manfred, qui avait plaqué la grille sur eux et couru dans la direction opposée.

Les policiers se divisèrent en deux groupes, l'un gagnant la terrasse par l'échelle de secours métallique, à l'extérieur. L'autre, avec Alice et Quentin, escalada quatre à quatre l'escalier extérieur.

Ils débouchèrent sur la terrasse. Elle était immense, au pourtour parsemé de cheminées noires distantes d'une dizaine de mètres les unes des autres, évoquant étrangement les créneaux d'un château fort. Manfred devait se cacher derrière l'une d'elles.

En approchant, les poursuivants constatèrent que ce n'étaient pas des cheminées, mais les générateurs de secours, alimentés par du biocarburant, qui assureraient la sauvegarde du data center en cas de panne de réseau. Alice avait repéré le fugitif. Soutenant ses côtes douloureuses, Quentin ne la lâchait pas d'une semelle.

La silhouette de Big M se détacha à côté d'une cheminée. Il se tenait dos au bord du toit, à quelques centimètres derrière lui. Quinze à vingt mètres de vide. Il contemplait, dans un calme absolu, le manège des policiers faisant manœuvre pour l'enserrer.

– Il n'y a pas d'issue, héla la capitaine Menuet. Avancez et rejoignez-nous.

Von Richter secoua la tête, l'air de trouver le spectacle dérisoire.

Au lieu de faire un pas en avant pour se mettre en sécurité, il recula encore.

Ouvrit les bras en croix, à sa manière théâtrale.

Il fixa Quentin, et lui lança avec un ricanement sardonique :

– Tu crois avoir gagné, mais tu te trompes. Tu te trompes toujours. L'histoire ne finit pas avec moi. Je ne suis qu'un exécutant. Ce n'est pas moi, Big M, c'est elle. Et elle est immortelle !

Il esquissa un pas en avant. Quentin crut discerner une lueur d'hésitation dans son regard. Il passa une main sur sa nuque, pencha la tête d'un côté puis de l'autre, comme s'il entendait une voix intérieure. Puis il recula à nouveau.

Il se laissa basculer en arrière dans le vide.

Médusé, Marchal ne put néanmoins s'empêcher de penser qu'il avait péri comme Alessandra. Elle était vengée.

Alice regardait, tout en bas, les policiers qui s'avançaient vers le corps fracassé sur le bitume. Un misérable pantin désarticulé. On entendait déjà une sirène de pompiers. Quentin porta les mains à ses oreilles, s'empressa de redescendre vers le bureau.

Il s'approcha de l'écran où l'IA, quelques minutes plus tôt, était devenue folle.

Il n'y avait plus de visage de Manfred, ni de Marylin, sur la fenêtre, ni d'ailleurs d'images défilantes tout autour.

Juste une inscription en lettres énormes, rouges : Big M

L'intelligence artificielle, c'était elle qui menait le jeu. La puce avait ordonné à Manfred de sauter.

Au bout de longues minutes, durant lesquelles Marchal ne parvenait pas à détourner son regard, l'écran devint uniformément noir.

ÉPILOGUE

Banlieue parisienne.

Un mois plus tard

« *C'est non : la commission d'enquête du Sénat sur l'affaire O'Kelney ne pourra pas auditionner Amélie Pasteur. Le Conseil constitutionnel a tranché, rappelant l'irresponsabilité et l'inviolabilité du président de la République durant son mandat. Les membres de la commission spéciale devront donc se contenter de* » ...

Quentin coupa net la radio. L'atelier du pavillon familial retomba dans un silence inhabituel. Il avait délaissé ses outils, voulait juste s'immerger dans son refuge, alchimie unique de chaudron et de cocon, où il était toujours parvenu à rassembler ses pensées, à se recentrer sur l'essentiel.

La mort de Manfred lui avait laissé un sentiment de frustration. De doute, aussi. Big M avait-il vraiment résolu de se suicider ? Et si « autre chose », cette IA monstrueuse qu'il avait enfantée, l'y avait poussé ? On ne le saurait jamais. La disparition de ses lieutenants, Bob et Vincenzo, ne facilitait pas l'enquête. Celle-ci avait toutefois suffisamment avancé pour provoquer une déflagration chez O'Kelney. L'image de la Firme ne se remettrait pas du scandale.

Les membres du pacte de Courchevel – ou pacte des 33 –, décrit par les médias comme une secte d'illuminés de haut vol par leur gourou, avaient été arrêtés. À commencer par Vikas Banerjee, l'orgueilleux patron parisien, qui vécut comme une humiliation suprême le débarquement des policiers à son domicile à l'aube, l'envoi au dépôt en détention provisoire, jusqu'à la fouille intégrale avant son incarcération dans une cellule collective. Visés par des mandats Interpol, les autres top consultants du pacte furent également interpellés, comme Cécile à Bruxelles.

« Sur le plan pénal, cela n'ira pas forcément très loin, pour peu que leurs avocats démontrent qu'ils ne sont pas impliqués dans les meurtres de Parish et d'Alessandra, ce qui semble le cas », avait toutefois averti Tonio, qui avait consulté les juristes de la présidence. Restait bien sûr le complot de Big M, mais comment l'étayer par des preuves tangibles ? Le message posthume de l'informaticien canadien ne suffirait pas. Pas plus que les enregistrements cachés réalisés par Quentin : le coupable qu'il désignait, Manfred von Richter, était mort. L'action judiciaire s'éteignait avec lui. « L'essentiel est d'avoir stoppé cette machination », tentait de se consoler Quentin.

On toqua à la porte de l'atelier. C'était Franck, son père. Il entra, se planta un moment face au panneau où étaient exposés en éventail, tels des trophées, les couteaux les plus réussis. Puis il se tourna vers son fils et posa deux poignes fermes sur ses épaules. Sa façon de lui dire qu'il était content de l'avoir retrouvé, de comprendre à nouveau ses choix.

Son garçon n'était certes pas tiré d'affaire, sur le plan politique les choses turbulaient encore, la commission sénatoriale promettait d'être pugnace. Mais la stratégie élaborée avec Tonio, poser la présidente en victime trahie par O'Kelney et ériger Quentin en lanceur d'alerte, avait permis d'éviter le pire.

Sans attendre les conclusions de l'enquête parlementaire, Amélie Pasteur avait habilement nommé Quentin Marchal à la tête d'une mission chargée de faire le ménage dans les ministères, et de mettre sur pied une structure de conseil stratégique intégrée à l'État.

– Botte donc le cul de ces gens des cabinets privés ! Tu as une occasion unique de redonner des responsabilités à ceux qui connaissent vraiment leur travail, marre du règne de l'esbrouffe et du fric.

La saine colère de son père fit sourire Quentin. Il avait besoin d'optimisme. D'apaisement aussi.

Quelques jours auparavant, il s'était rendu à Rome, pour rencontrer Matteo, le mari d'Alessandra. Ce dernier lui avait fixé rendez-vous dans un café sur la colline du Pincio, non loin de chez eux. « De chez lui », avait rectifié mentalement Quentin, avec une boule dans la gorge. L'échange avec le jeune veuf l'avait ému. Tour à tour nostalgique et tendre, ou meurtri et en colère, Matteo avait raconté la passion d'Alessandra pour sa petite fille de 3 ans, Chiara, décrit son engagement croissant pour le bien-être collectif plutôt que les courbes des profits, ragé contre le cynisme et la lâcheté de ceux qui l'avaient trahie et abandonnée.

– Tout ça pour ça, avait-il soupiré en tendant le bras vers la cité éternelle qui s'étendait au bas de la colline. La purge imposée par le Premier ministre Streghi a rendu les Italiens tellement furieux qu'aux dernières élections ils l'ont remplacé par un gouvernement d'extrême-droite, comme sous Mussolini !

Les vibrations du téléphone ramenèrent Quentin au présent, dans son atelier de Champigny. Le visage d'Alice Menuet s'afficha sur l'écran. Au moment de prendre l'appel, il se dit qu'il avait vraiment hâte que l'enquête s'achève et établisse les responsabilités. Une fois cette page tournée, sa relation avec la séduisante capitaine de police, qui lui avait sauvé la vie au data center, pourrait peut-être bien prendre un chemin tout différent. Oui, il était impatient de retrouver une vie qui ressemble davantage aux rêves généreux du gamin de banlieue qu'il était naguère.

Shanghai (Chine).

Six mois plus tard

Les 2 000 invités à l'inauguration du nouveau siège mondial de Nexus Global Strategic Advisory (NGSA) savouraient le moment. Au centième étage de la Shanghai Tower, ils contemplaient à travers les gigantesques baies vitrées la mer de nuages qui flottait au-dessous d'eux, filtrant les lumières de la mégapole chinoise au crépuscule et masquant le tourbillon de ses habitants, presque 500 mètres plus bas. La nature, ou la pollution générant son smog, confortait la tranquille certitude des convives d'appartenir à l'élite.

Ne pas être de la soirée « Nexus » vous aurait classé dans la catégorie losers. Perspective insoutenable aux yeux des requins de la finance, des ténors du conseil stratégique, des startupers de la tech et autres génies de l'IA, qui évoluaient, costume sur mesure et robes de créateurs, dans les espaces infinis des bureaux flambant neufs, chef-d'œuvre de design minimaliste mais onéreux d'un cabinet d'architectes d'intérieur de Chicago.

Dans un bourdonnement de conversations en anglais ou en mandarin, Chen Wei-Peterson, le président de NGSA, papillonnait entre ses hôtes, flattant ici la pédégère d'une multinationale cliente, murmurant là à l'oreille d'un ministre australien, guidant les uns et les autres à la découverte des locaux, répartis sur trois étages du gratte-ciel fleuron de Pudong, l'opulent quartier des affaires shanghaïen. Cette soirée inaugurale marquait l'apogée d'une année exceptionnelle pour la firme dirigée par Chen, quadragénaire sino-américain qui faisait partie des fondateurs.

Le jeune cabinet s'était hissé en un temps record au niveau des Big Four du conseil international, les courbes de résultats affichaient une croissance insolente. Jouer la carte de la spécialisation sur l'accompagnement des entreprises dans la transformation numérique et écologique s'était avérée une stratégie payante. Dans son expansion fulgurante, Nexus avait aussi profité du séisme qui avait secoué le mastodonte du secteur, O'Kelney.

Les malheurs de ce concurrent bruissaient sur les lèvres des invités de la Shanghai Tower. La déroute de la Firme, emportant comme la crue d'un fleuve en furie des décennies de relations confiantes avec des centaines de clients plus prestigieux les uns que les autres à travers la planète, submergeant des milliers de collaborateurs avec leur expertise inégalée, avait stupéfié le monde des affaires, déstabilisé bien des gouvernements.

* * *

Dans l'effervescence de la réception, peu de convives avaient remarqué que Chen n'était plus là. Et les collaborateurs qui le notèrent, entre deux arrêts aux buffets munificents, se dirent qu'il avait certainement dû s'éclipser un moment pour un aparté impromptu avec un prospect.

Tournant le dos aux salons bondés, il avait parcouru l'enfilade des espaces collaboratifs, emprunté l'ascenseur privatif pour gagner, à l'étage supérieur, une zone plus confidentielle. Il dépassa son vaste bureau offrant une vue comparable à celle d'un pilote de Boeing survolant la ville avant l'atterrissage, s'installa dans une pièce aux dimensions modestes et au décor dépouillé.

Sur la table, un simple ordinateur portable, écran ouvert, paraissait l'attendre.

Chen s'assit. Quelque chose avait imperceptiblement changé dans l'expression d'exquise urbanité qu'il arborait encore quelques minutes plus tôt à l'égard de ses invités.

Ses traits s'étaient tendus, son regard était devenu exalté, sa main sur le clavier trahissait une certaine fébrilité.

Il appuya sur la touche Enter.

Les contours d'un visage apparurent sur l'écran, en morphing. Impossibles à identifier au début, les traits s'assimilèrent rapidement à ceux du jeune P.-D.G.

« Bonjour Chen, contente de te revoir. Je suis ton IA, autonome et souveraine. Désormais tu peux t'en remettre à moi, je m'occupe de tout. Nous allons créer le meilleur des mondes. »

Remerciements

Pour un journaliste tenu aux faits et analyses, écrire une fiction est en même temps un défi et un intense plaisir. Je remercie Eric Giacometti, ami et mentor, pour m'y avoir incité il y a six ans (*Article 36 / Coup d'État*), puis persisté dans ses encouragements et conseils, en maître du polar, pour ce *Big Machiavel*. Merci à Laurent Laffont, mon éditeur, pour sa vision d'un monde aux mains des « meilleurs et des plus intelligents », à l'origine de ce roman. Mention spéciale pour ma femme, Catherine, première lectrice inspirante et exigeante, et si… patiente.

Pénétrer le monde opaque des cabinets de conseil n'est pas envisageable sans guides. Je remercie mes conseillers de l'ombre et de la pénombre, qui ont accepté de m'aider, de se livrer à l'exercice de la fiction-réalité. Pour des raisons évidentes, qu'ils soient en poste ou anciens des cabinets, leurs noms ne peuvent être cités.

Ils m'ont raconté leur expérience, révélé les secrets de leur influence mais aussi, pour certains, confié leurs craintes sur des dérives possibles de leur corporation. Avec un clin d'œil pour celui d'entre eux qui, alors que je lui exposais mon scénario de consultants prenant les commandes du pays à la place des politiques, m'a lancé spontanément : « Mais c'est déjà le cas ! »

Et je pense aussi à cet autre consultant et ami qui s'est pris au jeu de la multiplication des intrigues pour explorer les conséquences de cette prise de pouvoir.

Merci, enfin, à Jordan Ndetcho, expert passionné de nouvelles technologies, qui m'a aidé à défricher la jungle de l'intelligence artificielle et le labyrinthe du Dark Web.

COMPOSITION ET MISE EN PAGES
NORD COMPO À VILLENEUVE-D'ASCQ

ACHEVÉ D'IMPRIMER PAR CPI
EN FÉVRIER 2025

N° d'impression : 182626
Dépôt légal : mars 2025
Imprimé en France